문화와
역사를
담 다
0 1 4

선조들이 향유한
한국의 아름다운 옛 정원 10선

선조들이 향유한

한국의 아름다운
옛 정원 10선

신상섭

민속원

조선의 실학자 청담 이중환은 『택리지』(1751)에서 살만한 땅 낙토樂土의 조건으로 지리地理(자연), 생리生利(경제), 인심人心(사회), 산수山水(환경) 등 네 가지 필요충분조건을 제시했다. 특히 '산수' 편에서는 "기름진 땅과 넓은 들, 지세가 좋은 안온한 땅에 집을 짓고, 십리 밖 반나절 거리에 아름다운 승경처를 정하여 때때로 묵으며 정신을 화창케 한다면 대대로 이어갈 만하다." 하였다.

우리 땅에 펼쳐진 낙토의 조건은 아름다운 산수형국에 정신세계의 지평을 넓혀 주는 상징적 의미를 대입하고 사계절 풍광미를 즐기기 위한 차경借景(담장 밖 아름다운 자연경관을 대가없이 빌려 즐기는 조경기법)정원의 속성이 강하게 표출된다. 즉, 한국의 정원은 어떻게 꾸미느냐 하는 작위적 관점 보다 어떻게 자리잡기 하느냐가 환경미학의 본질이다. 여기에 뜰을 가꾸어 수심양성을 위한 상징성 짙은 정심수庭心樹의 도입, 그리고 음양사상이 반영된 토지이용과 수경水景, 점경물 등 절제된 설계논리를 통한 경관 향유 방식임을 유추할 수 있다.

낙토 속 낙원의 가치를 엿 볼 수 있는 옛 정원의 풍모는 조선시대 상류계층에 의해 조성된 정원들이 주류를 이룬다. 원형이 잘 보존되어 국가지정 문화재로 등록된 명원 사례로는 한국 최고의 품격을 자랑하는 창덕궁 후원, 의친왕 이강의 성북동 별서 쌍류동천, 조선 최대 규모의 살림집 선교장, 논산 명재고택, 남원부 관아의 신선정원 광한루원, 최고의 별서정원 소쇄원, 배롱꽃 만발하는 명옥헌 원림, 유상곡수 풍류가 펼쳐진 백운동별서, 보길도 부용동의 윤선도 원림, 영남 최고의 명원 서석지, 풍수적 길지에 펼쳐진 동천세계 청암정과 석천정사 등을 들 수 있다.

이 책은 이상에서 언급한 한국의 대표적 명원 사례에서 창덕궁 궁궐정원을 별도의 장으로 엮어 '한국의 10대 명원'으로 주제를 택정하고, 선조들이 우리 땅에 일군 정원문화와 향유 양상을 추적해 보고자 하였다. 즉, 자연 풍토조건에 기대어 아름답게 펼쳐진 한국적 정원문화의 탐색을 통하여 선조들의 자연관과 생활철학 등 가치관을 성찰하고, 생태적 가치와 문화적 역량을 건전하게 자리매김한 환경설계 논리와 정원미학을 음미코자 하였다.

"만권의 책을 읽고, 만리의 여행을 행한 후에 비로소 분별력이 생긴다."는 옛 성현의 명언에 힘입어 저자는 오랜 기간의 답사와 연구, 그리고 기고와 평론 등의 글을 종합하여 이 책을 엮었다. 그럼에도 불구하고 내용이 산만하고 중복되거나 무료한 내용들이 적지 않을 것이다.

기대하기는 한국정원의 정체성을 공유하며 문화와 경관, 그리고 조경과 정원 관련 전문가들을 포함한 이 책을 읽는 독자들에게 흥미 있는 읽을거리가 제공되었으면 하는 바람이다.

책이 출간되기까지 심혈을 기울여 주신 민속원 출판사 홍종화 대표를 비롯한 관계자 여러분, 작품 사진을 제공해 주신 강충세 님, 답사와 집필 과정에서 합력해준 우석대학교 조경학과 교수님과 대학원생, 그리고 의미 있는 자료를 제공해준 이원호·김수진 박사께 진심으로 감사드리며, 독자여러분의 아낌없는 조언을 기대하는 바이다.

2019. 10 한내벌에서 동촌東村 신상섭

4

한국의 명원 10선

066

5

온고이지신의 정원庭園 미학美學

298

1

선조들이 향유한
정원문화

선조들이 향유한 정원문화 ──────

선조들이 향유한 정원문화

庭園文化

한국은 예로부터 산이 높고 수려하여 산고수려山高秀麗의 나라 '고려'라 했고, 풍광이 아름답고 고요한 아침의 나라 '조선朝鮮'이란 국호를 사용했다. 선조들은 사계절이 뚜렷하고 수목석水木石이 아름답게 어우러진 금수강산 양명한 땅에 적지를 찾아 정주환경을 구축했는데, 자연환경조건에 순응하는 자리잡기와 환경설계원칙을 대입시켰다. 즉, 조화, 융합 원칙에 따라 물길과 마을길이 어우러진 비산비야非山非野의 생토生土, 양지바른 땅을 택하여 건전하고 지속성 있는 삶터를 경영했다. 건강하고 편안하게 살 수 있다고 판단되는 낙토樂土를 찾아 정주지를 구축하고 정원을 가꾸면서 쾌적성을 극대화 시킨 것이다.

살기 좋은 땅, 낙토에 대한 개념은 청담 이중환(1690-1752)의 『택리지擇里志』 복거총론에서 찾을 수 있다. 청담은 마을과 삶터의 자리잡기 원칙에 대하여 "무릇 삶터를 잡는 데는 첫째 지리地理가 좋아야 하고, 둘째 생리生利가 좋아야 하며, 셋째 인심人心이 좋아야 하며, 넷째 아름다운 산수山水가 있어야 하는데, 이 네 가지에서 하나라도 모자라면 살기 좋은 땅樂土이 아니다."라고 기술했다. 즉, 지리(자연, nature), 생리(경제, economy), 인심(사회, community), 산수(환경, environment) 등의 필요충분조건을 언급하면서 자연환경은 물론 인문 환경 조건의 합일을 강조하는 낙토개념을 제시하였다.

정원을 뜻하는 'garden'은 히브리어 'gan'과 'eden'의 합성어인데, 울타리로 둘러싸인 열락의 공간을 의미한다. 한자어 정원庭園은 문안 마당을 다듬어 연못을 파고 꽃과 나무, 그리고 과실수와 채소, 약초 등을 가꾼 뜰을 말하는데, 서양의 파라다이스와 유토피아, 동양의 동천복지와 낙토, 그리고 도원桃源과 선경仙境 등과 일맥상통하는 현실 속 낙원이 된다.

정원 관련용어

용어	상형	원문	해제
苑(원)		所養禽獸	○날짐승과 들짐승을 기르는 곳, 꽃, 채과菜果를 기르는 울타리 안 동산
園(원)		園所以樹木也。按毛言木, 許言果者。…(중략)… 故以樹果系諸園	○수목과 과목果木을 심은 동산, 배야背野, 후원後園에 과수果樹를 심은 곳
囿(유)		苑有垣也	○나라동산 원苑에 담장이 있는 곳
庭(정)		堂下爲庭者。…(중략)… 庭直也。引伸之義也。 庭者, 正直之處也	○큰 집堂 아래 평탄한 뜰
圃(포)		所種菜曰圃	○채소를 심는 곳

자료 : 『설문해자』 http://www.zdic.net/

다산 정약용(1762-1836)은 거처를 옮길 때마다 자신의 이상향, 낙원樂園을 가꾸었다. 한양 명례방(오늘날의 명동)의 살림집에도 낙원을 꾸며 꽃을 채웠는데, '죽란시사' 모임을 결성하여 꽃이 피면 밤늦게 까지 시회를 즐겼다. 다음 글 〈죽란화목기〉를 통해 대나무 난간을 두르고 석류, 매화, 오래된 복숭아와 살구나무, 목가산木假山, 매화, 치자, 산다화, 파초, 벽오동, 만향, 국화, 부용화 등을 가꾼 정원 취미를 엿 볼 수 있다.

석류는 잎이 두텁고 크며 열매가 달다. 해석류 또는 왜석류라고 하는데, 네그루다. 줄기가 곧게 한 길 남짓 오르도록 곁가지가 없다가, 위에 쟁반처럼 둥글게 틀어 속칭 능장류棱杖榴가 한 쌍이다. 꽃만 피고 열매 맺지 않는 석류가 한 그루다. 매화는 두 그루다. 사람들이 좋아하는 것은 묵은 복숭아나 살구나무 뿌리가 썩어 골격만 남은 것을 괴석처럼 조각해 놓고, 매화는 작은 가지 하나만 곁에 붙여두고 기이하게 여긴다. 나는 뿌리와 줄기가 실하고 가지가 무성한 것을 가품으로 꼽는데, 꽃이 좋기 때문이다. 치자가 두 그루인데, 희귀한 품종이다. 두보는 "치자를 여러 나무에 견주면, 참된 인간 진실로 많지 않네"라고 읊었다. 산다화가 한 그루다. 금잔은대 수선화 네 포기를 한 화분에 심은 것이 있다. 파초는 크기가 방석만한 것이 한 그루다. 벽오동은 2년생 두 그루다. 만향이 한 그루요, 국화는 종류별로 18개 화분이 있다. 부용화 화분이 한 개다. 서까래만한 대나무를 구해다가 동북 쪽 면에 난간을 둘렀는데, 하인들이 지나가다가 옷으로 꽃을 스치지 못하게 한 것이다. 이것이 이른바 죽란竹欄이다. 매일 조회에서 물러나 건을 걸치고 난간을 따라 걷고, 달빛 아래 술을 따르며 시를 짓기도 했다. 시원스레 산림과 원포園圃의 정취가 있다.

정원 가꾸기의 속성은 다산이 강진 유배시절 제자 황상에게 써준 글을 통해 파악할 수 있다.

시냇물 흐르는 아름다운 산수를 골라 시원하게 트인 복지에 남향으로 집을 짓는다. 뜰 앞은 기와로 무늬를 넣고 동그랗게 구멍 낸 가림 벽을 두세 자 높이로 쌓는다. 담장 안에는 갖가지 화분을 놓고 석류, 치자, 백목련, 국화 등 마흔여덟 가지 격조 있는 식물을 갖춘다. 뜰 오른편에 수십 보크기의 연못을 파고 대나무 홈통으로 물을 끌어들여 수십 포기 연을 심으며 붕어를 기른다. 넘치는 물은 남새밭에 흘러들게 하고, 밭두둑을 네모지게 구분하여 아욱, 배추, 마늘 등을 심어 싹이 났을 때 아롱진 비단 무늬처럼 보이게 한다. 조금 떨어진 곳에 오이, 고구마를 심어 남새밭을 둘러싸고 해당화 수십 그루로 울타리를 만들어 초봄부터 여름 까지 진한 향기를 느끼게 한다. 언덕을 오십 여보 올라 석간수 옆에 초각草閣을 짓고, 사랑채 뒤쪽 소나무 아래에 백학白鶴 한 쌍이 노닐게 한다. 소나무 동쪽 밭 한 뙈기에 인삼, 도라지, 천궁, 당귀 등을 심는다.

임진왜란 때 영의정을 지낸 서애 류성룡(1542-1607)은 고향 안동의 하회에 강학처를 경영하며 〈원지정사기〉를 남겼는데, 정원식물을 완상하는 즐거움을 통해 정신세계의 확장에 비중을 둔 정원취미 속성을 엿 볼 수 있다.

신선처럼 노닐던 조선 최고의 사대부 저택 정원, 강릉 선교장(ⓒ 강충세)

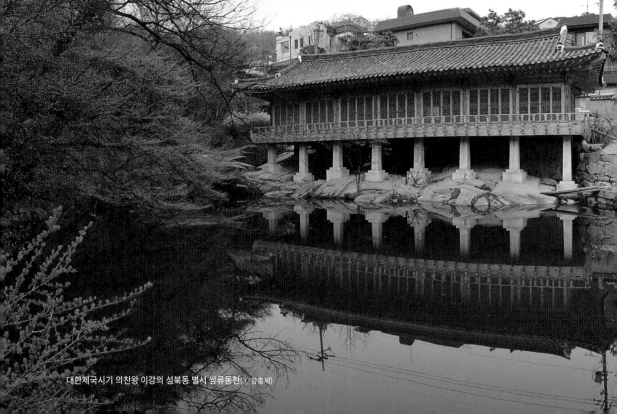

대한제국시기 의친왕 이강의 성북동 별서 쌍류동천(ⓒ 강충세)

서석이 펼쳐진 영남 최고의 명원, 영양 서석지(ⓒ 강충세)

정사 뒤 서산에 원지遠志가 스스로 자라나 산비에 흠씬 푸른빛을 머금고 빼어난 자태가 정사의 그윽한 정취를 더욱 돋우고 있다. 정사를 이름하여 원지라 하니 모두 사실을 취한 것이다. 아, 먼 것은 가까운 것이 쌓여져 나아간 것이요, 뜻志은 마음이 방향을 잡은 것이다. 상하 사방의 끝없는 공간으로 보나, 아득한 옛날로부터 흘러온 지금까지의 시간으로 보나, 저 우주란 참으로 멀고멀다. 내 마음이 방향을 얻었고, 그 까닭에 완상하는 것이며, 완상함으로써 즐거워하는 것이 있으며, 즐거워함으로써 자연 잊는 것이 있다. 잊는 것이란 무엇인가? 그것은 나의 편협함을 잊어버린다는 뜻이다.

처마 앞 두어 그루 옥매화 있고 담장 밑 네그루 복숭아꽃 만발이네

서쪽 터에 구기자 심었고 북쪽 뜰에 배나무 옮겨 심었네

산다화와 해당화는 형제들 같이 아름답도다

작약의 짧은 가지들은 아들과 손자 같이 매달려 있고

장미꽃 눈부시며 노란 국화 울타리 옆에 빛나고 있네

산뽕나무는 아름답지 못하지만 숱한 열매 참으로 먹음직하고

해바라기는 아낄만하니 한낮에도 하늘을 향해 있기 때문이네

푸른 소나무 있으니 곧은 기상은 헌헌장부처럼 보이고

뿌리는 위세를 숨긴 채 하늘과 땅을 지탱하고 있네.

또한, 송강 정철, 노계 박인로, 고산 윤선도와 더불어 조선시대 4대문장가로 꼽히는 상촌 신흠(1566~1628)의 다음 시는 퇴계 이황이 평생 좌우명으로 삼았을 만큼 저명한데, 조선의 선비들이 뜰에 심어 가꾸면서 격물치지와 수심양성의 가치로 향유했던 대표적 완상식물(오동나무, 매화 등) 사례이다.

오동나무는 천년이 지나도 항상 곡조를 간직하고

매화는 일생을 추위에 떨어도 향기를 잃지 않으며

달은 천 번을 이지러져도 본질이 남아 있고

버드나무는 백 번을 꺾어도 새 가지가 올라오네.

한국적 낙원의 가치를 엿 볼 수 있는 옛 정원의 풍모는 상류계층에 의해 조성된 정원들이 주류를 이룬다. 원형이 잘 보존되어 전승된 대표적 명원 사례로는 궁궐정원으로 최고의 품격을 자랑하는 서울 창덕궁 후원을 비롯하여, ①대한제국시기 의친왕 이강의 서울 성북동 별서 쌍류동천, ②한국 최대 규모의 대저택 강릉 선교장, ③백의정승 윤증의 살림집 논산 명재고택, ④남원부 관아에 딸린 달나라 신선정원 광한루 원림, ⑤오곡계류에 펼쳐진 최고의 별서정원 담양 소쇄원, ⑥배롱꽃 만발하는 선경세계 담양 명옥헌 원림, ⑦유상곡수 풍류가 펼쳐진 차경원림借景園林, 강진 백운동별서, ⑧연꽃처럼 아름답게 피어나는 보길도 부용동의 윤선도 원림, ⑨영남 최고의 명원 영양 서석지 수석정원, ⑩금계포란형 길지에 펼쳐진 봉화 청암정과 석천정사 원림 등을 들 수 있다.

2

시서화를 통해본
한국의 정원 미학

시서화를 통해본 한국의 정원 미학 ———

시서화를 통해본 한국의 정원 미학

庭園 美學

선인들의 정원 취미는 심미성, 그리고 실용적 가치를 뛰어 넘어 정신세계를 가다듬을 수 있는 물상으로서의 경관향유 방식을 추적할 수 있다. 현실 속 이상향 세계의 구축을 통해 자신의 자연관이나 상징적 우주관 등을 대입시킨 격조 있는 수심양성의 장을 펼치고자 하였다. 정원식물과 관련하여 연암 박지원(1737-1805)은 "나무와 꽃을 심을 때 왕희지의 글씨처럼 배열이 정연하고 행간이 절로 성글면서 곧아야 한다."라고 피력했는데, 기계적으로 일정하지 않으며 정연하면서도 자연스럽게 가꾸는 방식을 제시하였다.

안평대군(1418-1853)이 경영한 한양의 비해당(세종이 내린 당호, 큰 형 문종을 잘 섬기라는 뜻)을 통해 조선 초기 최상류층이 가꾸었던 정원의 면모를 엿볼 수 있다.

바깥뜰에는 버드나무를 심어 은일과 풍류의 상징성을 반영하였고, 서재 앞에 매화나무를 심어 대나무숲길로 이어지는 오솔길을 내었으며, 계단 가에는 배롱나무를 가꾸었고 친구와 지인 등을 맞이할 수 있도록 섬돌로 이어지는 화원을 만들어 작약, 동백, 모란 등을 심었다. 창 밖에는 파초를 심어 빗소리를 즐기는 청각적 정경을 유추할 수 있고 추녀가 닿을 듯한 곳에 배나무를 심었으며 그늘시렁에는 덩굴장미를 올렸고 담장 가에 살구와 단풍나무로 운치를 더하였다. 화원과 대나무 숲 사이에 이끼가 어우러진 괴석을 두었고 섬돌 앞에는 흙을 쌓아 가산을 만들었으며, 유리석과 옥으로 만든 화분을 도입했고, 네모꼴 못을 조성하여 연을 가꾸었다. 기화이초가 만발하는 뜰에 사슴을 길렀고 새장 안의 비둘기를 감상할 수 있었으며 계류에는 금계가 노닐도록 하였고 소나무와 학을 기르는 등 새와 동물들이 어우러진 세계를 구축했다.

식물과 동물, 경물은 물론, 외부경관 차경 기법이 다양하게 활용되었다. 인왕산의 저녁 종소리, 학 우는 소리, 파초 잎에 떨어지는 빗소리, 대나무를 스치는 바람소리, 두견새, 꾀꼬리, 비둘기 울음소리 등 청각적 효과를 즐기기도 하였다. 또한 괴석과 가산, 유리석, 화분, 바위, 연못과 계류 등이 도입되었고, 기화이초와 과실수 등의 꽃과 열매, 잎과 가지, 새싹과 이끼, 단풍, 그리고 향기와 그림자 등이 디테일하게 등장한다. 매화와 설중사우(옥매, 납매, 수선, 산다), 감나무의 칠절七絶(수명, 그늘, 단풍, 열매, 낙엽, 벌레와 새둥지 없음), 석류의 소갈병 치유 등 장점, 홍시의 조삼모사와 포도의 삼고초려, 대나무의 백년하청, 표리동한 유리석의 속성 등 교훈적 비유를 담았다.

즉, 기화이초는 물론 진금기수가 어우러진 원림을 조성하여 시각, 청각, 후각 등 인체의 오감을 자극하는 뜰을 가꾸었으며, 상징적 가치와 의미, 격물치지의 교훈, 풍류, 은일문화의 대입, 현실공간에 신선 세계를 구현하여 무릉도원의 경지를 꿈꾸는 가치 지향 성향이 표출된다.

정원과 숲 등 조경공간에서 향유할 수 있는 풍류문화 연계 사례로 정약용은 1824년 여름날 '더위를 식히는 여덟 가지 일消暑八事'을 시로 읊었다. ①송단호시松壇弧矢(솔숲에서 활쏘기), ②괴음추천槐陰鞦遷(느티나무 그늘아래 그네타기), ③허각투호虛閣投壺(빈 누각에서 투호놀이하기), ④청점혁기淸簟奕棋(깨끗한 대자리에서 바둑두기), ⑤서지상하西池賞荷(한양 서지에서 연꽃 구경하기), ⑥동림청선東林聽蟬(동림 숲 속에서 매미소리 듣기), ⑦우일사운雨日射韻(비오는 날 시 짓기), ⑧월야탁족月夜濯足(달밤에 탁족하기)이 그것이다.

연꽃구경은 진흙에서 피어나는 때 묻지 않는 꽃의 자태를 완상함으로써 세속에 오염된 마음을 씻는다 하여 세심洗心놀이라 했으며, 꽃받침 하나에서 두 송이 꽃이 피어나므로 부부애를 연계했다. 연밥에 씨가 많고 수백년 생명을 유지한다 하여 다산과 장수를 상징 했으며, 사랑할 연戀과 같은 음이고, 하荷가 중국식 발음 화和와 같아 사랑, 화평의 의미를 연계했다. 한양의 동·서·남 삼대문에 못이 조성되었는데, 연꽃이 성하는 정도에 따라 사색당파의 성쇠를 가늠했다는 속설도 전해진다. 군자의 꽃으로 애용된 연은 꽃을 피울 때 나는 소리를 개화성이라 하여 연꽃풍류의 백미로 쳤다. 다산과 죽란시사 회원들은 동트기 전 이른 새벽 배를 띄워 꽃을 틔우며 '퍽' 하는 소리를 들었는데, 여기저기 피어오르는 연꽃의 향연과 개화성의 색다른 정취가 일품이었다.

군자의 가치와 생명성을 상징한 연꽃(ⓒ강충세)

조선후기 세도가였던 김조순(순조의 장인, 1765~1832)은 별저 옥호산방(옥호정사)을 경영했다. 경복궁 동북편 삼청동 계곡의 산자락에 해당되는데, 조경공간 활용의 전모를 파악할 수 있는 〈옥호정도〉(1815년) 옛 그림이 전해진다.

동쪽 산록에 반달형 담장을 두른 네모꼴 살림집이 정남향으로 자리하고 부속채와 정자, 연못 등은 지세에 따라 자연스럽게 배치되었다. 토지이용은 ①하인들이 생활하는 대문 밖 하인청에 딸린 바깥마당과 텃밭, ②가주의 생활공간으로 대문 안 사랑채에 딸린 사랑마당, 포도가 등을 포함하는 과실수원, 그리고 자녀들의 글공부를 위한 서당, ③여자들이 생활하는 중문안의 안채에 딸린 안마당과 담장을 두른 후정, ④조경요소가 다채롭게 펼쳐지는 옥호동천 별원과 자연 송림이 어우러진 일관석日觀石 일대 등으로 구분할 수 있다.

바깥뜰은 북악의 남쪽 삼청동 맑은 계류가 마당 앞으로 흘러 명당수 역할을 하고, 판석교 다리를 건너 하인청을 마주하여 ㄱ자로 꺾어 집안으로 들어가는 동선 체계를 갖는다. 북동쪽 계류 가에는 반달모양으로 살림집 일곽을 은폐할 수 있는 수양버들 숲 띠를 이뤄 잡귀가 틈타지 못하도록 하는 벽사기능과 가문 평안의 염원을 담았다. 마당을 끼고 남향한 ㄱ자형 하인청과 ㄴ자형 대문채, 그리고 一자형 초가 등 낮은 위계의 건물이 위요된 상태로 배치되었으며, 개울가의 북쪽구석에 우물을 두었다.

대문을 들어가면 축대 하단부에 네모꼴 중문마당이 있고 사랑마당으로 올라가는 돌계단을 설치했다. 사랑마당에는 생울타리 취병翠屛을 설치했고, 오른쪽에 정심수(느티나무 또는 회화나무) 괴목(학자수, 부귀 염원)을 심어 수반을 곁들였다. 사랑채(옥호산방)는 와가로 3칸 대청에 1칸 방을 두었다. 사랑마당은 밝게 비워두었고 마당가에 낮은 둔덕의 꽃밭花塢(화오)을 일구어 파초, 모란, 작약, 난초 등을 가꾸었으며 둥그런 돌확을 놓고 수련을 심었으며 10여 개의 화분에 분재를 가꾸었다. 화오 중심부에는 다섯 개의 괴석을 두어 분경을 연출했는데, 삼산 오악의 축경형 선경세계로 해석된다. 산책길을 사이에 두고 길쭉한 별도의 마당을 조성했는데 돌각담장을 따라 굽어진 노송이 심어졌고 악기를 타는 탄금석을 놓았으며 작약 등 초화류를 가꾸었다. 단풍이 어우러진 단풍대를 지나 돌계단을 내려오면 네모꼴 너른 마당을 끼고 첩운정을 세웠는데, 사계절 자녀들을 위한 서당 역할이 가능하도록 하였다. 정자의 남쪽 정면 모퉁이 석분위에 올린 괴석이 경물로 놓였고, 후면 동북쪽 모퉁이에 오미자 그늘시렁을 설치했으며, 북쪽에는 기둥을 받친 반송이 가꾸어졌고 뒷동산에 굽어진 노송숲이 운치 있는 군락경관을 형성한다.

울타리 너머 과원을 남향받이에 일궜는데, 돌계단을 통해 진입할 수 있으며 포도 그늘시렁과 수십 그루의 과실수를 가꾸었다. 사랑마당 서쪽엔 산자락으로 올라가는 오솔길이 있고 마당가에 벌통을 놓았으며 자연석 3단 화계에는 초화를 가꾸었다.

한양 삼청동 김조순의 〈옥호산방〉 옛 그림, 국립중앙박물관 소장

중문마당을 거쳐 ㄱ자로 꺾어 안으로 들어가면 중심건물 안채(ㄷ자형 기와집)를 마주하는데, 큰 방과 대청은 동향으로, 그리고 부엌과 작은방, 고방은 남향으로 배치되었다. 안마당은 밝게 비웠는데, 마당 한 가운데 나무를 심으면 곤할 곤困이 되어 한곤𤄇해지고 재앙이 많다하여 금기시 되었다. 안채 뒷마당에는 정겨운 토담이 반달꼴로 둘러쳐 있다. 안채에 딸린 후원은 뒷마당 서쪽 산자락에 펼쳐지는데, 6단의 화계를 자연석으로 쌓았고 뒷동산으로 올라가는 계단 돌 초입에 대나무로 만든 한 칸 죽정竹亭이 석대위에 설치되었다. 정자를 지나 섬돌을 타고 올라가면 자연석으로 구획된 네모꼴 석단에 한 칸 산반루가 자리하는데, 분합문이 설치되었고,

주변에는 송림이 운치 있게 펼쳐지며, 토담에는 작은 협문이 설치되어 옥호동천 별원과 내왕이 가능하다.

사랑마당에서 산길을 따라 올라가면 암벽 앞에 초정草亭이 있고 느티나무 거목이 서 있는데, 나무 밑에 석상石床을 곁들였고, 초정의 북쪽마당에 두 개의 네모꼴 돌확을 놓았다. 초정에서 남쪽을 돌아 내려오는 곳에 단풍 숲 어우러진 단풍대를 조성했다. 이곳에서 조금 올라가면 큰 암벽에 붉은 글씨로 옥호동천玉壺洞天이라 새기고 바위 밑에 나무 홈대로 석간수를 받아 못을 만들었는데, 연못에 장방형 판석을 섬처럼 놓았다. 암벽에 혜생천이라 쓴 붉은 암각을 새겼고 앞쪽으로 둥근 샘이 자리하며, 옥호동천 남쪽의 암벽에는 〈乙亥壁, 山光如邃古石氣可長年 : 산 빛은 태고와 같고, 돌 기운 장수함직 하네〉란 붉은색 글씨를 새겼다. 즉, 1815년에 암각으로 새긴 옥호동천은 초연한 자아를 찾고 맑은 심성을 보양하여 별천지 세계에 몰입하고자 하는 가주의 가치관이 펼쳐진다. 원림의 가장 높은 곳 산봉우리 일관석日觀石 권역은 해돋이와 해넘이, 그리고 달뜨는 정경, 별이 빛나는 은하수 세계, 한양성 풍광 등을 다양하게 취할 수 있는 관찰점이 된다. 이곳은 천계에 몰입되는 일월성日月星의 향유를 통해 불로장생의 가치는 물론 신선의 도취경을 간접 체험하는 관조점이 된다.

19세기 여항문학(조선 후기 중인 계층 문인들의 시문)을 이끌었던 장혼은 한양 인왕산 골짜기에 10여 칸의 초가집(이이엄)을 짓고 서당을 열어 후학들을 교육하며 은거의 삶을 즐겼다. 이곳에는 중인 계층 지식인들이 모여 살면서 '옥계시사'를 결성하여 시회를 즐겼는데, 장혼의 이이엄而已广을 비롯하여 천수경의 송석원松石園, 임득원의 송월시헌松月時軒, 이경연의 옥계정사玉溪精舍, 김낙서의 일섭원日涉園, 왕태의 옥경산방玉磬山房 등에 소박한 정원이 가꾸어졌다.

장혼은 이이엄 살림집과 뜰을 가꾸면서 인생여정의 청복淸福을 언급했는데, ① 태평시대에 태어나, ② 한양에 살며, ③ 선비 축에 끼어, ④ 문자를 이해 할 수 있으며, ⑤ 산수가 아름다운 곳에 거주하고, ⑥ 천여그루의 꽃과 나무를 기르며, ⑦ 마음에 맞는 벗을 사귈 수 있고, ⑧ 좋은 책을 소장하여 읽을 수 있는 것이었다. 청복과 관련하여 산수가 아름다운 곳을 찾아 즐기며, 화목이 어우러진 뜰 가꾸기에 심취할 수 있는 틀을 다음과 같이 기록했다.

회화나무 1그루 문 앞에 심어 그늘 드리우고, 벽오동 1그루 사랑채에 심어 서쪽 달빛을 받아들이며, 포도넝쿨로 사랑채 옆을 덮어 햇볕을 가리게 한다.

잣나무 병풍은 바깥채 오른쪽에 심어 문을 막고, 파초 1그루 왼편에 심어 빗소리를 듣는다. 뽕나무 울타리 아래 심고 사이에 무궁화를 심으며, 구기자와 장미는 담 모퉁이에 심는다.

매화는 바깥채에 심고, 작약과 월계화, 사계화는 안채에 심는다. 석류와 국화는 안채와 바깥채에 나눠 심고, 패랭이와 맨드라미는 안채 섬돌에 흩어 심는다. 진달래와 철쭉, 목련은 뜰에 교대로 심는다. 앵두는 안채 서남쪽 모퉁이를 두르고, 너머에 복숭아와 살구를 심는다. 햇볕 좋은 곳에 사과와 능금, 잣, 밤나무를 심고, 옥수수는 마른 땅에 심는다.

오이 1떼기, 동과 1떼기, 파 1고랑을 동쪽 담장 동편에 섞어 가꾸고, 아욱과 갓은 집 남쪽에 구획을 지어 가로 세로로 심는다. 무와 배추는 집 서쪽에 심되, 두둑을 두어 양쪽을 갈라 놓는다. 가지는 채마밭 곁에 모종을 내어 심고, 참외와 호박은 사방 울타리에 뻗어, 나무를 타 오르게 한다.

즉, 뜰을 가꾸며 평생을 지낼만한 살림집 안팎에 아름다운 화목花木은 물론 과실수와 약용수를 두루 심었다. 회화나무 그늘과 벽오동으로 달빛 정경을 취하고, 포도시렁으로 석양 햇볕을 가리게 했다. 늘 푸른 잣나무를 병풍처럼 키워 대문이 바로 보이지 않게 하고, 방안에서 적막한 빗소리를 듣기위해 파초를 심었다. 의미를 담아 꽃나무의 위치를 정했는데, 장수를 기원하는 석죽화와 벼슬길의 승승장구를 염원하는 맨드라미는 안채 섬돌 곁에, 부귀영화를 상징하는 작약, 월계화, 사계화 등을 안뜰에 가꾸었다. 형제우애를 염두에 둔 앵두, 다산과 장수를 염원하는 석류와 국화도 심었다. 담장 밖 채마 밭에는 과실수와 채소류, 약용수 등 실사구시 가치를 담아 실용정원을 만들었다.

정원 가꾸기에 심취했던 유박(1730-1787)은 매화와 국화를 가까이 심어 정신을 가다듬었고, 철쭉과 영산홍은 멀리 심어 빛깔과 자태를 음미했으며, 가꾸어진 꽃을 스승과 벗, 그리고 손님으로 의인화 했는데, 자신이 가꾼 백화암의 정취를 다음과 같이 기술했다.

사계절 화훼 백 가지를 구해 큰 것은 땅에 심고, 작은 것은 화분에 담아 둑을 쌓아 백화암 가운데 두었다. 몸을 그 사이에 두고 편히 지내면서 세상을 잊고 기쁘게 자득하였다. 분매와 국화는 찬찬히 정신을 살피고, 왜철쭉과 영산홍은 멀리서 형세를 보며 웅위함을 취한다. 단약丹藥과 계도桂桃는 새 여인을 얻은 것 같고, 치자와 동백은 큰 손님을 마주한 듯 아리따운 모습이 손에 잡힐 듯하다. 석류는 생각이 시원스럽고, 파초와 괴석은 마당가에 두어 명산으로 삼는다. 유송瘐松에서 태고의 모습을 얻고, 풍죽風竹은 전국戰國의 기상을 띠고 있다. 섞어 심어 시자로 삼는다. 연꽃은 마치 주무숙을 마주한 듯 공경스럽다. 기이한 것, 예스런 것을 취해 스승으로 삼고, 맑고 깨끗한 것은 벗으로 삼으며, 번화한 것은 손님으로 삼는다. 〈정민, 2007〉

유박은 오랜 기간 동안 정원 가꾸기를 통해 꽃의 생태적 특징을 이해하고 있었는데, '화개월령'에서 매달 꽃피는 식물에 주목했다. 즉, 정월에는 매화, 동백, 진달래 피고, 2월에는 매화, 홍벽도, 춘백, 산수유 피며, 3월에는 두견, 앵두, 살구, 복숭아, 배, 사계화, 해당, 정향(수수꽃다리), 능금, 사과 꽃 핌을 읊었다. 4월에는 월계화, 산단, 왜홍, 모란, 장미, 작약, 치자, 철쭉, 해당화 피고, 5월에는 월계화, 석류, 해류, 위성류 피며, 6월에는 석죽, 규화葵花, 사계화, 연꽃, 무궁화, 석류가 핀다. 7월에는 무궁화, 배롱꽃, 옥잠화, 동자꽃, 금전화, 패랭이꽃 피고, 8월에는 월계화, 배롱꽃, 전추라, 금전화, 패랭이꽃 피며, 9월에는 전추라, 패랭이꽃이 핀다. 10월에는 소주

한국의 전통공간에 정심수로 애용된 소나무

황, 취양비, 삼색 국화가 피고, 11월에는 국화, 소설백, 매화가 피며, 12월에는 매화, 동백꽃을 노래했다.

　격조 높은 정원 사례로 한양 남부방 이현(진고개, 현 중국대사관 후면)에 있었던 정명공주(선조의 장녀)의 살림집(사의당)을 들 수 있는데, 꽃과 바위, 거문고와 바둑을 즐기기에 마땅한 집이란 뜻을 갖는다. 정명공주가 홍주원과 혼인한 후 인조가 하사한 사의당은 면적이 530여칸 규모(약 1,750㎡)인데, 정침과 별당, 행랑 등 100여 칸의 건물, 그리고 서쪽과 남쪽에 딸린 뜰, 안뜰과 뒤뜰, 바깥뜰로 구성되며, 남쪽과 서쪽의 경사구간을 화계로 일구어 화원을 가꾸었다. 뜰을 맑은 감상거리로 삼았고, "꽃과 나무는 오랜 세월을 견딜 수 없으니 사물의 이치"임을 역설하였는데, 이덕유의

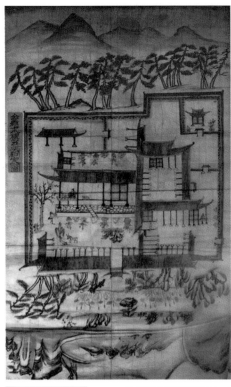

❶ | ❷

❶ 〈전라구례오미동가도〉(18C)
❷ 김홍도의 별당 그림 〈단원도〉, 한국데이터산업진흥원

〈평천산거계자손기〉에 빗대어 자손에게 사의당에 가꾸어진 나무와 꽃, 바위에 이르기 까지 남에게 팔지 말라 계고하였다.

　수심양성의 지표로 도입된 화석花石은 노송, 푸른 회나무, 측백, 소나무, 반송, 종려, 월계화, 사계화, 거상화, 전춘라, 금전화, 추해당, 석양화, 매화, 벽오동, 목백일홍, 영산홍, 왜철쭉, 모란, 산다화, 자목련, 백목련, 황매화, 인동꽃, 능소화, 불두화, 흰진달래, 수수꽃다리, 금죽, 태호석, 괴석, 돌거북 등이었다.

　1783년에 창건된 구례 운조루에는 설계도 형태의 〈전라구례오미동가도〉가 전해진다. 위계를 설정하여 안채, 안사랑채, 바깥사랑채, 행랑채, 사당 등 5영역으로 분화된 품品 자형 구조인데, 채에 딸린 마당을 포함하여 연못을 갖춘 바깥뜰과 뒤뜰 후원 등 5동棟＋6마당庭＋2원(前園과 後園)의 구성체계이다.

바깥뜰에는 소나무, 수양버들, 배롱나무 등을 심었고, 연못方池에 수련, 그리고 원형 섬에 반송과 괴석을 도입하여 풍수적 가치를 기저로 심미성을 확보하면서 유교 및 도교적 관념을 함의하는 경관 짜임이 표출된다. 사랑마당에는 화계와 화오를 일궈 괴석 및 화목을 가꾸었고, 학鶴과 매화나무, 소나무, 위성류 등을 활용하여 선경세계를 구축함은 물론 수심양성을 위한 완상정玩賞庭으로서 이물관물以物觀物의 상징정원 면모를 엿볼 수 있다. 사랑채 누마루에서는 원경으로 펼쳐지는 오봉산과 계족산, 구만들 등 자연의 경景이 살림집 내부로 관입되거나 외부로 확장되는 유기적 경물의 차경은 이름처럼 운조雲鳥와 같은 조망대 역할을 한다.

북쪽 담장 밖에는 소나무 총림이 펼쳐지고 조산造山이 행해졌는데, 부족한 곳과 지나친 곳을 채우거나 비우는 풍수적 경관 짜임 양상을 엿볼 수 있다.

〈단원도檀園圖〉(1784) 그림은 오늘날 서울 성산동 자락 김홍도의 살림집 별당 뜰의 정경을 보여준다. 산기슭에 접하여 가꾸어진 뒤뜰의 모정茅亭과 조경식물 및 시설요소, 그리고 앉아있는 강희언과 정란, 거문고를 연주하는 집주인 김홍도 등 뜰에서 즐기는 풍류문화 등을 엿 볼 수 있다.

모정을 중심으로 펼쳐진 뜰에는 연꽃이 가꾸어진 네모꼴 연못이 자리하고 석창포 어우러진 괴석과 돌 평상이 곁들여져 있다. 연꽃은 진흙 속에서 피어나지만 깨끗하고 향기로움이 세상의 풍파에 얽매이지 않는 군자 같은 풍모라 하여 선인들에게 많은 사랑을 받았다. 한여름 빗소리가 제격인 연잎, 오동과 파초가 중심 소재로 활용되었고, 소나무 솔바람, 대나무 댓바람 소리를 아취 있게 향유할 수 있는 소리경관 즐기기 조경법이 다양하게 감지된다. 소나무, 괴석과는 별도로 학鶴이 앞마당에서 포착되는데, 엄격한 예법과 청빈을 추구했던 선비정신과 불로장생의 염원을 은유적으로 대입시킨 중층적 신선경의 세계이다. 홍만선의 『산림경제』에 의하면 학은 "울음소리가 맑은 것을 최고로 치며, 긴 목에 다리가 멀쑥한 것이 좋다."라고 하였는데, 뜰에서 노니는 고고한 자태의 학을 통해 이러한 정취를 연상할 수 있다. 한편, 돌각담 밖에는 마부가 대기하고 있고, 옆으로 기울어진 운치있는 버드나무가 협문을 감싸고 있는데, 나쁜 기운이 틈타지 못하게 하는 벽사의 염원과 풍류문화의 단면을 엿 볼 수 있다.

결과적으로 한국 정원의 땅 가름은 남녀, 내외의 영역을 구분하여 안뜰과 바깥뜰, 내원과 외원 등 안팎으로 뜰과 동산을 조성하고 가꾸는 향유방식이다. 즉, 자연관, 우주관 등을 대입시켜 수심양성의 장을 구축코자 하였는데, 정심수庭心樹 같은 상징 식물을 가꾸면서 지조와 은일, 군자 등의 생활철학, 그리고 가주의 가치관과 심성론을 강조했다.

이에 더하여 담장 밖 외부경관을 즐기는 차경借景, 바라보는 경관과 보이는 경관, 액자틀 경관과 장애물 없는 열린 경관, 초점경관과 연속경관, 그리고 경물을 완상하고 와유臥遊하며 유유자적하는 경관 즐기기가 곳곳에서 펼쳐진다.

3

조선 왕궁의 비밀 정원,
창덕궁 후원

조선 왕궁의 비밀 정원, 창덕궁 후원

昌德宮 後苑

문화재 시적 제122호, 유네스코 세계문화유산(1997년), 서울특별시 종로구 와룡동 율곡로 99

1405년(태종 5년) 조선왕조의 별궁으로 창건된 창덕궁昌德宮은 삼각산 내맥의 응봉을 주산으로 자리 잡았는데, 정궁(경복궁) 동쪽에 위치하여 창경궁과 함께 '동궐'로 불리었다. 1468년(세조 8년)에는 창덕궁 후원의 규모를 확장하였는데, 둘레가 4,200척, 철거된 인가가 73채였다. 오늘날 동궐(창경궁과 창덕궁)의 면적 0.674km²(약 20.4만평) 중 후원 권역은 0.205km²(약 6.2만평) 규모인데, 원형이 잘 보존된 궁궐 일곽은 자연지형과 조화로운 배치는 물론, 한국적 정원문화경관의 탁월성 등이 인정되어 1997년 유네스코 세계문화유산으로 등록되었다.

　　창덕궁의 전모를 파악할 수 있는 사료로 1820년대 도화서 화원들이 그린 〈동궐도〉가 전해지는데, 창덕궁과 창경궁, 그리고 후원 일대를 조감도 형식으로 그린 걸작으로 평가받고 있다. 네모꼴 구획 안에 마당과 전각건물, 그리고 다양한 경관요소를 채색하여 입체적으로 펼쳐 그린 계화界畵기법을 볼 수 있는데, 가로 576cm 세로 273cm 크기의 대작이며 국보 제249호로 지정되었다. 즉, 실존했던 전각과 누정, 다리, 담장은 물론 수목, 연못, 괴석 등의 조경과 주변 산세, 그리고 점경물까지 정밀하게 묘사하고 있어 건축과 조경, 환경설계기법 등 실증적 원형경관을 추적할 수 있는 귀중한 사료이다.

　　창덕궁은 주변 산세의 예쁘장한 곡선미와 잘 조응되는 자리잡기 구조인데, 풍수적 배산임수 국면으로 전각과 조영물들이 수용력을 반영한 지형조건에 밀착되어 아름답게 펼쳐진다. 공간의 포치구도는 인정전과 선정전을 중심으로 한 치조治朝 영역, 희정당과 대조전을 중심으로 한 침전 영역, 동쪽의 낙선재 영역, 그리고 북쪽 언덕 너머 후원으로 구성된다. 즉, 전조후침前朝後寢의 원칙에 따라 궁궐 앞에 으뜸 건물인 인정전, 왕의 집무실인 선정전, 여러 관청인 궐내각사가 위치하고, 뒷부분에 왕과 비의 처소가 자리하며, 솔숲이 울창한 뒷동산 후원권역에 격조 있는 누정과 연못이 그림처럼 펼쳐진다.

　　창덕궁 정문(돈화문)을 들어서면 서쪽으로 궁궐의 신목이자 삼공三公을 상징하

순조 연간 1820년대에 그려진 〈동궐도(창덕궁과 창경궁, 국보 제249호)〉, 고려대학교 박물관

는 회화나무 3그루를 만나게 되고, 동쪽으로 명당수를 건너기 위한 금천교가 놓여 있다. 여기에 돌로 조각된 해태, 현무, 나티 같은 상상의 짐승들은 궁궐과 종묘사직을 지키는 수호신이 된다. 돌다리를 건너면 왼편에 붉은 벽돌로 무늬를 새긴 꽃담을 만나게 되고, 연이어 중문(진선문)을 거쳐 정전 내문에 해당하는 인정문을 마주한다. 인정문에서 시작된 중앙 어도 좌우측에는 너른 전돌을 깔았고 정 1품으로부터 종 9품에 이르기까지 품계석이 나열되어 있다. 북쪽 끝 높은 월대 위로 중심건물 정전(인정전)이 당당한 팔작지붕을 얹어 자리한다. 인정전 동쪽으로 왕이 집무하던 청기와 집(선정전)이 위치하고, 동편에 왕의 침소인 희정당과 왕비의 침전인 중궁(대조전)이 배치되었다. 대조전 뒤뜰에는 장대석을 쌓아 만든 화계(꽃 계단)를 두었는데, 기이한 형태의 괴석은 물론 아름다운 초화와 앵두나무 등을 가꾸었다.

창덕궁의 동북쪽 뒷동산에 펼쳐진 후원은 북원, 또는 금원, 상림 등으로 불리었으나, 조선말부터 최근까지 비원으로 통용되었다. 지형은 서북쪽이 높고 동쪽으로 열려있는 형국인데, 나지막한 자연 지형이 율동적인 스카이라인을 형성한다. 이곳에 아름다운 왕궁 문화경관이 펼쳐지는데, ①부용지와 주합루, ②애련지와 연경당, ③반도지와 존덕정, ④옥류천과 청의정 권역 등 4단계로 이어진다.

즉, 비밀의 정원은 부용지에서 주합루, 연경당, 반도지, 옥류천에 이르기 까지 주변산세에 밀착된 조경요소들이 원생자연 속으로 서서히 빨려 들어가는 경관관 입방식을 체감하게 된다. 이와 같은 환경설계기법, 즉 자연 속에 정원문화를 접속 시킨 경관 짜임은 구릉지를 낀 계곡에 수용력을 고려한 한 폭 한 폭의 경물이 긴장-이완-완충-안도의 장면으로 전개된다.

후원의 대표경관으로 정조가 명명한 '상림십경'이 『홍제전서』에 전해지는데, ①관풍춘경觀豊春耕(관풍각에서 즐긴 춘당지 내농포의 봄농사 풍경), ②망춘문앵望春聞鶯(망춘 정에서 듣는 꾀꼬리 소리), ③천향춘만天香春晩(천향각에서 즐기는 늦봄 경치), ④어수범주魚水 泛舟(어수문 앞 부용지 뱃놀이), ⑤소요유상逍遙流觴(옥류천 소요암의 술잔 띄워 마시기 풍류), ⑥ 희우상련喜雨賞蓮(희우정에서 즐기는 부용지 연꽃 놀이), ⑦청심제월淸心霽月(비갠 밤 청심정에 서 보는 맑은 달 풍취), ⑧관덕풍림觀德楓林(관덕정의 단풍경치), ⑨영화시사暎花試士(영화당의 과거시험 정경), ⑩능허모설凌虛暮雪(능허정에서 보는 저녁 눈 정경)이다.

후원에서 처음 만나는 단계는 휴게와 완상을 위한 정자(부용정), 독서와 강학을 위한 주합루, 연회와 과거시험을 펼치던 영화당 등이 연못을 사이에 두고 品자형 삼각구도로 펼쳐지는 공간이다. 즉, 창덕궁 전각을 지나 돌담을 끼고 동북쪽으로 뻗은 고갯길을 따라 내려가면 왼편으로 부용지 연못과 주합루, 그리고 정면에 영화 당이 높낮이를 달리하며 생동감 있게 펼쳐진다. 어수문(물과 물고기, 즉 임금과 신하의 관 계 상징)을 지나 높은 화계위에 위풍당당하게 자리한 주합루, 내려앉은 연못 속에 두 기둥을 내린 부용정, 그리고 너른 기단위에 당당하게 드러난 영화당 건물이 균형을 찾아 입체감 있게 자리했다.

네모꼴 연못(부용지)에는 가운데 둥근 섬을 만들었고 관어觀魚와 조어釣魚, 그리 고 뱃놀이를 즐겼으며, 소나무와 단풍나무를 심어 소우주속 하늘(○)과 땅(□), 그리고 사람(△)이 어우러진 음양의 조화 공간을 창출한다. 부용정은 가장 아름답고 정교한 정자로 회자되는데, 군자의 풍모를 일컫는 연꽃 부용芙蓉에서 유래한다. 정자의 후면에는 불로장생하는 신선의 경지를 대입한 괴석을 놓았고, 선비가 무더운 더위를 식히며 물에 발을 드리우고 탁족하듯 정자의 두 기둥을 못에 담갔다. 이곳 부용지는 연잎을 신선이 펼쳐 든 푸른 일산(볕을 가리는 양산)으로, 연꽃을 신선으로, 가운데 섬을 신선이 거처하는 봉래산 세계로 비유하는 등 선경의 이상세계를 상징한다.

연꽃 명칭과 관련하여 조선시대 강희안의 『양화소록』과 홍만선의 『산림경제』에 의하면 연 잎은 '하荷', 열매는 '연蓮', 뿌리는 '우藕', 꽃봉오리는 '함담菡萏', 꽃은 '부용芙蓉'이라 하였고 총칭해서 '부거芙蕖'라 했다. 강희안의 '화목구품'과 화암의 '화목구등품제'에 의하면 연꽃은 높고 뛰어난 운치를 취하여 1등품에 포함시켰으며, 아름다우면서도 고결한 풍모를 지녀 정우淨友라 하였다. 생태적으로 연꽃은 대부분 4일 동안 피어 있는데, 개화 1일, 만개 2일, 낙화 1일의 과정을 거치며, 먼동이 트는 새벽부터 꽃잎을 열어 아침이 되면 활짝 피어나고 한낮이 지나면 서서히 꽃잎을 닫는 특징을 갖는다.

유중림의 『증보산림경제』에 연을 분盆에 심는 재배법이 소개되어 있는데, "큰 동이 또는 항아리 2개로 홍련과 백련을 나누어 심고, 곁뿌리를 남김없이 없앤다. 잎자루가 뒤섞여 꽃을 방해하지 않게 하고, 반드시 동이를 양지바른 곳에 두어 얼어 터지지 않게 한다. 이듬해 봄에 꺼내 심으면 꽃이 피고 무성해진다. 무거워서 움직일 수 없으면 오래된 뿌리를 걷어내고 동이를 비우는데, 뿌리는 이듬해에 다시 심어도 괜찮으며, 시기는 음력 2월이 좋다."라고 하였다.

정조는 부용정 상량문을 직접 썼는데, 1795년(정조 19년)에는 화성에 이어하여 사도세자를 참배하고 어머니 혜경궁 홍氏의 회갑연을 거행했다. 그 기쁨과 흥취를 이곳 부용정에서 신하들과 나누었으며 낚시를 즐기는 등 상화조어賞花釣魚의 유락 거점 이였다. 당당하게 높은 축대위에 자리한 주합루는 1776년 정조가 즉위한 해에 건립되었다. 자연의 이치에 따라 군신이 합일되는 올바른 정사를 펼치겠다는 의지가 담겨있고, 왕실 도서관 기능을 갖는 규장각으로서 직접 쓴 현판을 걸었다. 정조는 주합루 규장각을 학술과 정책을 연구하는 거점으로 변화시켜 많은 도서를 수집하여 학문 연구의 중심기관으로 삼았으며 개혁을 뒷받침하는 핵심 인물들을 육성하기 위해 초계문신제도를 시행하였는데, 정약용, 서유구, 홍석주, 김조순 등 당대 최고의 엘리트 문신들이 육성, 배출되었다.

네모꼴 연못을 중심으로 부용정 정면 높은 기단위에 2층 누각이 건축되었는데, 1층을 규장각, 2층을 주합루라 명명했다. 천지사방 우주합일의 가치를 일깨우는 주합루 동쪽에는 '제월광풍관' 편액을 단 천석정과 서쪽 언덕의 희우정이 자리하는데, 밝고 맑은 심성을 품으며 국가의 풍년을 기원하는 염원이 담겨있다. 제월광풍관은 주합루의 부속 건물 서향각書香閣의 별당에 해당된다. 정면 3칸, 측면 2칸 팔작지붕 구조인데, 서측으로 1칸을 추가하여 누를 만들었고, 전면 2칸과 동측에 퇴마루를 달았으며, 단청 없이 4분합문을 달아 온돌과 마루를 겸비했다. 여기에서 광풍제월光風霽月은 "깨끗하게 가슴 속이 맑고 고결한 것, 또는 그런 사람"에 비유하며, "세상이 잘 다스려진 일"을 뜻하기도 한다. 『송사宋史』〈주돈이전〉에서 연원하는데, 도덕과 윤리에 기반을 두고 사적인 집착 없이 청렴하게 관직을 수행한 주돈이의 인품을 찬양한 황정견의 시에 나오는 내용이다.

인품이 매우 고결하고 흉중이 맑아서 마치 맑은 날의 바람과 비 개인 뒤 달과 같도다.

또한, '제월광풍'은 송나라 주희의 시 다음 구절에서도 추적이 가능하다.

푸른 구름 흰 돌 그것이 취향이거늘 밝은 달 맑은 바람이 거기에 더하네.

주합루 일대의 풍취와 관련하여 1779년(정조3년), 정조는 이덕무 등 검서관을 초청하여 '규장각팔경'을 시제로 시회를 열었다. 이때 정조는 "이덕무의 시를 읽으면 그림을 보는 듯 그 정경이 환하다."라고 극찬하며 수작으로 낙점하였는데, ①봉모당에서 쳐다보는 높은 하늘奉謨雲漢, ②서향각에서 즐기는 연꽃과 달 정취書香荷月, ③규장각에서 펼쳐지는 과거시험奎章試士, ④불운정의 활쏘기 정경拂雲觀德, ⑤개유와에서 보는 매화와 눈 풍경皆有梅雪, ⑥농훈각의 단풍과 국화 정취弄薰楓菊, ⑦희우정의 봄빛 풍경喜雨韶光, ⑧관풍각에서 즐기는 가을걷이觀豊秋事 정경을 일컫는다.

이곳과 관련하여 정조가 읊은 '규장각 주합루의 4계절 경치'는 다음과 같다.

금원 숲 깊은 곳엔 온갖 꽃이 많기도 해라 물 저쪽 붉은 난간에 고운 채색 놀이 어리고
나는 봄기운 타서 사물 이치 관찰하고자 소여 타고 때때로 채홍을 밟아 지난다오 〈봄꽃〉

전랑엔 드물게 알리는 누수 소리 길기도 한데 옥서의 만 그루 연꽃은 향기를 물씬 풍기고
단양이라 오월에 다행히 달 같은 부채가 있어 더운 기운 감히 책상을 접근하지 못하네 〈여름날〉

화려한 누각 동쪽에서 달이 처음 솟더니 달빛이 닿는 곳마다 마음대로 밝혀 주네
삼천 대천세계를 달빛이 두루 비추어라 본래부터 하늘은 십분 맑은 것이라오 〈가을 달〉

성긴 매화 외로운 촛불이 밤에 서로 친하여라 금압 향로에 향 더 사르니 다습기 봄 같고
주렴 밖 때로 대 흔드는 바람 소리 들리더니 옥룡의 비늘이 하늘 가득 날아 움직이네 〈겨울 눈〉

〈동궐도〉를 살펴보면 주합루에 다다르는 석계 하단을 비롯하여 농산정 측면부 등 여러 곳에 생울타리 담장 취병翠屛이 나타나는데, 늘 푸른 조릿대 등을 엮어 경계용 울타리로 가꾸었다. 『임원경제지』의 '관병법'에는 "버들고리를 격자모양으

〈동궐도〉에 표현된 주합루, 부용정, 연못, 영화당, 연경당 권역

로 엮어서 그 속을 기름진 흙으로 채워 패랭이꽃이나 범부채 같이 줄기가 짧고 아름다운 야생화를 심으면 꽃피는 계절엔 오색이 현란한 비단병풍처럼 된다.”고 설명하고 있다. 당시의 원형경관은 훼손되었으나 오늘날 주합루 어수문 석계 하단부 취병은 동궐도에 근거하여 복원되었다.

영조의 친필 현판을 단 영화당(꽃 같이 어우러짐)은 연회를 베풀거나 꽃구경을 하고 활을 쏘기도 하며 과거 시험장으로 활용된 공간이다. 주변에 꽃을 가꾸어 풍광이 아름다웠고, 앞마당 춘당대에서 과거시험이 실시되었다. 춘당대는 조선시대 전시(1차 초시 및 2차 복시를 거쳐 왕이 친림하는 최종시험)를 치르는 곳이었다. 이곳과 관련하여, 어수문 앞 부용지의 뱃놀이(어수범주), 영화당에서 펼쳐지는 과거시험 정경(영화시사), 그리고 희우정에서 부용지에 핀 연꽃 감상(희우상련) 등은 ‘상림십경’의 주요 경물들이다. 고전소설 춘향전에서 이몽룡이 장원급제할 때 시험 본 무대가 이곳 영화당 앞뜰 춘당대인데, 글제 ‘춘당춘색고금동 春塘春色古今同’은 잘 알려진 주제어이다.

부용정 일대 경관은 연못의 중앙 섬으로부터 어수문과 화계를 거쳐 주합루에

방지원도형 연못에 두발을 내디딘 연꽃모양 부용정

위풍당당한 풍채를 자랑하며 높은 축대위에 자리한 왕실 도서관기능의 주합루

창덕궁 돈화문, 궁궐의 신목이자 삼공(3정승)을 상징하는 회화나무 3그루

이르기까지 강한 상승감과 축선을 형성하고 경직감 또한 느껴지지 않는다. 이는 어수문 좌우로 길게 펼쳐진 생 울타리 취병과 화계, 대, 중, 소(주합루, 영화당, 부용정) 누정의 층차와 삼각 배치, 그리고 수평으로 전개되는 네모꼴 연못과 둥근 섬에 심어진 소나무, 단풍나무 등 경물요소의 적절한 조합을 통해 인공과 자연이 정교하게 어우러지는 경관구도이기 때문이다.

둘째로 만나는 단계는 네모꼴 연못을 끼고 조성된 애련정과 연경당 권역이다. 영화당 동쪽 넓은 마당을 지나 숲속 모퉁이 길을 돌아 오르면 금마문 옆으로 불로문 석문이 나타난다. 기오헌과 애련정 사잇문에 해당하는 불로문은 통 돌을 다듬어 상단부에 명칭을 새겼는데, 신선사상에 기반 한 왕실의 번영, 그리고 군왕의 건강과 장수를 염원하는 축원을 담고 있다. 이문을 들어서면 북쪽으로 정자(애련정)와 연못을 만나게 되고, 좀 더 깊숙이 들어가면 사각형 연못을 바깥마당에 둔 연경당 일곽이 당당하게 자리한다.

애련정·연경당 권역은 완만한 자연 구릉과 계류를 활용하여 정자를 세우고, 사각형 연못을 만들었다. 숙종 18년(1692년)에 애련정을 조영하고 연꽃이 어우러진 수경공간을 꾸몄으며, 순조 28년(1828년)에 연회 장소로 쓰였던 연경당을 확장하면서 풍모를 갖추었다.

숙종이 읊은 〈애련정기〉에 "연꽃은 더러운 곳에 있으면서 변치 않고, 우뚝 서서 치우치지 아니하며 지조가 굳고 맑고 깨끗하여 군자의 덕을 지녔기 때문에, 연꽃을 사랑하여 정자 이름을 '애련'이라 했다."라고 썼다. '애련'은 "연꽃을 사랑한다."는 뜻으로 주돈이의 '애련설愛蓮說'과 연계되는데, 숙종 스스로 주돈이가 사랑한 연꽃과 군자론이 서로 맞닿아 있음을 기술했다. 연꽃의 풍모에 빠진 숙종은 창덕궁의 모든 못에 연을 심어 가꾸게 했고, 1692년(숙종 18년)에는 어수문의 동쪽에 연못을 파 애련정을 지은 뒤 의미를 부여하여 연꽃을 가득 심었다.

정자의 이름을 애련이라 한 것은 정미한 뜻을 잘 보여준다. 대개 사계절의 꽃들이 심히 변화하지만, 사람들이 그것을 좋아함에는 각기 치우친 바가 있으니, 은일의 꽃인 국화는 처사 도연명이 사랑하였고, 부귀의 꽃인 모란은 당나라 이래 여러 사람이 사랑하였으며, 군자의 꽃인 연꽃은 주무숙이 사랑하였다. 좋아함은 비록 같을지라도 마음에는 얕고 깊은 다름이 있으니, 내 평생 이목을 부리지 않고 홀로 연꽃을 사랑함은, 붉은 옷을 입고 더러운 곳에 처하여도 변하지 않고 우뚝 서서 치우치지 않고, 지조가 굳고 범속을 벗어나 맑고 깨끗하여 더러움을 벗어난 것이 은연히 군자의 덕을 지녔기 때문이다. 이것이 새 정자 이름을 지은 까닭이거니와 수 천년 동안 나와 더불어 뜻을 같이하는 이가 어찌 주렴계周濂溪 한사람에 그치겠는가?

한 칸 규모의 애련정 후면 좌우에는 석대에 앉혀진 괴석이 대칭으로 놓여있고, 전면에는 연꽃으로 수놓은 네모꼴 연못이 자리하며, 정자 뒤쪽 언덕에는 푸른 소나무가 병풍처럼 펼쳐지는데, 정조가 읊은 다음 글을 통해 후원에 펼쳐진 정취를 엿볼 수 있다.

주름지고 벗겨진 푸른 껍질 옥이 첩첩 쌓인 듯 고상한 절개는 분명 옛사람과 같도다

구렁 가득 바람 소리는 큰 물결이 뒤집힌 듯하고 하늘에 솟은 검푸른 빛은 긴 봄을 들이었어라

생황을 절로 연주하여 신령한 소리 첨가하고 호박이 처음 엉기니 세속 티끌과 멀어졌네

여기에 다시 산위로 달이 두둥실 떠서 비추니 그대의 깨끗한 바탕 좋아서 가장 서로 친하노라

연경당 일대의 수경관을 보면 서북쪽에서 내려오는 계류수(내명당수)를 연경당 앞쪽으로 끌어들여 주작의 오지에 해당하는 네모꼴 연못으로 흘러들게 하였다. 이 물은 다시 물길을 따라 한길 낮은 자리에 놓인 수반으로 떨어져 작은 폭포가 되어 사각 연못(애련지)으로 입수된다. 애련지 북쪽에 자리한 애련정은 연못 속에 몸체를 내민 사모지붕 정자로 피어오르는 연꽃 정경을 연상케 한다. 애련지 서북쪽은 3층의 석계로 단차를 조정하였고, 중간층에 태액太液이란 바위 글씨를 새겼는데, 애련지의 별칭이 '태액지'였음을 유추할 수 있다. 이러한 정황과 관련하여 정조가 읊은 "태액지에서 꽃구경하며 낚시 하다."가 『홍제전서』에 전한다.

태액지 서쪽 가엔 꽃이 만 겹으로 피어서 천지의 온화한 원기를 많이도 빚어내었고

달이 떠서야 바야흐로 낚싯줄을 걷노라니 근신들은 제멋대로 붉은 노을에 취하였네.

기오헌은 책을 비치하여 독서를 즐기던 곳으로 거침없이 호방한 마음을 기탁한다는 도연명의 〈귀거래사〉 '의남창이기오倚南窓以寄傲(남쪽 창가에 기대어 거침없이 의

기 양양해하니)' 글귀에서 연원한다. 후면 축대에는 장대석 마름돌에 "영화로운 생활을 누리더라도 한가롭고 초연하게 지내리라."라는 노자의 『도덕경』 글귀에 연원하는 초연대, 그리고 '가을에 들을 수 있는 자연의 소리'라는 뜻풀이가 가능한 추성대 바위글씨가 새겨졌다. 『도덕경』 제26장 아름다운 경치를 볼 지라도 안거하며 초연히 바라보네에서 연원하는 '초연超然'은 "인간 내면의 근본, 저간의 바탕에 가까워진 상태에서 외부의 세계와 공명을 일으키는 경지를 말한다. 초연하지 않고 몰연이 되면 바탕과 괴리되어 미혹에 빠지게 된다. 그러므로 성인은 초연하게 언행하고 사유해야 한다."라고 하였다.

경사스러움이 널리 퍼진다는 뜻을 갖는 연경당은 속칭 궁궐 안의 99칸 집으로, 『궁궐지』에 의하면 120칸 규모였다. 궁궐의 전각들이 단청과 장식을 화려하게 한 것에 비해 단청을 하지 않은 소박한 형태인데, 민가의 양식을 빌려온 건축의 백미를 보여준다. 맑은 물이 관류하도록 명당수를 끌어들여 남향으로 자리하였는데, 물을 건너기 위한 돌다리 양측에는 석분에 심은 괴석을 놓아 선경세계를 표현했다. 돌다리를 지나 솟을대문長樂門을 거쳐 정심수(느티나무)가 심어진 행랑마당에는 안채로 통하는 수인문과 사랑채로 통하는 장양문을 따로 두어 남녀공간의 영역성을 부여했다. 특히, 연경당은 월궁으로 비유되었는데, 이곳을 관류하는 내명당수는 은하수가 되고, 돌다리는 오작교가 되며, 오작교 너머 월궁으로 들어가기 위한 장락문과 장양문을 마주한다.

널찍한 사랑마당 담장 가에는 석함에 심은 괴석을 줄지어 놓아 불로장생을 염원하였고, 서재로 쓰인 선향재 뒤뜰은 사괴석으로 화계를 쌓아 화목을 가꾸었으며, 가장 높은 곳에 짙은 녹음으로 수를 놓는다는 의미의 농수정을 두었다. 연경당에서 가장 규모가 큰 선향재는 좋은 향기가 서린 집을 뜻하는데, 서책을 보관하며 심성 수양을 하던 곳이기에 은유적 명명의 예지가 돋보인다.

애련정·연경당 권역은 완만한 자연 구릉에 참나무 숲이 배경으로 펼쳐지고

소나무와 상수리나무가 펼쳐진 뒷동산을 배경으로 자리한 애련정과 연못 정경

연못에 두 다리를 드리운 애련정과 입수 폭포 정경(© 이흥로)

느티나무, 소나무, 주목, 음나무, 단풍나무, 산철쭉, 앵두나무, 진달래, 철쭉 등이 어우러져 계절의 변화를 한껏 체감할 수 있다.

창덕궁 후원에서 만나는 셋째 단계는 반도지 주변에 펼쳐진 관람정과 존덕정, 승재정, 폄우사, 청심정 등 독특한 정자를 만나는 공간이다. 불로문을 나와 북쪽 구릉을 끼고 돌아가면 곡선형의 반도지가 나타나는데, 동쪽으로 물속에 드리운 것 같은 관람정(선자정, 파초선 현판)이 자리한다. 이곳은 울창한 수림을 배경으로 초록빛 연못과 물속에 2개의 기둥을 드리운 부채꼴 정자 등 무더운 여름을 지낼 수 있는 피서 산장의 무대이다.

정조는 세손 시절 섬돌 아래 파초 잎이 펼쳐진 모습을 보며 노력을 통해 덕성을 갖춘 대인이 되고 싶은 염원을 다음과 같이 읊었다.

정원의 봄풀은 아름다운데 푸른 파초는 새 잎을 펼치었고
펼쳐진 모습 비처럼 길쭉한데 사물에 의탁하여 대인되길 힘써야지

반도지는 한반도 모양 같다 하여 붙여진 명칭으로 일제강점기 때 변형된 것으로 판단되며, 관람정觀纜(뱃놀이 구경) 서쪽 숲에는 승재정(빼어난 경치가 펼쳐지는 정자)이 자리하는데, 괴석 2점이 점경물로 곁들여져있다. 또한 반도지 북쪽 한 단 높은 곳에 반월지가 자리하는데, 연못사이를 관류하는 계류에는 단아한 무지개다리 석교가 설치되었고, 양쪽으로 석함과 해시계를 받치던 일영대 등을 두어 정원요소로 과학 기기를 대입시킨 지혜를 엿 볼 수 있다.

돌다리를 건너 만나게 되는 존덕정은 인조 22년(1644년)에 지어진 육각형 정자로 겹처마지붕 구조인데, 정조의 호 '만천명월주인萬川明月主人' 편액을 걸었다. 돌다리 아래는 물막이를 하여 계류수가 반도지로 흘러들어 폭포수로 떨어지게 하였다. 존덕정 서쪽 산기슭에는 왕자들이 공부하던 폄우사砭愚(어리석은 자에게 돌 침을 놓

아 깨우쳐 경계함)가 위치하는데 주변 수림이 울창하여 한적한 분위기를 자아낸다. 폄우사는 효명세자(순조의 장자, 1812년 왕세자 책봉)가 머물며 독서를 즐기던 곳이다. 『궁궐지』에 정조의 〈폄우사사영〉을 차운한 시문이 전하는데, '추월秋月'에는 "맑은 이슬 뜰에 내리고/ 하늘 아래 땅이 온통 맑구나/ 영롱한 온 누리에 온화한 기운 감돌아/ 늦은 밤 글 읽기에 밤공기가 알맞도다."라고 하여 달 밝은 가을밤에 독서를 즐기던 효명세자의 시상을 엿볼 수 있다.

존덕정 뒷동산 중턱에 자리한 청심정은 숙종 14년(1688)에 지어졌는데, 앞쪽에는 돌을 깎아 작은 네모꼴 빙옥지와 거북돌을 놓았다. 거북등에는 어필 빙옥지가 한자로 음각되어 있어 왕의 필적임을 확인할 수 있다. '빙옥'은 얼음 같이 깨끗하고 옥 같이 맑은 군왕의 인품을 비유하는 빙자옥질氷姿玉質의 상징 언어로 정신세계가 맑고 깨끗한 매화를 달리 이르는 군자정신의 아칭으로 표현된다. 동양에서는 거북을 장수와 인내를 상징하는 십장생 영물(신선사상에 기반한 숭배의 대상, 해·산·물·돌·구름(또는 달)·소나무·불로초·거북·학·사슴)의 하나로 여겨왔다. 거북등의 둥그런 형태는 하늘을 상징하며 네모꼴 복부는 물 위에 떠있는 대지를 표상한다. 이곳에 내재된 천원지방 사상은 '하늘은 둥글고 땅은 네모지다.' 라는 의미를 뛰어 넘어 하늘의 원만한 덕성을 이어받아 땅의 민초들에게 곧고 바른 정치와 덕성을 베풀고자 하는 군왕의 염원이 간접화법으로 대입된 사례이다. 한편, 『예기』에서 거론되는 사령四靈(또는 四瑞 : 기린, 봉황, 거북, 용)은 신령스럽고 영묘한 동물을 가리키는데, 기린은 신의를, 봉황은 평안을, 영묘한 거북은 길흉을 예지하고, 용은 변화를 주는 영물로 비유된다.

청심정에서 남쪽을 향해 내려다보면 숲속으로 존덕정, 승재정, 관람정 등이 펼쳐지는데, 〈상림십경〉 중 제7경에 해당하는 '청심제월'은 비가 개인 밤 청심정에서 바라보는 맑고 깨끗한 밝은 달의 정경을 노래한 것이다.

네 번째로 만나는 단계는 후원의 가장 깊숙한 골짜기를 흐르는 옥류천 계류권

〈동궐도〉에 표현된
옥류천, 소요암, 소요정,
농산정, 청의정

역으로 취한정(푸르고 서늘함을 얻을 수 있는 정자), 능허정, 태극정, 소요정(구속 없이 천천

히 거닐 수 있는 정자, 『장자』의 '소요유'에서 유래), 청의정, 농산정 등 운치 있는 경물이 포

치된 공간이다. 반도지를 지나 북쪽의 울창한 숲 속 고갯길을 오르면 취규정聚奎(하

늘의 별처럼 많은 인재가 모여들어 천하가 태평해짐)을 마주하고 고개 넘어 계곡을 따라 내려

가면 옥류천 계류에 다다르게 되는데, 1636년 인조의 주도로 조성되었다.

청의정淸漪(맑은 물결)은 궁궐 안에서 유일하게 초가지붕을 얹은 모정인데, 작은

사각형 못 안에 별도의 사각형 섬을 두었다. 날렵하게 짚을 올린 원형지붕과 달리

내부 천장은 화려한 채색 단청으로 극명한 대비를 이루는데, 정자의 지붕, 몸체, 마

루의 형태는 원(○), 방(□), 각(△) 그리고 하늘, 땅, 사람이 하나의 소우주 공간에서 조

우하는 천지인 3재三才의 조화를 보여주는 사례이다.

낚시를 즐기며 상화연을 베풀었던 청의정에서 정조는 다음과 같은 〈청의정상화淸漪亭賞花〉 시를 남겼다.

꽃나무 아래 바위에 앉아 거문고 뜯고彈琴花底石   물 가운데 정자에서 낚시질 하네携釣水中亭.

고아한 모임 탐승으로 이어지니雅會仍探勝   구름 끝에서 아름다운 고니가 듣네雲端畵鵠聽.

청의정 아래에 우물禦井(어정)이 있고, 소요암 암반에 물줄기가 돌아 흐르도록 C자형으로 유상곡수 놀이를 위한 풍류의 장을 마련했다. 인접하여 자연암을 조탁한 삼신산 형상의 바위 암벽에는 인조의 어필인 '옥류천玉流川', 그리고 숙종의 시 "흐르는 물은 삼백 척을 날아 흘러 아득히 구천에서 내려오고, 보노라니 문득 흰 무지개 일어나고 일만 골짜기에 우레 소리 가득하네"라는 한시가 음각되어 있다. 관련하여 『궁궐지』에 다음과 같은 기록이 전해진다.

옥류천은 소요정의 서쪽에 있다. 돌 위에 세글자를 새겼는데 바로 인조의 어필이다. 인조 14년 병자년(1636) 가을에 돌을 뚫어 샘물을 끌어들여 바위 둘레를 돌아 정자 앞에 떨어뜨려 폭포를 만들었다.

또한, 『홍재전서』에 정조의 시 '비 온 뒤 옥류천에서 폭포를 구경하며 읊다.'가 전해진다.

장맛비가 막 걷히고 저녁 햇살 고울 제 높은 누각에 앉아서 샘물 소리를 듣노라니

샘물 소리가 마음과 더불어 온통 맑아라 먼지 하난들 이 자리에 이르길 형용할소냐

숙종은 〈상림삼정기上林三亭記〉에서 옥류천에 펼쳐진 태극정, 청의정, 소요정을 후원의 대표 명승으로 꼽았다. 이백, 백거이, 왕희지 등이 찬미한 여산과 소흥의 난정에 비유하면서 "어찌 이보다 나을 수 있으랴. 나는 만기를 다 기리는 여가에 옥지를 옮겨 이곳에서 천류를 보고 함양하곤 한다."라고 읊었다. 소요정을 끼고 돌아드는 소요암 암반에 의도적으로 C자형 물길을 내어 즐겼던 곡수연 술잔 풍류는 '소요유상逍遙流觴'이라 하여 상림십경의 하나였다.

옥류천 풍광과 관련하여 숙종은 〈소요관천기〉에서 "높은 정자에 앉아 깊은 골짜기를 흐르는 옥류천을 한가로이 바라보는 것도 좋거니와 곡수에 술잔을 띄우고 근심을 씻어내는 것도 무한 즐거움이네"라 하였고, 정조는 "바위 끝에서 튀기며 떨어지는 물방울 소리는 가야금을 울리는 듯하며, 하늘은 푸른데 이 몸이 쉬고 있는 정각은 빗속에 깊이 잠겨 있는 듯하니 도란 본래 무심이 유심 아니런가"라고 읊었다. 한편, 정조가 병술년(1778년)에 지은 〈소요정기〉가 다음과 같이 전해진다.

정자를 소요逍遙로 이름한 것은 마음과 땅이 서로 잘 만난 때문이다. 마음에 물物이 없는 사람은 능히 물物에 소요할 수가 있다. 그러나 그런 땅을 얻지 못하면 아무리 소요하고자 하여도 할 수가 없는 것이다. 정자가 동산苑의 한가운데 있어서 좋은 경치가 모두 이 정자에 모이어, 기이한 산봉우리와 층층의 암벽, 그윽한 골짜기들이 아침저녁과 사시로 각각 제 경치를 드러내어, 사람으로 하여금 세속을 벗어난 맑고 깨끗한 생각을 갖게 하니, 땅의 소요할 만한 경치가 바로 그러하다. 그러나 마음으로 즐기는 것이 여기에 있지 않으면 비록 그런 땅이 있더라도 어떻게 소요할 수 있겠는가. 지경境이 마음과 더불어 광활하고, 물物이 사람과 더불어 잘 어울려서, 하늘과 땅 사이에 어떤 사물이 내 마음의 즐거움을 옮길 수 있을지 알지 못하게 되니, 이것이 바로 소요라는 명칭을 얻게 된 까닭이다.

옥류천 청의정 동쪽에 자리한 태극정은 본래 구름 그림자 드리우는 뜻풀이를 갖는 '운영정'이었는데, 1636년(인조 14)에 다시 지으면서 이름을 바꾸었다. 한 칸 규모로 지붕위에 절병통을 두었고 문을 달아 온돌방을 만들었으며, 기둥 밖으로 아亞자 모양의 난간을 둘렀다. '태극'은 '태초의 혼돈한 원기元氣'를 의미하는데,『주역』에 의하면 "역易에는 태극이 있어, 양의兩儀를 낳고, 양의는 사상四象을 낳으며, 사상은 팔괘를 낳는다." 라고 하였다. 즉, 높은 기단위에 세워진 태극정은 인간의 생로병사와 길흉화복이 역의 변화 원리 안에 있으니 음양의 이치를 깨우치는 거점임을 나타낸다.

『궁궐지』에 수록된 〈의소요정소금직학사방난정수계서〉를 통해 옥류천 일대의 아름다운 풍광과 유상곡수 문화를 엿 볼 수 있다.

> 창덕궁에 원유苑囿를 만들고 내원內苑이라 하였다. 원중에는 밭이 있는데 길이가 40보이고 넓이는 70보이다. 그 곁에 정각을 지었는데, 이름 하여 관풍觀風이고 북쪽에 단을 쌓았는데 춘당春塘이라 하였다. 앞에는 1무 남짓 못이 있어 백연담이라 하고 장원봉 까지는 수백보가 됨직한데 여기가 활시위 하는 장소이다. 이곳 서쪽의 정자는 관덕정이고 이 정자에서 2리쯤 돌아가면 우물이 있어 이름 하여 옥류천이며 골짜기의 이름이 옥류동이다. 이 가운데에 몇 개의 정자가 있는데, 소요정, 청의정, 태극정, 농산정, 취한정 등이다. 그 중에서 소요정은 참으로 인간세상의 기절한 곳이라 할 만하다. 앞에는 유상곡수流觴曲水의 아름다움이 있고 뒤에는 무림수죽의 성함이 있어 봄부터 여름까지 한가히 거닐면서 경개를 구경하게 되는데, 족히 유정幽情을 펼 수 있다. 이곳에는 구곡의 물이 있어 열좌하고 즐길만하다. 〈후략〉

유상곡수연회는 예로부터 음력 3월 3일에 행해졌다. 마음에 맞는 문사들이 흐르는 곡수에 둘러앉아 술잔을 띄우고 시를 읊던 연회로, 동양의 선비와 사대부들이 즐기던 풍류문화이다. 흐르는 물가에서 풍류를 즐기는 이유는 상서롭지 못한 액운을 깨끗이 씻어낸다는 의미를 겸하고 있다. 한중일 3국에서 풍미하던 유상곡수 문

연못과 부용정 전경

연못과 애련정 전경

부채꼴 정자 관람정 편액

술 풍류와 인조 어필이 남아있는 옥류천 소요암의 유상곡수거

반도지 주변에 펼쳐진 정자와 수려한 계류 경관

화는 진나라 왕희지(303-361)의 대표작 〈난정서〉를 연원으로 한다. 절강성 소홍현 회계산 북쪽 난정蘭亭에서 이루어졌던 풍류회 정경을 기록한 '난정서'는 왕희지의 대표적 명문이다. 그는 353년 음력 3월 3일에 명사 41명과 회계의 난정에서 성대한 계사를 거행하며 풍류연회를 즐겼는데, 굽이굽이 흐르는 물에 술잔을 띄우며 시를 읊었는데 거나하게 술을 마시며 천고의 명작을 남겼다.

창덕궁 후원 소요정 일대 유상곡수 물길과 경관은 신축년(1781) 9월 초삼일에 정조의 안내를 받아 각신(참판, 승지, 제학, 사관, 화원 등) 8명이 금원을 유람한 표암 강세황(당시 호조참판)의 〈호가유금원기扈駕遊禁苑記〉를 통해 확인할 수 있다.

푸른 소나무와 붉은 단풍이 양옆으로 은은하여 장막을 두른 듯 신선 세계에 들어선 듯하였다. 머리를 들고 눈을 돌려 구경하기에 바빴다. 반리쯤 가니 야트막한 고개가 있었고 고개 넘어 숲이 트여 눈앞이 환하였다. 바위 언덕과 솔숲 사이에 정자가 있는데 소요정逍遙亭이었다. 뜰은 깨끗하고 나지막한 담장이 둘러 있었다. 정자 앞에 기이한 바위가 가로누웠는데 여러 줄의 글씨가 새겨져 있었으나 이끼가 끼어 자세히 볼 수 없었다. 대개 자연이 빚은 것이지 사람의 솜씨는 아니었다. 바위 아래 평평한 반석은 둘레가 약 20여보인데, 이곳에 샘물을 끌어들여 유상곡수流觴曲水를 만들었다. 물은 정자의 북쪽을 감싸고 아래로 떨어져 폭포가 되었다가 정자의 뒤를 돌아 흘러간다. 정자 약간 북쪽에 네모꼴 못이 있고 못 안의 청의정清漪亭은 짚으로 지붕을 이었다. 약간 남쪽에 또 정자 하나가 못에 임하였으니 태극정太極亭이었다. 유상곡수는 대개 이 두 못에서 발원한 것이다. 〈후략〉

최근 옥류천 정경과 관련하여 〈창덕궁 후원 옥류천 풍경〉이란 제호의 그림이 경매에 나와 조경학계에 비상한 관심을 불러일으켰다. 영조 연간 도화서 화원으로 활동했던 김희겸의 작품으로 옥류천 일대의 원형경관을 가늠해 볼 수 있는 작품으로 평가되고 있다. 김희겸의 활동 시기가 1750년대 였음을 고려해 볼 때 〈동궐도〉

제작시기보다 60여 년 이상 앞서는 정황인데, 옥류천 권역을 표현한 최초 작품으로 추정된다. 수묵 담채의 효과를 활용하여 옥류천 유상곡수거, 소요암 산형 입석에 조탁된 인조대왕 어필, 청의정과 연못, 태극정, 소요정, 취한정, 배후경관 등의 실경이 명료하면서도 강렬하게 묘사되었다. 신위(1769~1845, 도승지와 이조참판을 지낸 시·서·화의 3절)의 제〈題 : 겸재 정선과 김두량의 장점을 함께 갖고 있어 쉽게 얻을 수 없는 그림이다此幅兼擅鄭元伯金斗樑之長 未易得也紫霞題〉가 병기된 실증적 사료인데, 오늘날 옥류천 정경과 유사한 실경으로 회화적 가치는 물론 후원 복원의 전거로 삼았던 〈동궐도〉와 비교, 검토가 가능한 점 등 원형경관에 대한 판단을 가능케 한다.

　창덕궁 권역에는 천연기념물로 회화나무, 향나무, 뽕나무, 다래나무 등이 노거수로 현존한다. 회화나무는 수고 20여 m 크기로 정문인 돈화문을 들어서자마자 서쪽 담장 가의 3그루, 그리고 금천교와 단봉문 근처의 8그루가 궁궐의 표징물로 지정되었다. 돈화문은 조정의 관료들이 진출입하며 집무하는 외조外朝에 해당되는데, 주례周禮에 따라 삼공을 상징하는 3그루의 회화나무를 심은 것으로 판단된다. 중국에서는 노란 꽃이 피는 음력 7월경에 과거시험이 치러진다하여 이 시기를 괴추槐秋라 했고, 우리나라의 경우 과거시험에 합격했을 때 회화나무를 기념수로 식재했다. 선비의 무덤에 심어진 나무라 하여 붙여진 학자수學者樹라는 상징성을 포함하여 악귀가 틈타지 못하도록 하는 벽사기능을 겸하는데, 〈동궐도〉에도 그려져 있어 300년 이상의 수령으로 추정된다.

　봉모당과 규장각 사이의 향나무는 수령 약 750년 정도로 추정되는데, 돈화문을 들어가 북쪽을 따라 선원전 방향으로 가면 규장각 뒤에 자리하며 오늘날 창덕궁 관람 순서 중 마지막 볼거리를 제공한다. 은은한 향기를 지닌 향나무는 가까운 거리에 선원전이 있어 부정을 없애고 정신을 맑게 하며 제례 때 활용되었을 것으로 추정된다. 〈동궐도〉에도 지지대로 지탱된 오래된 향나무의 모습을 볼 수 있다.

　창경궁과 경계를 이루는 담 주위에 가꾸어진 12m 크기의 뽕나무는 수령 약

400년으로 추정되는데, 우리나라에 서식하는 뽕나무 중에서 가장 크고 수형이 단정하다는 평가를 받고 있다. 조선시대에는 궁원에 뽕나무를 심어 가꾸었으며 백성들에게 양잠을 권장하였는데, 『태종실록』에 의하면 궁원에 뽕나무를 심도록 하였으며, 세종5년(1423년)에는 창덕궁의 1천여주, 경복궁의 3,600여 주, 밤섬의 8,300여 주로 누에를 키웠다는 기록이 발견된다. 『성종실록』에도 왕이 승정원에 양잠의 중요성을 말하며 후원에 뽕나무를 식재토록 하고 후원에서 왕비가 친히 누에를 치고 양잠의 신에게 제사를 지내는 '친잠례'를 거행했다는 기록이 남아있다. 이처럼 궁원의 뽕나무는 왕비의 친잠례 행사 등 왕실문화를 보여주는 표징식물의 하나이다.

대보단 옆에 자리한 다래나무는 수령 600년 정도로 추정되는데, 우리나라에서 가장 크고 오래되어 생물학적, 역사문화적 가치를 인정받고 있다. 이곳 다래나무는 수나무로 열매가 열리지 않는데, 높이 19m 크기로 6개 정도의 굵은 줄기가 사방으로 길게 뻗어 있다.

오늘날 창덕궁에서 서식하는 주요 수종은 참나무류(갈참, 졸참, 신갈, 떡갈, 상수리, 굴참나무 등), 때죽나무, 단풍나무, 소나무, 느티나무, 산벚나무, 잣나무 등이 상층목을 형성하거나 우점종으로 자라고 있고, 밤나무, 음나무, 주목, 잣나무, 뽕나무, 매화나무 등이 중층목으로, 철쭉, 진달래, 향나무, 앵두나무 등이 하층목을 형성하는 식물 생태구조이다.

〈동궐도〉에는 금천교 어구 일대에 많은 능수버들이 그려져 있는데, 궁이 들여다보이지 않도록 차폐한 기능식재 성격이 농후하다. 이와 관련하여 『성종실록』15년조(1484년)에 "지금 내가 애매한 말을 듣고 있다. 버드나무같이 쉽게 자라는 나무를 섞어 심어 바라보이는 곳을 가리어 막고자 하는데, 공조에서 과목 심기를 청하니, 나의 본의가 아니다. 외간에서 나를 원지園池에 나무를 심어 관상을 좋아한다고 할 것이니, 어찌 애매함이 없겠는가, 장원서 노예에게 버드나무를 빨리 심게 하라."라는 기록을 볼 수 있다.

단풍나무는 후원에서 참나무류와 때죽나무에 이어 많이 분포하는 우점종이다. 식생천이 과정의 산물이기도 하겠지만 큰 나무 밑이나 나무 사이에서 아름다운 단풍색을 띠며 잘 자라는 중용수라는 생육습성과도 연계된다.

〈동궐도〉에 의하면 후원 권역 배후 숲은 소나무가 주축을 이루고 있는데, 우리나라 자연환경에 잘 부합되는 나무로 백목지장百木之長으로 불려 지며 나무 중의 으뜸으로 여겨졌다. 집을 짓거나 배를 만들 때 재목으로 애용되었고, 늘 푸른 상록수로 비바람과 눈보라의 역경 속에서 변함없는 충절, 절개와 지조 같은 덕목을 개입시켰으며, 해, 산, 물, 돌, 구름, 불로초, 거북, 학, 사슴 등과 함께 십장생의 하나로 장수를 상징하는 표징물이기도 했다. 봄철을 배경으로 화사하게 피어나는 진달래꽃 정경을 곳곳에서 만날 수 있는데, 오늘날 식생다층구조의 생태숲을 형성하고 있는 후원에서 양지식물인 진달래를 만나기 어려워진 것이 사실이다.

한편, 〈동궐도〉에 의하면 측우기, 간의, 해시계, 풍기대 등 과학기기들이 외부 공간 요처에 다양하게 설치되었다. 천문기상 관측시설인 관천대(첨성대)가 간의와 함께 창덕궁의 금호문 밖 뜰에 세워졌고, 내각 중심건물 앞뜰에 측우기와 흰 대리석을 깎아 만든 측우대가 있었으며, 세자의 생활공간 중희당 앞마당에는 소간의, 적도의, 해시계, 사각 또는 육각형으로 다듬어진 대석 등이 다양하게 놓였다. 통제문 안에 풍기석이 있었고 금루각에는 자격루 물시계가 설치되었으며, 홍문관 옥당에는 앙부일구, 혼천의, 그리고 주합루 앞뜰 대석에도 해시계를 올려놓고 시각을 재던 일영대가 도입되었다.

창덕궁 후원의 경관 즐기기는 사실적 실경과 상징성 짙은 의경, 그리고 자연을 시지각적으로 즐기며 학문, 뱃놀이와 상화연, 유상곡수, 악기, 낚시, 활쏘기 등의 유락과 풍류행위가 개입되는 유경, 멀리 북악과 남산은 물론 중경으로 펼쳐진 승경을 취하는 차경 등을 들 수 있다. 식물소재로는 소나무, 잣나무, 버드나무, 느티나무, 회화나무, 백련, 모란, 복숭아나무, 살구나무, 국화 등이 대표적이고, 동물소재로는 물고기, 백학, 원앙, 오리, 앵무새, 매미, 두견새 등이었다. 조경시설로는 누정대 같은 건물요소는 물론 연못과 섬, 석가산, 폭포, 곡수거, 화계, 괴석, 석연지 등 경물을 들 수 있다.

소나무는 대표적인 전통 조경수로서 늘 푸른 나무이면서 오래 사는 특성에 근거하여 십장생의 하나이며 절개의 상징이기도 하다. 『논어』〈자한〉편에 추운 겨울이 되어서야 송백松柏의 푸름을 알 수 있다 하였고, 사마천의 『사기』에 송백은 백목의 장으로서 황제의 궁전을 수호하는 나무라고 하였으며, 왕안석의 〈자설〉에 "소나무는 공公의 작위를 측백나무에게는 백伯의 작위를 주었다."라고 하여 매우 귀하게 여겨졌다. 이처럼 소나무는 매우 고고하고 위엄과 기품이 있으며, 심지가 굳은 자연물로 상징되어, 〈동궐도〉에서도 가장 많이 나타나 있다.

창덕궁은 동아시아 궁전 조영문화 측면에서 비정형적 조형미를 간직한 대표적 궁궐조경 사례로 주변 자연환경과의 조화와 배치가 탁월함을 인정받아 유네스코 세계문화유산으로 등재되었다. 예쁘장하고 완만한 자연 산세에 의지하여 크고 작은 건물군이 울창한 수림 속에 지리 잡은 포치구도는 한국직 경관짜임의 실증적 표상이기도 하다. 특별히, 조선시대 군신들의 위락과 심신수양처로 애용된 후원 권역은 아름다운 자연임상 속에 누정과 건물, 연못, 그리고 꽃과 나무를 가꾸어 점입가경의 비밀정원秘苑, secret garden을 구축했는데, 자연경관에 기대어 건축과 조경문화가 절묘하게 어우러진 한국조경의 진수를 감상할 수 있는 실증사례로 자리매김하고 있다.

4

한국의 명원 10선

한양에 가꾼 별천지 세계, **대한제국시기 의친왕 이강의 성북동 별서 쌍류동천**雙流洞天 | 신선처럼 노닐던 한국 최고의 살림집 장원, **강릉 선교장** | 청풍명월을 즐긴 백의정승의 살림집, **논산 명재 고택** | 인간 세상에 펼쳐진 달나라 궁전, **남원 광한루원** | 경관미학의 절정, 오곡계류에 펼쳐진 은자의 집, **담양 소쇄원** | 우주관을 담아낸 배롱꽃 은일세계, **담양 명옥헌 원림** | 유상곡수 풍류가 펼쳐진 차경원림借景園林, **강진 백운동별서** | 연꽃처럼 피어나는 선경세계의 이상향, **부용동 윤선도 원림** | 서석瑞石이 펼쳐진 영남 최고의 명원, **영양 서석지** | 금계포란 명국에 펼쳐진 동천복지, **봉화 청암정과 석천정사**

한양에 가꾼 별천지 세계,
대한제국시기 의친왕 이강의 성북동 별서 쌍류동천

雙流洞天

국가지정 명승 제 35호, 서울특별시 성북구 성북동 선잠로 2길 47

서울 성북동 별서 쌍류동천雙流洞天은 고종 때 종1품 내관 황윤명黃允明(1844~1916)이 조성한 정원으로 갑신정변 당시 명성황후의 피난처였던 장소성을 갖는데, 대한제국 시기 고종의 아들 의친왕 이강(1877~1955)이 35년간 별궁으로 거처했던 곳이다. 북한산 구준봉 자락 '한양도성 밖에 펼쳐진 최고의 명원'으로 암반과 계곡 등 자연지형을 살려 수목석이 어우러진 한국 정원의 진수를 보여준다. 정원과 건물의 원형이 잘 보존되어 사적 문화재로 지정되었다가 국가 명승으로 재분류된 별서정원 사례이다.

성북동 별서가 자리한 이곳 일대는 개가 편안하게 앉아있는 모습의 구준봉이 북쪽으로 위치하고, 개가 머리를 들고 사방을 바라보는 것 같은 거수봉을 마주하는 형국이다. 개는 집과 주인을 지켜주고 잡귀나 재앙을 물리치는 영물로 여겨지는데, 여러 마리의 새끼를 낳기 때문에 풍요와 다산을 상징하며, 편안하게 앉아있는 모습은 평화로운 상태를 나타낸다. 예로부터 '밝은 달빛 아래 비단을 펼쳐 놓은 형국'으로 점점 땅이 넓게 열려지고 양명한 기운이 대대로 이어지는 자손번영과 명예를 누릴 수 있는 완사명월浣紗明月의 명국으로 회자된다.

이른 봄 도원경이 펼쳐지는 성북동 풍광과 관련하여 『동국여지비고』의 한성부 명승편에 "혜화문 밖 북쪽에 있는데 마을에 복숭아나무를 벌려 심어서 봄철이 되어 복숭아꽃이 한창피면 도성 사람들이 다투어 나가 꽃구경을 하여 도화동이라 부른다."라고 하였다. 조선후기, 복숭아꽃 어우러진 이곳 일대는 수석이 아름답고 한양도성에서 가까워 당대 명사들의 대표적 풍류처였는데, 한양의 명소로는 성북동의 복숭아꽃 정경을 포함하여 필운대 살구꽃, 무악산의 천연정 연꽃, 홍인문(동대문) 밖 수양버들, 삼청동 탕춘대 수석 등을 꼽았다. 조선후기 중상주의 경제정책을 지지했던 북학파 박제가(1750-1815)는 "어인일인가 복사꽃 안 심으면 수치로 여기는 게 성북동 풍속이라네."라고 노래하였듯, 복사꽃 어우러진 현실 속 선경세계였다.

특히, 성북동 별서는 용이 하늘을 향해 날아오를 때 개가 흠모하듯 처다보는 풍수적 '비룡양천형' 명국으로 회자되는데, 구준봉 뒷동산에서 내려온 두 갈래 물줄기가 암벽을 사이에 두고 합류하여 상서로운 쌍룡의 몸통이 되고, 용의 머리가 되는 용두가산과 어우러져 산이 물을 품고 물이 산을 품은 녹수청산의 비경으로 다가온다. 한양 도성에 가꾸어진 특히, 성북동 별서를 서양적 사고로 연계시켜 보면 낙원, 파라다이스paradise 또는 에덴동산과 같은 영원한 열락의 장소 별천지 세계로 대입할 수 있다.

성북동 별서의 직전 명칭 성락원의 '락樂'은 『논어』의 용례에서 의미를 추적할 수 있다. 〈태백편〉에 "興於詩(홍어시), 立於禮(입어례), 成於樂(성어락)" 즉, "시에서 홍하며, 예에서 입하며, 악에서 성하느니라"라 하였다. 여기에서 시는 '학문', '배움'이란 뜻이 내포되어 있는데, 학문을 통한 즐거움과 열락의 의미를 함축하며, 학문을 통해 인격을 완성하고 인류의 규범을 세운 후에야 드디어 和樂(화락)의 경지에 도달할 수 있다는 품성론을 제시한다. 〈옹야편〉에는 "知者樂水(지자요수)하고 仁者樂山(인자요산)이니 知者動(지자동)하고 仁者靜(인자정)하며 知者樂(지자락)하고 仁者壽(인자수)니라." 하였다. 즉, 지혜로운 자는 물의 속성에 비추어 물을 좋아하고, 어진 자는 산의 속성에 비추어 산을 좋아한다는 가치관을 상정한다. 그리고 〈학이편〉에는 "學而時習之(학이시습지) 不亦說乎(불역열호), 有朋自遠方來(유붕자원방래) 不亦樂乎(불역락호)" 즉, 배우고 때때로 배운 것을 익힌다면 기쁘지 아니한가? 먼 곳에서 찾아오는 벗(손님)이 있다면 즐겁지 아니한가? 라고 하였다. 배워 익힌 체험을 통해 기쁨을 얻고 홍이 돋아 예절로 자신을 세우며, 의로움의 지킴을 통해 자연스럽게 즐거운 심성이 표출되는 '成於樂(성어락)'의 경지와 연계된다.

이러한 관점에서 보면 시 가운데 예와 낙이 있고, 예 가운데 시와 낙이 있으며, 낙 가운데 시와 예가 있다. 즉, 작명을 통해 가주가 생각한 설계의 틀은 '성어락(예를 갖춘 학문의 정진)', '지자요수 인자요산(지혜와 어진 인품)', 그리고 '유붕자원방래(손님과 제자와의 소통)'를 통한 '열락의 정원樂園'이라는 상징성을 포착하게 된다.

이곳 성북동 별서(쌍류동천)의 위치, 소유자, 경관 등 정황은 정선군수 오횡묵이 고종 24년 4월 황춘파의 별서를 방문한 기록 『강원도정선군총쇄록(1887년)』을 통해 추적이 가능하다.

북쪽 시내로 방향을 돌려 시냇가 오솔길을 따라 1리쯤 들어갔다. 길이 구불구불 돌고 아름다운 나무가 무더기로 빽빽하며 기이한 새와 꽃들이 세속 이목을 번쩍 뜨이고 기쁘게 하였다. 걸음걸음 앞으로 나아가자 솔숲이 우거져 있고 취병翠屛이 있는데 제도가 매우 오묘하고 아름다웠다. 나는 듯 하나의 정자가 걸음을 따라 모습을 드러내니 바로 황춘파黃春坡(황윤명의 호)의 별서이다. 제도가 작고 경계가 그윽하며 폭포수가 떨어지고 향기로운 화훼가 형형색색이라 사람을 기쁘게 했다.

성북동 별서 쌍류동천은 계류를 끼고 마치 몽유도원경을 기승전결로 대입시킨 경관구조인데, 외부와는 단절된 세계이나 안쪽으로 진입하면서 서서히 비밀스런 낙원세계와 조우되는 의도적 경관짜임을 엿볼 수 있다. 예쁘장하면서 완만한 자연 지형을 살려가면서 내명당수 물줄기를 활용하여 동선 연결을 꾀하였고, 몇 개의 단처리로 원림과 시설을 절묘하게 접합시킨 공간구성은 ①쌍류동천과 용두가산으로 이루어진 앞뜰, ②중심공간이 되는 살림집과 영벽지 연못 안뜰, ③송석정 정자와 연못, 그리고 약수터를 포함하는 뒤뜰로 구분된다.

앞쪽이 좁고 안쪽으로 들어갈수록 넓고 밝은 공간이 펼쳐지는 전착후관 지형 조건인데, 대문을 지나 낙원의 앞뜰은 두 골짜기에서 흘러내린 물줄기가 하나로 합쳐진 쌍류동천과 조우된다. 두 물줄기가 합수되는 지점 암벽에 행서체로 새긴 '쌍류동천雙流洞天'은 선경의 이상세계를 상징하며, 지맥의 비보 관점, 그리고 완복지지를 관류하는 내명당수로서의 관념세계와 연계된다. '동천'이란 명칭은 신선들이 모여 사는 속세의 때가 미치지 않는 깨끗하고 아름다운 터를 말하는데, 실존공간에 선경의 세계를 대입시켜 삶의 가치를 형이상학적으로 승화시킨 은유적 경관미학의 진수를 보여준다.

쌍류동천 서쪽에는 살림집을 시각적으로 가려주며 아늑한 공간감을 부여하기 위해 의도적으로 조성한 용두가산이 자리하는데, 지기 보강을 위해 흙과 돌을 쌓고 나무를 심은 경관짜임이다. 공간의 심연성과 감동의 연출, 그리고 환경 심리적 안정성 측면을 뛰어넘어 불로장생을 염원하는 세계관과 일치한다. 일반적으로 가산과 같은 사례는 큰 연못을 만들 때 파낸 흙을 처리하기 위해 쌓은 인공 산을 일컫는데, 재료에 따라 토가산, 석가산, 목가산, 옥가산 등으로 분류된다. 신선경의 세계를 대입시키거나 땅의 기운이 허한 곳에 풍수적으로 지기를 보강하기 위해 만든 비보 목적의 조산造山 기법과 연계된다. 조선 성종 때 간행된 『동국여지승람』에 의하면 가산은 "지기를 모아두는 것과 같다."라고 하였는데, 조선 초 종묘 앞쪽의 지세가 허하다 하여 흙을 쌓고 조산하여 소나무를 심은 것이 실증적 사례이다.

조선 초기 문신으로 문장에 뛰어났던 강희맹은 가산에 대해 "산을 오르는 자는 반드시 높고 큰 산을 오르고자 하고 물을 구경하는 자는 반드시 깊고 넓은 물을 구경하고자 한다. 그것은 대개 우주 안의 경관을 다해서 나의 정신을 저 물物의 밖에까지 쏟아보자는 때문이다. 그러나 지역이 구분되고 다리 힘이 빠지는 데는 비록 장해(고대의 걸음 잘걷는 사람)의 건장한 걸음을 달리고 열어구列禦寇의 신기한 바람 타는 재주를 쓰더라도 능히 나의 웅장한 생각을 충족시키지 못할 것이니, 호정戶庭을 나가지 않고 산림과 강해江海의 취미를 거두어들이고자 하는 것은 역시 어려운 일이다. 오직 회화의 한 가지 일로 말하더라도 거의 형사形似는 방불할망정 진형眞形의 솟구치고 유동하는 뜻은 있지 아니하니 어떻게 작은 것을 인하여 큰 것을 추측하며 가假를 들어 진眞을 상상할 수 있겠는가?"라는 생각을 피력했다. 또한, 서거정은 "인한 자는 산을 좋아하고, 지혜로운 자는 물을 좋아하는 것과 같이 군자의 좋아하고 숭상하는 것은 반드시 자기와 공통되는 유類를 찾게 되는 것이다. 성후는 어질고 슬기로운 자질로써 산의 고요한 것을 보아 체體를 기르고, 물의 움직이는 것을 보아 용(用)에 달하여 안팎이 서로 닦아지고 체와 용이 함께 오롯한즉, 그 좋아하는 것은 보통 사람으로는 그 변두리도 엿보지 못할 것이다. 옛날 소순이 〈가산기〉를 지어 '사랑하고 공경하며 감동한다.' 하였으니, 나도 그대에게 또한 그리하여 산의 아름다움을 보고 사랑하며 인함과 지혜로움을 사모하여 공경하고 감동하게 되었기에, 이를 써서 기문으로 삼고자 한다." 라고 하였다.

신성한 권위와 풍요, 그리고 풍수적 지기비보 등의 가치를 대입시킨 용두가산은 수백년된 엄나무를 비롯하여 느티나무 · 소나무 · 상수리나무 · 단풍나무 · 말채나무 등 노거수들이 울창한 어귀 숲을 이루어 저택의 안산 역할은 물론 아름다운 원림을 비밀스럽게 이어주는 완충 막 구실을 한다.

낙엽교목 속성수인 엄나무는 20m 이상 자라며, 나무껍질은 회백색이고 세로로 불규칙하게 갈라진다. 추위에 견디는 내한성이 뛰어나고 가지에 날카롭고 억센 가시가 많이 나며, 잎은 어긋나고 둥글며 잎 몸이 5~9개로 갈라져 손바닥 모양이다. 잎 가장자리에 톱니가 있으며 7월에 어린 가지 끝에서 연 노란색 꽃이 둥글게 산형 꽃차례에 달려 핀다. 10월에 열리는 열매는 둥근 핵과로 1~2개의 씨를 담고 있으며 검게 익는다. 옛 사람들은 엄나무 가시가 귀신을 쫓는다고 믿어 살림집 대문에 걸어두거나 뜰에 심어 가꾸었다. 성북동 별서 어귀 용두가산에 심어진 엄나무 또한 악귀가 틈타지 못하도록 하여 가문의 번영을 염원하는 벽사(사악한 기운을 물리침, 옛사람들은 나쁜 일이 일어나는 것은 사악한 기운, 악신 때문이라고 믿었다.) 의도와 연계된다.

안뜰 영역은 안채와 사랑채, 그리고 별당이 자리하고, 자연암벽에 펼쳐놓은 바위글씨와 수경시설의 진수를 보여주는 영벽지 등이 주요 경물요소이다. 담장을 두른 살림집은 안채와 사랑채가 하나의 몸채를 이루고 인접하여 별당이 높은 곳에 연못 쪽을 향해 자리하는데, 담에 의지하여 화오를 일구어 괴석을 곁들인 모란, 비비추, 옥잠화, 조릿대 등을 가꾸었다. 특히, 사랑채는 나지막한 담장에 나무 간살로 살창을 내어 연못은 물론 느티나무와 단풍나무 등 아름다운 경관을 조감할 수 있는

❶ 성북동 별서 영벽지 주변의 봄 풍경
❷ 성북동 별서 사랑채에서 본 이른 봄 전경
❸ 성북동 별서 안뜰에 가꾸어진 모란과 괴석, 그리고 용두가산의 풍경
❹ 추사 김정희의 암각 글씨 '장빙가'는 옥처럼 맑고 깨끗한 삶을 염원한다.

취경聚景을 구사했다. 이러한 취경법은 조선 전기의 명신 회재 이언적(동방5현, 동국18현의 한사람)이 별서 독락당(경주 안강)의 사랑채 담장에 투시형 살창을 달아 대청에서 인접 계류 경관을 감상할 수 있도록 한 독특한 구성에서도 엿 볼 수 있는데, 자연과 인공의 경계를 단절시키지 않는 관입을 통해 인간과 자연이 조응하고 융합되는 경관미학의 진수를 보여준다.

성북동 별서에 심어진 모란은 꽃송이가 풍성하고 화려하여 부귀영화를 상징하는 꽃으로 궁중에서부터 사대부, 지체가 낮은 서민층의 살림집에 이르기까지 다양하게 가꾸어졌다. 이곳 사례처럼 모란은 괴석과 연계하여 뜰에 많이 도입되었는데, 모란이나 사군자를 상징하는 식물을 뜰에 심어 가꿀 때 산과 바위의 축소물로 기이하게 생긴 괴석을 곁들였다. 괴석은 극도로 축약된 불로장생의 선경세계로 비유되었는데, 모란과 괴석이 짝을 이루어 부귀장수, 괴석과 모란에 국화나 난초를 곁들여 부귀국향富貴國香, 그리고 괴석과 모란에 대나무를 곁들여 부귀평안, 고귀한 선비정신 등의 화제를 만들어 냈다.

그러나 실학자 이익은 『성호사설(1760년)』에서 뜰에 많이 심어긴 모란의 부귀영화 상징성에 대해 반어법적 경계의 내용을 다음과 같이 피력했다.

염계 주돈이가 이르기를, 모란은 꽃 중에 부귀한 꽃이다. 하였으니, 이는 사람의 눈을 가장 기쁘게 하기 때문이리라. 그러나 내가 보기에 모란이란 꽃은 가장 쉽게 떨어지는 것이다. 아침에 곱게 피었다가 저녁이면 그만 시들게 되니, 이는 부귀란 오래 유지하기 어렵다는 것을 비유할 만하고, 모양은 비록 화려하나 냄새가 나빠서 가까이 할 수 없으니, 부귀란 또 참다운 것이 못 된다는 것을 비유할 만하다.

모란의 재배 및 가꾸기와 관련하여 유중림의 『증보산림경제(1776년)』에서 다음과 같은 내용을 추적할 수 있다.

씨를 심든 접붙이든 입추 후 다섯 번째 무일戊日 전후가 적합하다. 중추절은 모란의 생일날로 이날 옮겨 심으면 반드시 무성하게 자란다. 성질은 추운 것에 적합하고, 더운 것을 싫어한다. 건조한 것을 좋아하고, 습한 것을 싫어한다. 새 흙을 북돋아주면 뿌리가 왕성하게 자란다. 해를 향하는 성질을 완화시키려면 흐리고 맑은 날이 반반씩 되어야 좋다. 더운 바람과 뜨거운 햇볕을 꺼린다.

참죽나무에 모란을 접붙이면 키가 수 십 길이나 된다. 모란은 접붙이지 않으면 아름답지 않다. 뿌리는 땅에서 5-7치 정도 남겨두고 자른다. 접붙여 진흙으로 싸주고 부드러운 흙으로 북돋아준다. 집을 만들어 바람이나 햇볕을 쏘이지 않게 한다.

성북동 별서를 관통하는 계류의 암벽을 따라 조성된 연못(영벽지)은 장변 16m, 단변 12m 크기인데, 북쪽에서 입수된 물줄기가 암반위에 너른 수조를 형성하고 남쪽으로 흘러 넘쳐 나가는 체계이다. 연못의 경계는 자연암벽과 암반에 의해 둘려졌으며 물이 입수되는 북쪽 암벽에 좁다란 물길을 조탁하여 독특한 3단 폭포를 조성했는데, 가느다란 물줄기가 폭포수로 흘러 고이고 떨어져서 연못으로 넘쳐 흘러드는 수경이 펼쳐진다. 영벽지의 입수구가 되는 암벽의 상단 폭포는 낙차가 크지 않은 15cm 높이인데, 직경 30cm, 깊이 15cm의 둥근 석구石臼(돌절구)에 물이 떨어지도록 하였다. 중단 폭포는 낙차가 30cm 높이로 같은 크기의 석구에 물이 떨어지도록 하였다. 하단의 폭포는 낙차가 150cm로, 직경 80cm, 깊이 20cm 크기의 석구에 떨어졌다가 흘러 넘쳐 연못으로 들어가는 구조이다. 이곳 3단 폭포는 명옥처럼 맑고 청아한 소리를 취할 수 있는 정감 있는 수경시설이 된다.

조선후기 서유구의 『임원경제지』에 의하면 "소리가 요란하고 급하게 흐르는 물가는 집터로서 마땅치 않다."고 하였다. 즉, 성락원 뜰에 도입된 폭포는 높지 않은 낙차를 이용하였고, 3개의 단상으로 맑은 소리를 내며 떨어져 조용히 물이 흘러 넘쳐들게 한 기법으로 선조들의 수경시설 조영 원칙에 잘 부합되는 사례가 된다.

폭포 옆 암벽에는 녹수청산의 의미를 담은 '靑山壹條(청산일조)' 바위글씨가 있으며, 서쪽 암벽에도 '檣氷家 阮堂(장빙가 완당)'이라고 쓴 추사 김정희의 각자가 남아있다. 이들 암각글씨는 평화롭고 깨끗한 세상의 염원, 그리고 돛대와 옥처럼 맑게 매달린 겨울철 고드름처럼 가문을 순풍에 돛단배처럼 안전하게 이끌면서 맑고 깨끗한 청백의 삶, 또는 처마에 주렁주렁 매달린 형상을 곡식에 비유하여 가문의 풍요와 번영을 희구하는 실존적 가치 염원과 연계된다. 한편, 이곳 암벽에 각자된 '청산수첩靑山數疊'은 과거 소나무로 울창하게 뒤덮여 있는 동산의 정경을 포착케 한다.

즉, 집주인이 표상하는 녹수와 청산은 『논어』〈옹야편〉의 "지자요수 인자요산"에서 연원하는데, 품위를 잃지 않는 높은 군자적 가치의 염원, 지혜로움과 어짊의 가치관 대입, 그리고 『도덕경』에 제시된 상선약수上善若水(상선은 물과 같다. 물은 다투지 않으면서 만물을 이롭게 하고 최고의 선을 이룬다.) 등과 연계되는 대목이다.

계류 암벽에는 집주인이 쓴 시문으로 판단되는 "밝은 달은 소나무 사이에 비치고 맑은 샘물은 돌 위를 흐르며 푸른 산이 여러 겹 싸여 있는 내 집을 사랑하노라." 바위글씨가 남아있다. 예로부터 승경지였던 이곳에 고종이 총애한 내관이자 시법에도 뛰어났던 춘파春坡 황윤명(강원도 평해 출생)이 조영한 성북동 별서(쌍류동천)에는 집주인 황윤명이 시를 짓고 그의 손자 문학이 쓴(1903년)〈영벽지影碧池〉시문이 각자되어 있는데, "온갖 샘물을 모아 고이게 되니 푸른 난간머리에 소를 이루었네 내가 이 물을 얻은 후 자주 강호놀이를 하네."라고 읊었다. '내 집을 사랑하노라.'라는 뜻풀이 '애오려愛吾廬'는 도연명의 〈독산해경〉, "뭇 새들은 기쁘게 돌아올 수 있는 둥지 있듯이 나도 돌아갈 수 있는 내 집을 사랑하노라"에서 연원한다. 조선후기 과학사상가로 잘 알려진 담헌 홍대용도 자신의 살림집을 '애오려'라 했는데, 『담헌서』에 "인자는 남을 사랑한다고 하였으나 나를 사랑한다고 하지 않았다. 그러나 나를 사랑한다는 것은 남을 사랑하는 것이 포함되어 있음을 의미한다."라고 하였다. 공자는 '인'을 중시했고, 맹자는 '인'과 '의'를 중시하여 인의예지 덕목을 성선설性善說의 근저로 삼았으며, 주자는 '인'을 오상五常, 五倫의 첫 번째 덕목으로 모두를 포함한다 하였다. 이러한 사상에 '애오려'의 관점을 대입시켜 보면 성북동 별서 집주인은 자연과 동화되는 풍치를 즐기며 세상 속에서 삼강오륜의 윤리덕목을 실천코자 하는 가치관을 담고 있다.

영벽지에는 괴석을 심었던 석분이 놓여있는데, 불로장생하는 선경 세계를 간접화법으로 담아내고 있다. 이 석분은 자연 암반을 조탁하여 네모꼴 형상에 원형분을 만들어 천원지방의 가치를 담고 있기도 하다. 이곳은 그림자 드리우는 거울연못 같은 수경관을 연출하는데, 녹색을 더해가는 여름과 단풍이 물드는 가을 풍광, 밤하늘의 달과 별빛 정경의 투영미, 물고기들이 뛰노는 관어의 정경 등 현실 속 또다른 별천지 세계를 만나게 된다. 즉, 암벽위에 펼쳐진 명인들의 시문과 암각 글씨, 괴석, 그리고 연못 등을 통해 선경에 취하고 은일풍류를 즐기고자 했던 자연주의 작정 미학을 엿 볼 수 있다.

수많은 명인들의 문학과 발자취를 통한 성북동 별서(쌍류동천)의 명소적 의미부여는 조선후기 문인 이기용의 글에서도 추적된다.

> 산수가 아름다운 땅이라도 때에 따라 드러나기도, 드러나지 않기도 한다. 정자가 낙사에서 수계를 개최하여 낙사가 드러났고, 주자가 무이에서 뱃노래를 부르자 무이구곡이 드러났다. 낙사와 무이구곡이 두 선생을 만나지 못했다면 이곳은 예나 지금이나 하나의 골짜기에 불과했을 것이다. 우리나라에도 석담은 율곡을 만나 드러났고, 화양동은 우암을 만나 드러났다.

내원으로 들어서면 처음 조우하는 공간이 영벽지 권역인데, 이곳을 통과해야 살림집 본제와 송석정松石亭 후원에 다다를 수 있다. 영벽지의 뜻풀이는 '푸른 하늘과 주변에 펼쳐진 늘 푸른 소나무 총림의 아름다운 경치가 드리워진 연못'으로 이해할 수 있다. 악귀가 들어서면 영벽에 비친 험상궂은 자신의 그림자를 보고 스스로 놀라 혼비백산 한다거나, 귀신은 직진밖에 하지 못하기 때문에 영벽에 막혀 들어오지 못한다는 속설적인 민간 해학의 공간이기도 하다. 이에 더하여 용두가산과 영벽지는 내원으로 진입하는 내방객들에게 살림집 안팎이 직접 들여다보이는 것을 제어하는 등 사적 보호 완충 막 구실을 한다. 이러한 기법은 청풍명월淸風明月의 차경, 근수원산近水遠山의 취경이라고 하는 경관설계 원칙을 대입시킨 사례가 된다. 즉, 영벽지 영역은 청풍명월본무가淸風明月本無價(맑은 바람과 밝은 달은 값없이 취할 수 있고), 근수원산개유정近水遠山皆有情(가까운 물과 먼 산의 정취를 느낄 수 있다)이라고 하는 실존적 경관 향유가치를 대변하는 환경설계기법이다.

영벽지 주변에는 거북바위, 용바위, 봉황바위가 펼쳐져 자리하는데, 『예기』에서 거론되는 린봉귀룡麟鳳龜龍 등 태평성대에 출현한다고 하는 신령하고 상서로운 4령四靈(또는 四瑞)으로 해석된다. 즉, 4령과 연관되는 바위돌이 연못의 동쪽, 북쪽, 서쪽으로 둘러쳐 있는데, 기린은 신의를, 봉황은 평안을, 거북은 길흉을 예지하고, 용은 상서로운 변환을 상징한다. 연못 속으로 막 뛰어들어 입수하려는 모습의 거북바위는 불로장생을 염원하는 선경의 경지를 내포하며, 태평성대의 염원을 담은 봉황바위, 잡귀가 틈타지 못하도록 가문을 수호하며 권위를 갖는 용바위 등이 상징경관으로 펼쳐져 있다. 특히, 용바위 상단 마루에는 암반을 조탁하여 깊숙이 자리한 송석정에 다다르도록 가마 길을 조성했는데, 용두가산을 지나 용의 꼬리부분까지 이어지는 용문의 세계(송석정)는 등용문의 경지를 음미할 수 있는 스토리 보드가 된다.

영벽지에서 돌계단을 타고 단풍나무 어우러진 비탈길을 넘어서면 또 다른 비경이 펼쳐지는데, 너른 암반 계류를 막아 조성한 연못을 끼고 자리한 송석정을 마주하게 된다. 가장 깊숙한 이곳 후원권역은 명옥 계류 암반에서 흘러드는 물을 받아 못을 만들고 북쪽 가장자리 암반에 기대어 정자를 조영하는 수석경水石景을 만끽할 수 있으며, 멀리 남산의 스카이라인은 물론 원림 풍광을 마음껏 즐길 수 있는 경관관찰점이 된다.

경관 즐기기의 묘미로는 담장 밖 경관을 살림집 안에서 대가 없이 빌려 향유하는 차경기법을 들 수 있는데, 이곳 송석정은 멀리 펼쳐진 누에고치모양 남산(잠두봉)을 울타리 안과 자연스럽게 합치시켜 연속 경관을 구성하는 차경기법이 절묘하다. 차경 원리는 명나라 사람 계성이 저술한 『원야(1634년)』에서 찾을 수 있는데, 원차遠借·인차隣借·앙차仰借·부차俯借·응시이차應時而借로 설명하고 있다. 즉, 원차는 거리가 먼 담장 밖 경점과 유기적으로 연계하는 것, 인차는 담장 밖 가까이 있는 경색을 연계하는 것, 앙차는 원 내외 높은 경물을 취하여 층차와 입체감을 취하는 것, 부차는 앙차와 달리 낮은 곳의 풍광과 경색을 취하는 것, 그리고 응시이차는 시간과 계절의 차이로 인한 풍운의 변환과 때에 따른 유관 경색을 취하는 것으로 춘하추동 사계와 조석오야朝夕午夜 사시의 경색을 취하는 원리이다. 차경기법은 공간적 확장성은 물론 외부 경관을 내부 경관과 융합시키거나 대비시킴으로 시각의 경험을 풍부하게 확장할 수 있는 비워둠의 경관미학원리이다. 성북동 별서에서 감지되는 차경의 절정은 본제 별당, 영벽지 주변의 너럭바위, 그리고 가장 높이 자리한 송석정 등의 경관 관찰점이다. 이곳에서 멀리 남서쪽방향으로 조망되는 남산의 경색을 원차遠借로 시원하게 즐길 수 있는 차경의 절묘함이 돋보인다.

북동쪽 깊숙한 안쪽 계류를 타고 내려온 물은 암벽을 따라 여러 갈래의 물줄기로 떨어져 송석정(일명 水閣) 정자 옆 '송석松石'이란 암각이 새겨진 바위를 돌아 못 안으로 입수된다. 가로 25m, 세로 19m 크기의 연못은 네모꼴인데, 암벽과 수목(소나무, 느티나무, 팽나무, 상수리나무, 단풍나무, 위성류, 진달래 등), 송석정 등 비경이 드리어져 거울연못으로 다가온다. 못에는 원래 연꽃이 심어져 있었다고 하는데, 오늘날 관상을 위해 비단잉어를 기르고 있다. 동쪽에는 정심수로 가꾸어진 수백년 된 노송이 운치 있게 어우러진 송석정(원래 11칸 규모였으나 이건하면서 정면 7칸, 측면 2칸 규모로 축소)이 너른 암반에 기대어 화려한 자태로 꾸며졌는데, 시회를 베풀고 손님들을 위해 다과를 대접하는 연회장과 사랑방 역할을 겸하였다.

동양3국은 예로부터 불로장생하는 신선의 삶을 염원하며 장생長生, 길상吉祥 관련 열 가지 사물을 표상으로 장식이나 경관요소로 삼았다. '十'은 모든 수를 포함하는 완전수에 해당되는데, '一'은 동·서를, 'ㅣ'는 남·북을 나타내며 결합에 의해 사방·중앙이 갖추어진 완전함을 상징한다. 즉, 생활공간 안팎에 도입되어 명명된 십장생 상징물은 완전함, 상서로움, 영원함 등 불로장생의 염원이 극대화된 표상이다. 내용적으로 항상성(해, 달, 산, 물, 돌), 불변성(소나무, 대나무), 신령성(거북, 학, 사슴, 불로초)과 관련되고, 사상적으로 자연숭배신앙(해, 달, 산, 물, 돌), 유가사상(소나무와 대나무), 신선 및 도교사상, 장수관념(불로초, 거북, 학, 사슴) 등의 연관성을 갖는다.

이처럼 송석정 권역에도 십장생 관련 상징요소가 개입되고 있는데, 배산임수 체계와 연계되는 물, 거북바위, 그리고 정자의 명칭을 표상하는 소나무와 바위, 뜰에 가꾸어진 복숭아나무 등을 들 수 있다. 의미적 관점에서 정자 서쪽 암벽을 관류하며 연못으로 입수되는 물은 풍요로움과 지혜, 그리고 영원한 생명력을 상징한다. 암반위에 정자를 짓고 노니는 정경 등 땅에서 돌출된 바위에 견줄만한 골격을 신선에 비유히는기 히면, 추위에 견디며 엄동설한에도 잎이 떨어지지 않는 늘 푸르른 소나무를 정심수 또는 뒷동산 배후 숲으로 가꾸어 장생물을 대입시켰다.

소나무는 잎이 푸르고 껍질이 붉으며 솔방울은 검고 나무속이 누렇고 수액이 희어서 5행수五行樹로 회자되며, 추운겨울에 기개 있는 자태를 뽐낸다 하여 대나무, 매화와 함께 세한삼우이자 학자수로 불리었다. 오래된 소나무는 껍질이 거북 등을 닮았다 하여 구피목이라 하였고, 은행나무 다음으로 오래 사는 장생목으로 간주되었다. 또한, 소나무는 지조를 읽지 않는 쌍청(대나무와 소나무)이며 우두머리 나무로 인식되는 등 뜰 가꾸기에 애용된 정심수였다. 특히, 강희안의 화목구품, 화암의 9 등품에 각각 1품에 오른 소나무는 고표일운(높고 뛰어난 운치)의 품격으로 살림집 뜰에 가장 많이 애용했던 식물이다. 서유구(1764-1845)의 『임원경제지』〈만학지〉편에 "소나무와 측백나무는 뭇나무의 우두머리이다. 소나무는 공작과 같고, 측백나무는

수경시설의 진수를 보여주는 영벽지 연못 주변의 이른 봄 전경

영벽지로 입수되는 간결한 한줄기 폭포수 정경

❶ 송석정 정자에서 바라본 거울연못과 주변
   풍경(ⓒ 국립문화재연구소)
❷ 너른 암반을 막아 만든 연못을 끼고 미려
   하게 조영된 송석정 정자
❸ 송석정 암반을 관류하는 계류수

백작과 같다. 그러므로 소나무는 '公'을 성부聲部로 하였고 측백나무는 '白'을 성부로 하였다." 라고 적었다.

그런 까닭에 소나무는 '우두머리', '으뜸'의 나무였고, 출중목出衆木, 백장목百長木, 군자목君子木 으로 불렸으며, 장수무병에 더하여 뛰어난 운치와 지절志節의 상징으로 예찬되었다. 이곳에 어우러진 소나무와 괴석 바위 송석松石은 단순히 십장생 표징물로서의 의미를 넘어 가문번영과 품격 있는 지조의 삶, 그리고 순자연의 섭리를 체득하고자 하는 음양의 조화를 비유적으로 보여준다. 장생과 길상을 예지하는 신수神獸로 계류 남쪽방향에 자리한 바위를 거북바위로 명명하였고, 악귀를 쫓아내며 신선계의 불노불사 열매(천도복숭아)로 일컬어지는 복사나무를 정자 주변에 가꾸었다.

서울지방에서 보기 힘든 위성류〈진시황이 도읍한 함양(위성)에 많이 심어진 버드나무에서 연원, 귀한 나무로 양반가 또는 연못가의 풍치수〉가 송석정 주변에 심어졌는데, 가느다란 가지가 밑으로 처지는 형상이고 끝이 뾰족한 회록색 잎은 어긋나게 자란다. 연분홍색 꽃이 가지 끝에 총상화서를 보이며 1년에 2번씩 피는데, 봄철의 큰 꽃은 늙은 가지에서 나오고 여름철의 작은 꽃은 햇가지에서 나오며 결실을 한다.

정자〈높은 곳에 세운 집〉에 대해 고려 말 문장가 이규보(1168-1241년)는 〈사륜정기〉에서 누와 정樓亭 그리고 대와 사臺榭를 다음과 같이 설명하였다.

옛날 나무에 의탁하여 살 때 거처하기 어려워 기둥과 벽을 세워 풍우를 막았는데 후세에 점점 제도가 증가하여 나무판자로 쌓은 것을 '대'라 하고, 난간을 겹으로 한 것을 '사'라 하였으며 집 위에 집을 지은 것을 '누'〈중옥야重屋也〉라 하고, 툭 트여있고 텅 비어 허창한 것을 '정'〈作豁然 虛敞者(작활연허창자)〉이라 하였으니, 그때그때 헤아리고 참작하여 맞는 것을 취한 것이다.

일반적으로 '누'는 지면에서 높이 올린 구조로 정치, 접대, 연회 등의 공적인 입장이 강조된 이층집 또는 다락을 지칭하며, '정'은 산과 구릉의 높은 곳에 자리한 개방적 형태이며 유상, 심신수양, 손님접대 등을 위한 목적으로 자연조망과 같은 사적인 이용형태가 강조된 건물을 말한다.

한편, 솔숲 풍광이 어우러진 비탈진 북서쪽 산자락 암반에서 샘솟는 고엽약수는 예로부터 물 맛좋기로 소문났다 하는데, 조선후기 궁에서 별감이 감찰하며 왕실에서 식수로 애용하였다고 한다.

이곳의 경관 즐기기로는 내원으로 진입하면서 갑자기 열린 경관이 넓게 펼쳐지는 전착후관과 이소관대以小觀大 수법을 엿 볼 수 있다. 신선세계의 관문 쌍류동천을 지나 풍수적 비보 의도의 용두가산을 넘어서면 연못을 중심으로 봉황바위와 거북바위, 그리고 용바위와 청산일조 너럭바위 등 별유동천 세계가 펼쳐지는 환幻이 발생한다. 너럭바위를 지나 송석정에 이르는 이동과정에는 아름다운 풍광을 원경 또는 근경으로 감상할 수 있는가 하면 사랑채와 너럭바위, 송석정에 앉아 차를 마시거나 시서화기금 등을 즐길 수 있다. 병풍을 펼쳐보는 것처럼 예술적 감각과 가주의 작정관이 개입된 쌍류동천, 영벽지, 청산일조, 송석, 그리고 시문이 암벽에 조탁되어 펼쳐진다. 가문번영과 태평성대, 잡귀와 화마가 틈타지 못하도록 의미를 부여한 상징경관(영벽지, 용두가산, 봉황바위, 거북바위 등), 동천복지 선경세계와 풍수적 길지, 그리고 요산요수의 유교적 관념세계를 수용시킨 낙원이 기승전결 체계로 감지되기도 한다.

결과적으로 성북동 별서에서 체감되는 경관짜임은 빼어난 경치가 곳곳에서 펼쳐지는 가경, 그리고 송석정과 청산일조 너럭바위 등 노닐만한 가유可遊 및 상징적 의미경관이 점입가경으로 펼쳐지는 한양 최고의 명원사례가 된다.

1950년 이곳을 구입하여 '성락원城樂園'이라 명명하고 애지중지 가꾸어온 제남기업 회장 심상준은 "성락원을 남에게 팔아치우거나 훼손하면 내 자손이 아니다. 자연을 사랑하는 마음으로 관리하던 것이니 길이 보전될 수 있어야 한다."라고 유언(1991년)했다고 한다. 이러한 계고는 당나라 이덕유⟨중국의 6대 정치가(관중, 상앙, 제갈량, 왕안석, 장거정, 이덕유) 중 한사람, 825년경 낙양 최고의 명원 평천장 경영⟩로부터 연원한다. 그는 ⟨평천산거계자손기平泉山居戒子孫記⟩에서 "평천산장을 팔아치우는 자 내 자손이 아니며, 나무 하나 돌 하나 남에게 넘기는 자 또한 내 자손이 아니다."라고 했는데, 후대에 길이 전승하고 싶은 염원을 동일하게 담아냈다.

과거 성북동 별서 쌍류동천은 앞뜰, 안뜰, 뒤뜰을 포함하여 약포, 채포, 과포 등 약용수와 채소류, 과실수 등을 가꾼 실용적인 후원을 포함하여 약 6만여 평 규모였다. 그러나 오늘날 후원은 상당부분 사라지고 담장 밖 북동쪽 연못을 포함하는 14,407㎡ 면적이 명승 문화재로 지정, 관리되고 있으며 전통정원 문화경관 잠식의 아쉬움을 목격할 수 있는 현장이기도 하다.

신선처럼 노닐던 한국 최고의 장원莊園, 강릉 선교장

船橋莊

국가지정 중요민속문화재 제5호, 강원도 강릉시 경포동 운정길 63

강릉의 경포호수 가에 자리한 선교장船橋莊은 9만여 m²의 대지위에 펼쳐진 우리나라 최대 규모의 민가 저택이다. 조선시대 상류주택이 갖는 법식과 유교적 가치를 반영한 공간구조의 차별화된 문화 정체성을 인정받아 살림집 최초로 국가지정 중요민속문화재 지정(1967년)을 받았다. 율곡 이이(1537~1584)가 탄생한 오죽헌으로부터 1.5km, 허균(1569~1618)이 나서 자란 초당동으로부터 2km 정도 떨어져 위치한다. 선교장은 탁월한 역사문화경관 경포호가 지금보다 훨씬 넓었을 때 배를 타고 건너 다녔다 하여 붙여진 이름 '배다리船橋'에서 연원하며 1970년대까지 배를 타고 선교장을 드나들었다고 한다.

조선 초기의 문신 서거정은 우리나라 산수의 아름다움은 관동(대관령의 동쪽 동해안 지역)이 으뜸이며, 그중에서도 강릉이 갑이라 하였다江陵山水甲天下. 30여 리 규모의 경포호수 일대는 경포대를 중심으로 수많은 누정이 즐비하고 관동팔경(고성 청간정, 강릉 경포대, 고성 삼일포, 삼척 죽서루, 양양 낙산사, 울진 망양정, 통천 총석정, 평해 월송정)의 명소 탐승 1번지로 회자되었다. 즉, 선교장, 오죽헌, 허균의 생가 같은 살림집은 물론 해운정, 방해정, 금란정, 창랑정, 취영정, 상영정 등 아름다운 풍류경관이 펼쳐지는 승경의 무대였다.

집의 명칭이 당堂(흙을 돋우고 양명하게 지은 중심건물, 안동 하회마을의 양진당과 충효당, 경주 양동마을의 서백당과 무첨당 등), 헌軒(비바람을 막기 위해 추녀 또는 처마를 단 집, 강릉 신사임당의 오죽헌, 담양 명옥헌 등), 재齋(정신을 맑게 하고 치성을 드리는 소박한 집, 송시열이 경영한 괴산 화양동의 암서재, 퇴계 이황이 경영한 안동의 완락재 등) 등이 아닌 '장莊' 자가 들어가 있다. 일반적인 주택이 아니라 규모가 크고 격조를 갖춘 대 저택으로서의 풍모를 나타낸다. 우리나라에 '장' 자가 들어가는 살림집의 몇몇 사례(아산 외암마을 설화산장, 청송 송소세장, 초대대통령 이승만의 이화장, 임시정부 주석 김구의 경교장 등)가 있지만 대저택으로서의 명칭에 부합되는 경우는 이곳 선교장이 단연 독보적이다.

예로부터 문향으로 이름난 경포호수 주변은 매월당 김시습과 율곡 이이, 신사임당, 허균과 허난설헌의 삶터였고, 사가 서거정과 우암 송시열, 송강 정철, 그리고 수많은 시인묵객들이 글의 향취를 드러낸 역사 문화경관의 산실이었다. 이와 관련하여 〈덕수이씨가승〉에 신사임당의 사친思親 시가 전해진다.

산 첩첩 내 고향 천리이건만 자나 깨나 꿈속에도 돌아가고파

한송정 가에는 외로이 뜬달 경포대 앞에는 한 줄기 바람

갈매기 떼 모래 위에 흩어졌다 모이고 고깃배들 모래 위를 오고 가는데

언제나 강릉길 다시 밟아 색동옷 입고 어머니 앞에 앉아 바느질 할까

선교장 역사는 입향조 이내번(1703~1781, 효령대군 11세손)이 1756년 충주로부터 이거하여 자손 번영을 누릴 수 있는 족제비 명당으로 판단하여 경포호숫가 북평촌에 살림집을 마련함으로부터 시작된다. 풍수적으로 북으로는 시루봉에서 뻗어 내린 산줄기가 안온하게 둘러져 있고, 동쪽 구릉은 약동 굴신하는 생룡의 형상으로 재화가 증식할 만하며, 우백호 지맥이 서쪽으로 약진하여 자손 번영을 누릴 수 있는 형국이라 전해진다. 즉, 가문의 지속성과 건전성을 반영한 실리적인 입지관인데, 시루봉의 지맥을 뒷동산으로 하여 청룡과 백호에 해당하는 산줄기가 활처럼 둥그렇게 위요된 비산비야非山非野 터에 남서향 한 자리 잡기 구조이다. 살림집의 공간구성은 안채, 사랑채, 행랑채, 동별당과 서별당, 사당, 그리고 외별당인 활래정, 소실댁, 별채, 별장인 방해정 등 모두 10여 채가 넘는 대 저택의 짜임새로 120칸 이상의 규모를 자랑한다.

조선시대는 신분에 따라 집터에 대한 가대제한과 집의 규모에 대한 가사제한의 규정이 『경국대전』, 『대전회통』 등을 통해 규제되었다. 신분을 1품에서 9품까지의 품계와 서인을 포함하여 10등급으로 나누고, 1품 35부負, 3품 25부, 5품 15부, 7품 8부, 9품 4부, 서인 2부負 등으로 제한하였다. 토지의 면적으로 볼 때 1부負는 오

늘날 130m² 규모인바, 1품은 4,550m², 5품은 1,950m², 그리고 서인은 260m²의 집터를 상한으로 소유할 수 있었다.

집의 규모에서 대군은 60칸, 왕자와 공주는 50칸, 2품 이상은 40칸, 3품 이하는 30칸을 상한으로 하였고, 일반 서인은 10칸을 넘지 못하도록 하였는데, 주춧돌 이외에 다듬돌을 쓸 수 없었고, 단청이나 채색을 하지 못하도록 규정하고 있다. 이처럼 신분에 따라 살림집 규모는 물론 세부치장까지 제한받았는데, 비록 조선 후반기의 가사규제가 흐트러진 정치문화와 사회상을 감안 하더라도 선교장의 위상과 재력을 짐작할 수 있는 대목이다.

민원의 소지가 많았던 살림집 규모의 제한과 관련하여 17세기 송시열, 송준길 등과 밀접한 교유활동을 펼치며 자녀들의 가정 교과서인 『정훈庭訓』을 저술한 이유태는 살림집 규모를 25칸으로 제안하기도 했다. 즉, 사당 3칸, 제고 2칸, 안채 5칸, 아래채 2칸, 헛간채 3칸, 사랑채 3 칸, 서실 2칸, 마구 3칸, 별고 2칸 이었다.

선교장의 중흥을 견인한 인물은 이내번의 손자 이후(1773~1832)였는데, 그는 벼슬길에 나아가지 않고 학문에 전념한 처사이면서 염전을 일구며 1만석 이상의 농토를 경영했다. 처음 자리잡은 터에 지은 ㅁ자형 안채를 기반으로 형제간의 우애를 표방한 사랑채(열화당, 1815년)와 작은 사랑채를 지어 자녀들의 생활공간을 마련했으며, 1816년에는 바깥마당에 커다란 네모꼴 연못을 파고 외별당에 해당하는 활래정을 지었다. 그 후 경포호 승경지에 연접시켜 자리한 별장(방해정)은 1859년 4대 가주 이의범에 의해 지어졌으며, 증손인 이근우(1877~1938)에 의해 동별당과 별채 등이 확장, 추가되어 오늘날과 같은 대 저택의 면모를 갖추었다.

이의범은 통천군수를 역임할 때 선정을 베푼 덕망 높은 인물이었는데, 선교장을 '통천댁'으로 불리게 한 장본인이다. 통천댁과 관련하여 민간전승으로 가을날 참새들이 곡식을 쪼아 먹을 때 새들을 향해 '배다리 부잣집 통천댁으로 가라'고 소리쳤다는 일화가 전해진다. 6대 가주 이근우는 우리나라 최초의 사학 동진학교를 선교장에 부설(1908년)하였고, 국내 최초의 개인문집 『오은유고』를 간행한 인물이다. 농토가 넓은 곡창지대도 아니고, 고위 관료 세력가들이 즐비한 권역도 아닌 이곳 강원도에서 만석꾼 재력가가 나온 경우는 선교장이 유일하다고 하는데, 소유 토지는 북쪽으로 주문진, 남쪽으로 울진까지 이어졌다고 한다.

뒷동산에 밀착되어 펼쳐진 대저택 '선교장' 풍광의 진면목은 후손 이기서의 글(1980)에서 엿볼 수 있다.

> 열화당 뒷켠에 우람하게 서있는 회화나무나 활래정 뒷산에 솟은 떡갈나무의 거대한 모습은 선교장 전체의 배경을 이루는 노송들과 어울려 고전미와 우아미의 극치를 이룬다. 주객이 나누는 정담에서 열화당의 진미를 맛볼 수 있는데, 그곳은 늦가을로부터 초봄까지 한겨울을 나는 곳이다. 문을 활짝 열고 바람을 맞으며 때로는 연잎에서 들리는 빗소리에 정취를 느낄 수 있는 곳이 활래정인데, 그곳은 연잎이 솟고 연실이 맺힐 때까지의 한여름을 보내는 곳이라 할 수 있다. 선교장의 사계는 그 어느 계절 하나 버릴 것이 없다. 강릉을 가리켜 사계의 고을이라 한다면 선교장은 사계의 장원莊園이라 불러 마땅하리라.

선교장에서 처음 만나게 되는 풍광은 활래정과 연못, 그리고 너른 바깥마당을 지나 살림집 전면에 23칸 규모의 바깥행랑채가 솔숲의 학이 되어 날개를 펼치듯 줄행랑으로 조우하게 된다. 궁궐에서 볼 수 있는 2개의 대문을 두었는바, 서쪽 사랑채로 통하는 솟을대문과 동쪽 안채로 통하는 평대문을 두어 남녀내외의 영역을 구분했다. 남자들의 출입 공간 서쪽 솟을대문에는 조선 후기의 명필 이희수가 쓴 '선교유거仙嶠幽居' 현판을 걸었는데, "신선이 거처하는 배다리의 그윽한 집"이란 뜻을 갖는다. 일범순풍一帆順風의 번영과 풍요의 염원을 담아 발음은 같으면서 금은보화를 가득 실은 배의 의미를 신선 세계로 대입시킨 재치가 돋보인다.

솟을대문을 지나 마주하는 너른 사랑마당에는 능소화와 등나무가 짝으로 심어졌고 격식을 갖춰 높은 석단위에 당당하게 드러낸 사랑채(열화당)가 자리한다. 당호 '열화'는 도연명(365-427)의 〈귀거래사〉 "친척들과 정담을 나누며 즐거워하고悅親戚 之情話"에서 연원하는데, 오은거사 이후가 좌우명으로 삼았던 '친척들과 정답게 지내면서 평생 남에게 눈썹 찌푸리는 일 하지 말라'는 대목과 연계된다.

귀거래사 _ 도연명

구름은 무심히 산골짜기를 돌아 나오고
날다 지친 새들은 둥지로 돌아올 줄 안다네.
저녁 빛이 어두워지며 서산에 해가 지려 하는데
나는 외로운 소나무를 어루만지며 서성이고 있네.

세상과 사귀지 않고 속세와 단절된 생활을 하리라.
세상과 나는 서로 인연을 끊었으니
다시 벼슬길에 올라 무엇을 구할 것이 있겠는가.

친척들과 정담을 나누며 즐거워하고
거문고 타고 책을 읽으며 시름을 달래리라.
농부가 내게 찾아와 봄이 왔다고 일러 주니
앞으로는 서쪽 밭에 나가 밭을 갈리라.

병풍처럼 아름드리 금강송 솔숲과 대숲이 뒷동산 배경으로 펼쳐진 뒤뜰은 화계를 일구었다. 화계에는 잡귀의 침입을 막으며 학자수를 상징하는 정심수로 주엽나무(강릉시 지정 보호수, 수령 570여 년, 수고 25m)와 회화나무를 심었고, 법고창신의 가치와 선경 세계를 표방하는 분홍빛 배롱나무를 운치 있게 가꾸었다. 또한 가문번영과

❶ 중요민속문화재 제5호로 지정된 배다리 장원 선교장 전경(문화재청 자료)
❷ 바깥마당에 펼쳐진 활래정 연못과 아름답게 어우러진 선교장 풍광(ⓒ강충세)
❸ 전통주택 뜰에 심어진 매화는 군자의 삶을 염원한 가주의 가치관을 표상한다.(ⓒ강충세)

형제우애를 염원하며 심은 과실수(감나무, 대추나무, 앵두나무 등)를 비롯하여 군자의 삶
을 대입시킨 매화나무 등 가주의 가치관이 격조 있게 드러난다.

　　사랑채 뒤뜰에는 늙은 배롱나무 위쪽으로 '노야원'이란 초정이 단아하게 자리

잡고 있는데, 아침 일찍 손님들이 산책을 하며 정담을 나눌 수 있도록 배려한 장소가 된다. 담장 밖 뒷동산에는 500년 넘은 금강송(강릉시 보호수)이 위풍당당한 모습인데, 살림집을 반달형으로 에워싸고 있는 수백년 된 솔숲 군락은 토속적 풍광을 더욱 숭고하게 고양시켜주고 있다.

담장 밖 외부경관 조망까지 정교하게 고려된 양명한 사랑채 건물의 경우 높은 기단 위에 띄워 백호자락의 산세 풍광과 문전답 경관이 시원하게 차경 된다. 너른 앞마당에는 양반꽃나무로 회자되는 능소화와 등나무가 정심수로 식재되어 색다른 운치를 자아낸다. 이 나무는 100여 년 전 충청도 선비가 금강산과 관동팔경을 유람하면서 선교장에 머물며 지낸 고마움으로 선사한 것이라 하는데, 선비는 노비를 시켜 애지중지 가져왔고, 이에 감탄한 선교장 집주인은 큰사랑 마당에 정심수로 심어 가꾸었다는 아름다운 일화가 전해진다.

행랑채 동쪽 평대문을 들어서면 내외벽이 나타나고 몇 개의 단으로 점점 높아진 안마당에 이르러 양지바른 안채와 동별당을 만나게 된다. 이곳이 여성들과 가족 전용의 생활이 고려된 공간이라면, 서쪽 열화당은 남성들의 삶과 외부 손님들이 교류를 즐긴 사랑채 영역이다. 이 영역사이에 자녀들을 교육하고 서재로 활용하던 서별당. 그리고 하녀들의 거처인 연지당을 매개공간으로 두었다.

바깥마당 동남쪽에 자리한 외별당(활래정)은 방과 다실, 그리고 2칸 마루가 접합된 구조인데, 외지인 출입의 감시기능은 물론 주변 경관을 시원스럽게 조망할 수 있는 관찰점 역할을 겸하고 있다. 정자를 지탱하는 돌기둥 4개가 연못에 잠겨 있어 여름철 선비들의 시원한 탁족 문화를 연상케 하는데, 만선으로 정박한 풍요로운 배를 상징하기도 한다. 즉, 창덕궁 후원의 부용정과 흡사한 모습인데, 땅위의 온돌방은 장지문을 닫으면 두개로 나눠지고 못 위로 뻗은 마루는 돌기둥으로 받쳐 놓아 멀리서 보면 작은 누각이 반쯤 물위에 떠있는 모습이다.

연못을 끼고 자리한 활래정은 외별당 기능을 겸하는데, 온돌방과 누마루 사이에 다실을 갖춘 접객공간으로서 수면위에 펼쳐진 연꽃 정원을 관조할 수 있는 다정茶亭이 된다. 이곳은 순조 때 영의정을 지낸 조인영과 추사 김정희, 백범 김구, 대원군 이하응, 몽양 여운형, 해강 김규진 등 수많은 인사들이 차를 마시며 시회를 펼친 명소였다.

조선시대 경영된 대표 다원茶園 사례로 이곳 활래정을 비롯하여 다산 정약용

(1762-1836)과 혜장스님이 교류하던 강진 다산초당(다산4경 : ①정석바위, ②차를 끓이는 물 약천, ③차를 달여 마시던 넓은 돌 다조, ④연지 석가산)과 백련암, 그리고 월출산 자락 백운동 정원〈백운동 12경 : ①옥판상기玉版爽氣, ②유차성음油茶成陰, ③백매암향百梅暗香, ④ 풍리홍폭楓裏紅瀑, ⑤곡수유상曲水流觴, ⑥창벽염주蒼壁染朱, ⑦유강홍린蕤岡紅麟, ⑧화 계모란花階牡丹, ⑨십홀선방十笏禪房, ⑩홍라보장紅羅步障, ⑪선대봉출仙臺峰出, ⑫운당 천운篔簹穿雲〉, 초의선사가 가꾼 해남 두륜산의 대흥사 일지암, 고산 윤선도가 가꾼 보길도 부용동의 동천석실 등을 들 수 있다.

특히, 홍선 대원군은 선교장의 종손 이회숙과 교류하면서 대련(문과 기둥에 거는 글)을 남겼고, 추사는 30세쯤 금강산 유람 후 돌아오는 길에 '홍엽산거紅葉山居(단풍 이 붉게 물든 풍류의 산속에 깃들어 살고 싶은 집)' 명필을 남겼다. 가난한 예술가들을 끝임 없이 후원해 '한국의 메디치가'라는 칭송을 듣기도 하는 선교장은 상류계층이 경 영한 한국 살림집의 토속적 아름다움을 대변하는 대표적 사례이다.

활래정 명칭은 송나라 주희의 시 〈관서유감〉 "근원이 있어 끊임없이 흘러오는 물이 있음이네爲有源頭活水來"에서 차용했는데, 학문과 가문번영의 염원을 담고 있 다. 이곳 정자에는 구한말 최고의 명필 해강 김규진이 쓴 현판을 걸었고, 조선후기 풍양 조씨 세력의 중심인물로 영의정에 올랐던 조인영의 〈활래정기〉 등 수 많은 명 사들의 편액과 주련이 정자의 운치는 물론 풍모를 더해준다.

관서유감 _ 주희

반이랑 네모난 연못 거울처럼 열리니

하늘빛, 구름 그림자 함께 배회하네.

묻노니 너는 어디서 이처럼 맑음을 얻었는가

근원이 있어 끊임없이 흘러오는 물이 있음이네.

지난 밤 강가에 봄물이 불어나더니

거대한 전함도 터럭처럼 가볍다네.

이전엔 당겨 움직이려 힘들이며 애썼는데

오늘은 강 가운데에서 저절로 떠다니네.

활래정으로 들어가는 협문을 월하문月下門이라 했는데, 경포호 동쪽 하늘에서 띠오르는 보름딜 정경을 운치 있게 취할 수 있는 경관 관찰점이다. 월하문 양쪽 기둥에는 주련이 걸려있는데, 당나라 시인 가도가 과거에 여러 번 낙방하고 다시 시험을 보기 위해 상경한 어느 날 나귀를 타고 장안 거리를 거닐 때 갑자기 영감을 얻어 읊은 시에서 취했다. 즉, "새는 못가의 나무에서 잠자고鳥宿池邊樹 스님은 달 아래 문을 두드리네僧敲月下門"에서 차용했는데, 달뜨는 늦은 밤이라도 이곳의 문을 두드려라, 그리하면 기꺼이 영접하겠다는 접대문화와 나눔의 정신을 드러낸 가주의 가치관과 맥을 같이한다.

가도는 작품의 명구로 회자되는 4구 '승고월하문僧敲月下門'에서 '밀 퇴推'를 두고 '두드릴 고敲'로 고치면 어떨지 고민하며 당나귀를 타고 가던 중 당시 최고의 문장가로 명성이 자자한 수도장관 한유의 행차길을 침범하게 되어 끌려가게 되었다. 가도는 당황했지만 자신이 길을 비키지 못한 까닭을 설명했고, 한유는 '밀 퇴'보다 '두드릴 고'를 제안했다는 일화가 『당시기사唐詩紀事』〈가도〉편에 전해진다. 그 인연으로 둘은 벗이 되었으며, 오늘날 원고를 교정하는 작업 '퇴고推敲'는 이로부터 연원한다는 일화가 전해진다.

여름날 분홍빛 연꽃이 장관을 이루는 못에는 네모꼴 섬을 만들어 제단을 두었고 괴석과 소나무를 심었는데, 선경세계 구현 의도로 해석할 수 있다. 3대 가주 이후는 자신의 호를 오은鰲隱이라 했는데, 삼신산을 바다 밑에서 받치고 있다는 신령스런 자라를 의인화 하였다. 즉, 활래정 연못의 섬에 심어진 소나무 세 그루는 바다

위에 떠있는 신선이 사는 봉래선산을 상징하는데, 자라가 봉래산을 떠받치며 숨어 사는 형상을 의미로 표현하였다.

너른 못에는 연을 가득 가꾸었는데, 당시 사대부들이 연꽃을 애호했던 이유는 이상적 인간상인 군자에 비유되었기 때문이다. 송나라 주돈이는 〈애련설〉에서 연꽃을 꽃 중의 군자라 하여 다음과 같이 읊었다.

> 진흙 속에서 나왔으나 더러움에 물들지 않고 맑은 물에 씻기어도 요염하지 않으며,
>
> 줄기 속을 비웠어도 꼿꼿이 서 있고 넝쿨지지도 가지 치지도 아니하며,
>
> 향기는 멀리 더욱 맑고, 우뚝이 깨끗하며 멀리 바라볼 뿐 가까이 어루만질 수 없네.

활래정 연못에 심어진 연은 의미적 속성과 심미적 가치는 물론 실용성을 갖는 대표적 구황식물이었는데, 농서『구황촬요』에는 "①연뿌리藕를 쪄서 먹으면 양식을 대신하여 줄일 수 있고 맛이 매우 좋다. ②연밥蓮子의 껍질과 속心을 제거하고 푹 쪄서 말려 가루를 만든 다음 밀랍에 개어 환을 만들어 하루 30알씩 먹으면 배고픔을 잊는다."라고 하였고,『증보산림경제』에는 "①연뿌리蓮根는 죽이나 밥을 지어 먹기도 하고, 가루로 만들어 적당하게 술에 넣어 마신다. 몸을 가볍게 만들고 늙지 않게 하며, 배고프지 않게 하고 장수하게 해준다. 꽃은 몸을 가볍게 해주고 얼굴을 상하지 않게 해준다. 백련이 좋고, 꽃을 그늘에 말린다."라고 소개하고 있다.

〈조선의 구황식물과 식용법〉에서 "연은 재배되는 식물이며 어린 열매를 날로 먹는다. 익은 열매는 찌거나 삶거나 데쳐서 먹는다. 양식으로 삼기에 충분하고, 맛이 좋으며, 사탕 졸임 하여 과자를 만든다. 또 방아에 찧어서 껍질을 벗기고 곱게 가루 내어 쌀, 보리에 섞어 죽이나 밥을 짓거나 또는 쌀가루에 섞어 찧어 떡을 빚는다. 연씨 죽에 꿀을 넣어 마시면 수명이 연장되고, 씨를 쪄서 가루를 내고 꿀을 섞어 환丸을 지은 다음 하루에 30알 정도씩 복용하면 배고픔을 넘길 수 있다. 새싹이나 꽃

또는 뿌리나 잎도 데쳐서 먹으면 양식으로 삼기에 충분하고, 어린뿌리는 김치담기에 좋다. 큰 뿌리는 찌거나 절구질하여 쌀, 보리에 섞고 죽을 끓이거나 밥으로 지어 먹는다. 또는 쌀가루에 섞어서 흰떡을 만들어 먹는다."라고 적었는데, 연못에 가꾸어진 연의 열매와 뿌리의 식용과 약용 등 실용적 가치를 추적할 수 있다.

활래정과 관련하여 정희용은 칠언시(1840년)를 통해 당시의 정취를 다음과 같이 읊었다.

가지마다 밝은 꽃과 빽빽한 대나무 들어차 있고

주인은 작은 연못 속 정자에 있네.

구름 걷히니 푸르른 산봉우리 그림처럼 드러나고

비 내린 후 붉은 꽃은 젖어 온갖 풀이 향기롭구나.

나즈막이 휘장치고 동자 불러 차 한 잔 얻으니

비 개인 난간에 퉁소 부는 객이 있어 차 향기 속에 잠겨있네.

그 중에서 신선 풍류 얻을 수 있으니

아홉번 티끌세상 헛되이 긴 줄 알겠네.

한편, 후손 이기서는 '강릉 선교장(1980)'의 녹음 짙은 여름 풍광을 다음과 같이 노래했다.

여름은 뒤 솔밭으로부터 온다. 이때 제철을 맞는 곳이 활래정이다. 연꽃 봉오리가 솟고 꽃봉오리가 터지면 누마루에 올라 술자리를 벌인다. 그땐 으레 시서화가 곁들이게 된다. 비오는 날, 연잎에 듣는 빗소리, 연잎에 괸 물이 쏟아지는 소리 역시 문객의 시정을 일게 한다. 그넷줄을 뒷산 노송가지에 달면 단오를 전후하여 동네 아낙들이 그네솜씨를 다투게 된다. 뒷산은 노송 수백그루가 밀집한 솔밭이라 그 밑에 돗자리를 펴고 누워 땀을 식히는 정원이 된다.

이와같은 뜰 안팎의 연잎 빗소리와 솔 바람소리와 같은 소리의 운치에 대해서 허균은 『한정록』에서 다음과 같이 소개하고 있다. "계성溪聲 · 간성澗聲 · 죽성竹聲 · 송성松聲 · 산새 소리山禽聲 · 그윽한 골짜기에서 나는 소리幽壑聲 · 파초에 듣는 빗소리芭蕉雨聲 · 낙화성 · 낙엽성을 말하는데, 모두 천지의 맑은 소리로 시인의 가슴을 울리는 것들이다. 그러나 참으로 심금을 울리는 소리는 마땅히 매화성을 으뜸으로 삼아야 할 것이다."

이곳의 아름다운 풍광 〈활래십경〉이 3대 가주 이후의 문집인 『오은집』에 전해지는데 ①죽도효월(죽도봉에 뜨는 새벽달), ②상산청풍(상산에서 부는 맑은 바람), ③경호어적(경포호 어부의 피리소리), ④도봉초가(도봉 나무꾼의 노랫소리), ⑤환선영진(환선봉 신선 찾는 모습), ⑥취언관덕(선비들이 모여 활쏘는 정경), ⑦운곡모우(운곡의 저녁비 정취), ⑧선교석취(선교장의 저녁밥 연기), ⑨동루효종(동루의 새벽 종소리), ⑩남평관가(남평의 농사짓는 모습)의 정경이다.

팔경(10경, 12경, 16경, 36경, 48경 등 다양하게 분화)과 같은 경관 향유문화는 우주생성의 근원을 이루는 삼원三元(天 · 地 · 水)과 오행五行, 오방위, 8괘, 그리고 도교적 관념을 개입시킨 팔채지경색을 기조로 설정되는 양상인데, 원경元景 시경始景 현경玄景 영경靈景 진경眞景 명경明景 동경洞景 청경淸景의 경지를 일컫는다. 어떤 지역이나 장소(사찰, 서원, 정사, 별서, 살림집, 누정 등)에서 아름답게 조망되는 여덟 가지 경치를 시로 읊거나 그림으로 그리는가 하면 노래로 표출한 향유문화는 송나라 소상팔경을 연원으로 하며, 우리나라에는 관동팔경, 단양팔경 등이 잘 알려진 사례이다.

선교장에서 동쪽으로 조금 떨어진 곳에 자리한 방해정은 경포호수를 사이에 두고 허난설헌과 허균이 자랐던 초당동 살림집과 마주하는데, 뒷동산 솔숲을 배경으로 호숫가의 승경이 근경으로 들어오고, 거울호수 경포호수와 반달형 솔숲이 원경으로 펼쳐진다. 선교장의 풍정과 관련하여 음풍농월하던 부속 별장 방해정은 덕소 이의범이 철종 연간인 1859년에 경포 호숫가에 경영했다. 그는 배후 솔숲 수천

❶ ❷ ❸

❶ 선교장의 외별당(활래정) 정자와 연못은 유기적으로 융화되는 합일성을 보여준다.(ⓒ강충세)
❷ 활래정 연못에 펼쳐진 여름날 연꽃정경 대경관(ⓒ강충세)
❸ 정면에서 바라 본 활래정과 연못에 펼쳐진 녹색의 향연(ⓒ강충세)

평을 매입하여 경역을 확장하였고 호숫가 주변 앞뜰을 금잔디로 가꾸어 이가원李家
園이란 바위글씨를 홍장암 바위에 조탁하여 별장의 영역을 구축했다. 예로부터 경
포호수는 사람에게 많은 유익을 준다 하여 군자호로 불렸는데, 철새들이 찾아와 노
니는 새바위가 자리하며, 우암 송시열이 머물렀던 해운정과 '조암鳥巖' 바위글씨가
남아 있는 등 역사문화경관의 산실이었다. 방해정은 예전에 정자 앞까지 호수가 연
접되어 마루에 앉아 낚시를 드리울 수 있었다 하며 배를 타고 드나들었다 한다. 그
러나 오늘날 경포호수는 상당부문 매립되었고, 방해정 앞으로 포장도로와 산책보
도, 데크 등이 새로이 개설되어 옛 정취는 대부분 멸실되었는데, 경포팔경의 무대
홍장암 또한 훼손되어 역사경관 문화재보존의 한계를 드러내는 현장이 목격된다.

경포대와 경포호수 권역은 국가 문화재 명승으로 지정된 경관 향유지이다. 송
강 정철(1536-1593)의 관동별곡에 경포대를 관동팔경의 으뜸이라 했으며, 저녁이 되
어 달이 뜨면 하늘, 바다, 호수, 그리고 술잔과 임의 눈동자에서 다섯개의 달을 볼
수 있다고 회자되는 관동 제일의 달맞이 명소이다. 특히, 경포대에는 율곡 이이가
10살 때 지었다는 〈경포대부〉를 비롯하여 숙종의 시 〈경포대〉, 명나라 사신 주지

번의 글씨 '第一江山', 조하망의 상량문 등 명사들의 시문현판이 즐비하다.

한 기운의 유통하는 조화가 응결되기도 하고 융화되기도 해라.

그 신비함을 해외에 벌여 놓아, 청숙함을 산동山東에 모았도다.

맑은 물결은 천지에서 나뉘어 한 개의 차가운 거울처럼 맑고,

왼편 다리를 봉도蓬島에 잃어버려 두어 점의 푸른 봉우리가 나열했네.

여기에 한 누각이 호수에 임하여 마치 발돋움 자세로 날을 듯하고. _ 율곡(경포대부)

숙종은 도화서에 명하여 관동의 아름다운 명승 풍광을 그려오게 하였는데, 어제 시 강릉 〈경포대〉는 다음과 같다.

물가의 난초지초 동서로 잇고 십리에 걸친 경치 물속도 보여

동트고 해 지면서 수많은 모습 바람결에 잔 드니 흥만 저절로

방해정 주변 홍장암 일대는 경포호의 여덟 승경을 읊은 경포팔경(①녹두 한송정 일출, ②산죽이 무성한 죽도의 달맞이, ③경포호수 입구 강문의 고깃배 불빛, ④초당마을의 평화로운 밥 짓는 저녁 연기, ⑤홍장암을 적시는 밤비 정경, ⑥경포대 서북쪽 시루봉의 낙조, ⑦시루봉 신선이 바둑 두고 피리 부는 정경, ⑧한송사의 저녁 종소리)의 중심 무대이다. 제5경 홍장야우紅粧夜雨의 등장인물 홍장은 조선 초 강릉부에 속한 관기였는데, 서거정의 〈동인시화〉에 의하면 경포호수에 빠져 죽었다는 슬픈 〈홍장고사〉가 전해진다.

선교장은 집을 찾아오는 손님들을 후하게 대접한 것으로 유명한데, 서만순이 쓴 자식들에게 내린 다음과 같은 유지에서 추적할 수 있다.

> 무릇 사람들이 재산을 일으키는 데 있어 올바른 도리에 따르면 일어나고, 도리를 거스르면 망한 다. 사람이 나눠서 흩어주지 않는다면 하늘이 반드시 흩어버릴 것이고, 하늘이 만약 흩어버린다 면 먼저 화를 내릴 것이니 삼가지 않을 수 있겠느냐.

즉, 자손들은 오은의 유지에 따라 수천금을 가난한 친족과 친지에게 구휼하였으며, 송나라 소강절의 "평생에 눈썹 찌푸리는 일을 하지 않으면 세상에서 응당 원한을 가진 사람이 없을 것이다."라는 좌우명을 후손들에게 전승, 훈계하였다 한다.

선교장의 경관미학은 산자수명한 자연환경을 존중하고, 인위성을 겸양하면서 건전하고 지속가능한 문화경관을 경영한데 있다. 푸른 솔숲을 배경으로 살림집 일 곽을 이루는 장원 선교장 전경은 숭고미와 우아미, 더 나아가 장엄미로 표출된다. 즉, 연꽃과 배롱나무가 장관을 이루는 너른 바깥뜰 외별당 경역의 아름다운 정자와 연못, 살림집 뒤뜰에 펼쳐진 화계, 곳곳에 가문번영과 미래희원 등 상징적 의미를 담아 뜰에 가꾸어진 정심수 등 식물 소재를 활용하여 격조 높은 조경문화경관을 창출하였으며, 예쁘장한 자연경관, 그리고 솔숲과 대숲 등 토속경관을 한껏 향유할수 있는 등 한국적 향토경관을 즐길 수 있는 한국 최고의 살림집 명원 사례이다.

방해정 앞 경포호 이가원李家園, 홍장암 전경(ⓒ국립문화재연구소)

선교장에 딸린 별서 방해정 전경(ⓒ국립문화재연구소)

청풍명월을 즐긴 백의정승의 살림집, 논산 명재고택

明齋古宅

국가지정 중요민속문화재 제190호, 충청남도 논산시 노성면 노성산성길 50

논산의 노성산 남쪽 옥녀봉 아래 안온한 터에 자리한 명재 윤증(1629~1714) 고택은 1709년 자손들에 의해 지어진 살림집인데, 옥녀탄금형(옥같이 깨끗한 여인이 거문고를 타는 형국) 명국 터로 회자된다. 명재는 이곳에 거처하지 않고 가끔씩 들려 머물렀다고 하는데, 〈유봉신거〉 시문 이외에 특이 기록을 남기지 않아 명재가 이집을 어떻게 평가하고 사용했는지는 알 수 없는 정황이다.

풍수적으로 고택은 남서쪽 전면에 펼쳐진 농경지를 끼고 계룡산(846m)을 주봉으로 하는 안산 및 조산에 해당하는 탑산과 함지봉이 첩첩이 이어진다. 뒷동산 옥녀봉의 주봉을 노성산(349m)이라 한 것은 노나라 공자와 연관시킨 이름이다. 『신증동국여지승람』에는 "노성현 북쪽 5리에 노산이 있는데, 현의 진산으로 일명 성산이라 한다."라고 적었는바, 노성산은 노산과 성산을 합쳐 작명된 지명이다. 노성산의 지맥은 옥제봉과 옥리봉을 거치며 단아한 봉우리를 만들어 오행으로 금성체, 형국으로 옥녀봉이라 부르는데, 3~4개의 봉우리가 둥그렇게 겹쳐 보인다. 남쪽 농경지를 끼고 멀리 관류하는 외명당수 노성천(계룡산 수정봉에서 발원)은 동쪽 옥녀봉 내명당수와 합수하여 남쪽으로 출수되는 흐름인데, 전형적인 배산임수 자리잡기 체계이다.

고택의 좌청룡 지맥에서 이어지는 남쪽 전면은 의도적으로 조산造山을 하고 나지막한 구릉지에 곰솔 숲 띠를 조성했다. 살림집이 노출되는 것을 가려주는 역할은 물론 옥녀탄금의 거문고 또는 가야금에 비유되고 청룡 맥의 지기를 보강하려는 풍수적 의도가 중층적으로 표출된다. 이 땅을 풍수가들은 용모가 준수하고 학문과 기예가 높은 후손을 배출할 수 있는 명국 터라고 해석한다. 한편, 이곳에 윤증의 모친 열녀 공주이씨 정려각이 세워졌는데, 병자호란 때 강화도로 피난 후 인조가 청나라에 항복(1637년)하자 자결한 열행을 기리기 위한 것이다.

윤증은 어려서 아버지(윤선거)에게 수학하였고, 서인계열의 성혼, 이이의 학맥을 계승하였으며, 장인 권시를 비롯하여 김집, 송준길, 송시열 등 당대 최고의 명인들에게 학문을 전수받았다. 이들 중 김집, 송준길, 송시열이 문묘에 배향된 동방18현 인물들이니 위상과 평판을 이해할 수 있는 대목이다. 아버지의 유언에 따라 실제 관직에 오른 적이 없었으나 송시열을 필두로 하는 노론 세력에 대응하여 소론을 이 끈 정치개혁의 지도자이자 성리 예학의 거두였다. 그는 실사구시를 강조하는 '무 실務實과 실심實心'의 가치 추구에 전력하였는데, 무실론 실학논리를 입지와 학문의 기초로 삼았고, 학문에 있어서 진실된 마음이 기본임을 강조했다. 이러한 가치관과 관련하여 인생말년을 은일하면서 서책을 가까이하고 무실론 논리 속에 소박한 삶 을 영위하고픈 심정을 읊은 시문이 전해진다.

무슨 일로 허둥지둥 다시 살 곳 정했는가 가엾게도 머리털이 성글어진 이 나이에

외로이 가슴속에 병산의 검 품었지만 구업은 하릴없이 마복서에 부끄러워

남은 인생 둥지 속의 제비 같다 생각하나 난세 피해 숨어 사는 물고기는 아니라네

지금은 너희들도 다른 희망 없지만 자신들이 해야 할 일 헛되이 말아야지

십 년 동안 공연스레 제각기 살아가며 열흘 만에 한 번도 만나기가 어려웠지

지금은 산속에다 같이 집을 지었으니 노후에 글 함께 읽는 맛을 느끼리라

위현의 벌복 시를 좋아하여 읊조렸고 금어金魚 단 걸 자랑하던 한유를 싫어했지

여생을 여기에서 이렇게 살아가자 내 몸 밖의 만사는 그 모두가 허무한 것

85년의 인생여정에서 이조판서와 우의정 등 20차례 이상의 벼슬을 제수 받았 으나 모두 사양하고 예학연구와 후진양성에 전념한 백의정승이었다. 그가 세상을 떠났을 때 숙종은 다음과 같은 시를 읊어 애도했다.

유림에서 그의 도덕 존경했고　　　儒林尊道德

나 또한 그를 흠모 했네	小子亦嘗欽
평생 얼굴 한 번 본적 없지만	平生不面識
세상 떠나니 한 가득 깊어지네	沒日恨彌深

연산의 광산김씨(김장생과 김집), 회덕의 은진 송씨(송시열과 송준길)와 더불어 호서 3대 명족으로 회자되는 이곳의 파평 윤씨 관련 건물로는 병사丙舍(문중 묘막), 종학당, 노강서원, 윤황고택, 윤증고택, 유봉영당 등이 있다. 즉, 파평 윤씨 노성 가문은 병사마을을 중심으로 굳건한 터전을 구축하였는데, 노종파 병사, 종가, 종학당은 물론 향촌교화와 추모의 공간인 노강서원, 유봉영당 등을 경영했다. 가문을 견인한 입향 초기의 대표적 인물로는 영의정에 추증된 윤황, 충청5현의 한사람인 윤선거, 소론의 지도자 윤증 등 3대에 걸친 명사들이다.

윤씨 가문은 17C 조선 최고의 학문가 집안이었음은 의심할 여지가 없는데, 고택과 가까운 병사 언덕의 종학당이 이를 대변해준다. 종학당은 파평 윤씨 일가宗에게 학문을 강학하던學 문중 서당堂의 대표사례이다. 교육목표와 운영학규를 마련하여 고등교육 프로그램은 물론 강학시설을 완비했는데, 문중의 자제들은 경관이 수려한 이곳에서 숙식을 하며 양질의 학문을 전수받았다. 학문 높은 집안 어른을 훈장으로 모시고, 기숙 형태로 운영한 학습법은 조선시대 문과급제자 41명, 사마시 합격자 67명을 배출함으로서 그 위상을 전국에 떨쳤다.

종학당은 백록당, 정수루, 정수암(기숙사) 등 3개 영역으로 구성되었다. 백록당(주자의 강서성 여산 백록동서원에서 유래)에서 교육이 이루어지고, 정수루(연꽃에 비유한 때 묻지 않는 군자적 삶)는 강학과 휴식을 위한 시설로 활용되었다. 후원에는 매화원을 가꾸었고, 앞뜰에는 노거수로 자란 배롱나무가 어우러지며, 정수루 남쪽에 방지원도형 연못을 조성하였다. 즉, 매화, 배롱나무, 연꽃 등의 정심수와 백록당, 정수루, 정수암 등 시설요소들은 후손들에게 성리학적 가치에 부합되는 강학을 통해 군자의

  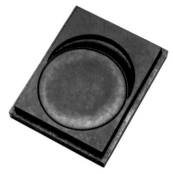

❶ ❷ ❸

❶ 윤증고택 혼천의
❷ 윤증고택 장생문연
❸ 윤증고택 일월연

삶을 전승코자 했던 학문적 지향점을 엿 볼 수 있는 대목이다.

　국가지정 중요민속문화재로 지정된 생활 자료와 회화, 복식류가 고택과 유봉영당 등에 보관되어 있는데, 천문과학 형성과정과 유학자들의 우주관을 보여주는 혼천의(천체의 운행과 위치를 측정할 수 있는 천문기구)와 해시계, 십장생 사각벼루연적 등이 전해진다. 특히, 석가산 모양의 벼루와 연적을 만들어 사랑방에 비치했는데, 사각벼루 앞면은 장생문연이며 뒷면은 일월문연 형태이다. 장생문연에는 산, 물, 돌, 구름, 소나무, 사슴 등 십장생 문양을 표현하고 있어 불노장생의 염원과 같은 신선사상의 상징성을 엿 볼 수 있다. 한편, 일월문연의 먹을 가는 부분은 둥근 해 모양이고, 물을 담을 수 있는 앞부분은 초승달 모양을 하고 있어 보름달, 만월로서의 미래 희원사상을 반영하는 등 전체적으로 태양이 달을 살포시 덮고 있는 모습을 표현하고 있다.

　명재고택은 7,960㎡ 규모의 넓은 대지에 지어진 50여 칸 규모의 살림집으로 ㄷ자형 안채와 일자형 중문채가 튼 ㅁ자 형태를 이루었고 사랑채가 접속된 구조인데, 동북쪽에 별도의 담장을 둘러 사당을 배치했다. 안채와 곳간채의 배치는 북쪽이 좁고 남쪽이 넓은 사다리꼴 형태인데, 여름철 시원한 남풍을 받아들일 수 있는 반면 겨울에 차가운 북풍을 어느 정도 제어할 수 있는 지혜가 숨어있다. 즉, 더위와 추위를 피할 수 있는가 하면 음식물이 상하는 것을 막을 수 있으며 주거 쾌적성과 환경성을 높일 수 있는 과학적 배치기법이 적용되었다. '벤츄리효과(건물 배치간격을 좁혀 바람의 빠른 흐름을 유도)'와 '베르누이의 정리(유체의 속력이 증가하면 내부 압력이 낮아지고, 속력이 감소하면 내부 압력이 증가)'가 환경설계에 과학적으로 적용된 실례이다.

안마당으로 통하는 중문간 행랑채에는 내외 벽을 두어 안팎영역 및 내부공간의 깊이를 고려하였고 시선이 관통하는 것을 막는 프라이버시 기능 보충 역할을 했다. 특별한 수식 없이 네모반듯한 마당을 둔 안채는 6칸 규모의 대청을 중심으로 폐쇄감과 안락함을 동시에 확보하였다. 안채 뒤뜰은 자연석을 가지런히 쌓아 실용성 짙은 화계를 두었는데 하단부에는 소박한 화초를 가꾸었고, 상단부에는 정갈한 장독대를 중심으로 죽림과 송림이 어우러져 토속적인 미적 쾌감을 유발하게 된다. 특히, 매화꽃이 어우러지고 약초 등을 갈무리 할 수 있는 돌확을 두었으며, 양택에서 볼 수 있는 풍수적 결혈을 감지할 수 있다.

안마당은 흙다짐을 한 네모꼴인데, 화초를 심는 등의 별다른 수식을 취하지 않고 밝게 비워놓았다. 대문 안 네모꼴 마당口에 나무木를 심으면 한곤 해져 재물이 흩어지고 재앙이 생긴다는 속설이 담겨있는가 하면, 미래풍요를 염원하는 공간으로 해석된다. 동선 연결과 실생활의 편의를 담았고 일조와 채광, 바람과 온습도 등 미기후 조절을 통한 쾌적성 제고의 친환경설계기법이다.

이러한 맥락과 연계하여 고택을 대상으로 2004년 8월에 측정된 실증적 연구결과(류영렬, 이도원)에 의하면 한낮에 뒤뜰이 안마당 기온보다 1.3도 낮았다. 마당의 온난한 상승기류가 발생하면 뒤뜰의 시원한 공기가 2배 이상의 풍속으로 대청에 유입되어 삶의 쾌적성은 물론 시원함을 느끼게 되는 연관성을 밝히기도 하였다.

안채 동쪽의 샛마당은 생동감 있는 뜰로 가꾸어졌는데, 협문을 통해 사당과 연

❶ 윤증고택 입구에 펼쳐진 너른 네모꼴 연못과 살림집 전경
❷ 사랑채에 숨어살면서 무릉도원경에 심취코자 했던 도원인가 편액
❸ 안채 뒤뜰은 송림을 배경으로 장독대가 가지런히 놓여졌다.
❹ 안대청에서 본 뒤뜰 장독대 정경

	❷
❶	---
	❸
	❹

결되어 제례를 위한 동선 연결 기능을 겸한다. 낮게 드리어진 담장을 경계로 모란과 작약 등 꽃밭을 가꾸었고, 지형의 고저차를 이용하여 매화를 정심수로 가꾼 3단 화계를 일구었으며, 나지막한 굴뚝이 정겹게 다가온다. 뒤뜰과, 샛마당 등에 낮게 조영된 앉은뱅이 굴뚝들은 검소하고 단아한 생활을 자손 대대로 견지했던 가문의 가치관과 상통하는 결과이다. 굴뚝의 연기를 활용하여 각종 벌레와 파리, 모기, 그리고 거미줄 등을 퇴치하는가 하면 건물의 습도조절 등 내구성과 연계되는 생활의 지혜가 담겨있기도 하다. 안채의 동쪽 툇마루에서는 담장너머로 느티나무 숲 띠 정경을 가까이에서 감상할 수 있는가 하면, 동쪽 하늘에서 떠오르는 아침 해와 저녁 달 정경은 물론 멀리 30리 밖 계룡산과 대둔산의 영봉을 느티나무 줄기 사이로 차경 할 수 있는 운치를 맛 볼 수 있다.

뜰에 심어 가꾸어진 매화의 고결함은 군자 또는 선비 정신을 상징하였고, 맑은 향기는 선비의 덕성 발현에 비유되었다. 고결한 기품을 지닌 군자의 상징 식물로는 매화를 비롯하여 난초·국화·대나무가 지칭되는데, 그 중에서 매화를 가장 으뜸으로 쳤다. 추운 겨울을 견뎌 피어난 설중매를 통해 강인한 정신력을 연상케 하는데, 평생을 절조 있게 청백의 삶을 경영한 명재의 삶과 잘 부합되는 상징 식물이라 하겠다.

뒤뜰 화오에 심어진 모란은 예로부터 부귀영화의 상징으로 여겨왔다. 〈화왕계〉에서 화왕으로 등장하고, 『양화소록』에는 화목 9등품 중 부귀를 취하여 2품에 두었다. 즉, 모란은 꽃송이가 풍성하고 화려하여 부귀영화를 상징하는 꽃으로 궁중은 물론 사대부, 그리고 서민주택에 이르기까지 다양하게 가꾸어졌고 그림, 공예, 병풍, 의상 등 일상생활에 다양하게 애용되었다.

담장을 두지 않고 높은 기단위에 당당하게 드러낸 사랑채는 대청과 누마루를 동쪽과 서쪽에 별도로 두어 외부경관 조망에 유리한 시각구조를 확보하는 등 개방성을 강조하였다. 조망구도가 가장 아름답다고 평가되는 누마루에서의 사시사철 경관 향유가 일품이고, 누마루 아래 화계에는 30~50cm 크기의 경관석을 세워 축경식 석가산 정원을 꾸몄는데, 길이 80cm, 너비 60cm 크기의 소규모 반달형 연못을 곁들여 가문번영과 신선경의 세계를 표현한 독특한 조경기법을 보여준다. 이 석가산 정원은 금강산을 극도로 축약시킨 봉래선산을 상징하는데, 1662년 금강산을 탐승한 명재의 경험과 상상력이 하나의 공간속에 반영된 신선경의 세계이자 한 폭의 풍경화이며 와유문화의 진수를 보여준다.

명재는 34세 때(1662년) 금강산 탐승 기회를 갖았는데, 이때 읊은 풍악산, 만경대, 만폭동, 비로봉 등의 시문이 『명재유고』에 전해진다.

풍악산

삼십 년을 책 속에다 머리를 파묻고서   한가하게 놀러 나갈 겨를 내지 못했는데

큰 뜻 품고 곰곰이 옛사람 생각할 때   자양 선생 여산을 좋아하지 않았던가

그리하여 나도 한번 토굴 속을 벗어나니   이 몸이 어느새 금강산에 도착했네

처음에 백천 따라 유점사로 들어가자   천 그루의 잣나무가 하늘 높이 푸르르고

이 골에서 제일이라 이름난 산영루는   무지개 돌다리 위 헌길찬 누각일세

부처 머리 뒤로는 바위가 위태롭고   은하수 열두 폭이 눈앞에 완연하네

만경대

처음으로 만경봉에 오르고 보니   별안간 속세와는 동떨어졌네

손을 들어 비로봉이 저기냐 묻고   용연에 대해 다시 말을 하누나

위아래로 너무나 높고 깊으니   저곳을 다 보아야 쉴 수 있으리

만폭동

쌍학대는 만폭동에 들어가는 문이고   화룡담은 흑룡을 향하여 달려가네

돌사자는 우측으로 향로봉 기운 받고   오로봉은 남쪽으로 혈망봉과 구름 닿네

진불암은 골이 깊어 여름에도 눈이 있고   관음굴은 으슥하여 낮에도 어둡다네

벼랑에 대자 남긴 사람은 어디 갔나   그의 넋은 아마도 이 골 속에 와 있으리

비로봉

하늘 끝의 바람을 탄 것처럼 시원하니   만고에 얽힌 가슴 이제야 탁 트이네

이제부터 금강산의 승적을 말할 때면   주자 시가 최고봉을 차지하게 되리라

한국의 석가산 조경문화는 신선사상에 기반 한 도가적 관점과 유가적 가치관이 조형물 형태로 습합된 세계이다. 은둔과 은일의 처소가 되기도 하며, 장생불사의 염원이 담겨 있기도 하며, 요산요수樂山樂水의 승경관과 가치관이 내재되기도 한다. 선조들은 석가산을 자신의 살림집 뜰 곁에 두고 즐기면서 자연과의 일체화를 꿈꿨으며, 인공과 자연, 진짜와 가짜, 유와 무, 미와 추의 경계가 사라지는 무위자연을 희구하며 흠모했다.

조선 초기의 문신으로 1469년(예종 1) 식년 문과에 장원 급제하여 대사헌, 충청도관찰사, 호조참판 등을 역임한 채수는 〈석가산폭포기〉를 남겼는데, 자연체험을 통한 수심양성의 속성과 와유문화의 근거를 다음과 같이 기술했다.

나는 본래 산수를 좋아하여 우리나라의 명산으로 삼각산, 금강산, 지리산, 팔공산, 가야산, 비슬산, 속리산 등의 정상에 모두 올라가 보았다. 그리고 그 높고 아름다운 경치를 감상했으며, 거기서 본 하늘과 땅의 광대함을 알았고, 또 천 길 만 길 솟아 있는 기암괴석을 보았다. 뿐만 아니라 하늘 높은 줄도 모르고 자란 소나무, 잣나무들을 보았으며 구름이 둘러싼 사이로 맑은 시내와 깨끗한 바위들, 깊숙한 숲들이 속세의 잡념을 씻어 주고 가슴속에 품은 생각을 키워 준다는 것을 알았다. 〈중략〉

그런데 지금은 나이가 많아 다리에 힘이 없어지니 어쩔 도리가 없다. 그리하여 부득이 편하게 노닐 수 있는 방법으로, 고금에 이름난 화가들이 그린 산수화를 모아 벽에 걸어 놓고 감상을 하게 되었다. 그것은 조금은 위로가 되었지만 화가들의 훌륭한 기법과 특이한 풍경 외에는 별로 느껴지는 것이 없었다. 벽에 걸린 그림으로는 진실에 가깝게 생동하는 경치의 맛은 찾아볼 수가 없는 것이다. 그리하여 늘 마음에 허전함을 느꼈다.

명재는 아름다운 산수를 즐기는 방법으로 승경지의 산과 물에 직접 임하기도 하고 극도로 축약시킨 석가산을 조성하는가 하면 시문과 그림, 조영물 등을 통해 방안에 누워서 시서화 속에 펼쳐진 맑고 시원한 자연 속의 풍광을 감상하며 음미하였다. 그림과 시문을 통해 옛일을 회상하고 경치를 완상하는 그림 속으로의 여행은 색다른 즐거움이자 지극히 한가로운 마음을 드러내는 것이었다. 이처럼 산수화의 풍경 속으로 들어가 유유자적하며 자연을 은유하고 느끼는 것을 '와유臥遊'라고 한다.

'와유'는 『송사』〈종병전〉에 나타나는데, 종병은 나이가 들고 병들면 명산을 두루 탐승하지 못하게 될 것이라 생각하고, 과거에 유람했던 곳을 그림으로 남겨 방에 걸어 두고 누워서 소요유 했다고 한다. 그는 『화산수서』에서 산수의 이론을 제시하였는데, 산수화는 자연풍광을 그린 것이 아니라 대자연이 가진 장중한 정신을 드러내는 것이며, 자연미를 반영하는 산수화는 창신暢神 정신을 펼쳐내는 것이라 하고, 산수화보다 사람의 정신을 유쾌하게 해주는 것은 없다고 하였다.

선인들의 와유문화는 늘그막에 누워서 그림을 보고 책을 읽으며 옛 여행지 추억을 상고하여 즐긴다는 의미를 담고 있다. 서유구는 『임원경제지』에서 병풍을 '와유' 하게 하는 물건이라 했고, 한필교(조선 후기의 문신)는 『숙천제아도』 그림첩을 통해 벼슬에서 물러나 한가로이 노닐면서 옛 그림을 살펴보면 예전에 돌아다녔던 자취가 역력히 떠오르고 즐거웠던 기억이 가슴속에 느껴질 것이라고 했다. 한편,

마음속 이상향을 표현한 관념산수화가 실제의 승경지 자연경관을 표현한 실경산수화로 발전하게 되었고, 상류계층을 중심으로 아름다운 산수자연 풍광을 축소 재현하여 생생함을 간접 체험할 수 있는 정원 가꾸기를 통해 와유산수臥遊山水라는 문화를 창출했다.

명재는 1662년 관동지역을 유람할 때 금강산을 탐승하고, 영월의 장릉에 참배한 후 강릉에서 공자를 모신 구봉서원과 율곡을 배향한 송담서원(인조 8년인 1630년에 건립된 사액서원, 비문에 율곡의 행적과 서원의 창건 내용 기술)에 참배했다. 이때 조선 최고의 승경지 금강산에 명현의 유적이 없는 것을 비평하면서 율곡의 시가 있는 것을 다행이라 피력하고 선현의 관련 시문과 자취를 즐기는 중요성을 언급했다.

승경지를 유람 하면서 역사 현장뿐만 아니라 인물과 관련한 명유의 자취를 돌아보는 일을 중요하게 생각하였던 명재는 금강산을 유람하려는 심명중에게 다음과 같은 의견을 피력하였다.

풍악은 실로 명산이지만 예로부터 명현의 유적이 없어 중국 여산에 주돈이, 주희, 도연명 등 여러 현인들의 유풍이 있는 것과는 다르니 참으로 명산의 큰 수치 중의 하나라고 하겠다. 만약 율곡의 시가 없었다면 거의 조롱을 면치 못했을 것이다.

명재는 당시 사대부들의 귀거래 하는 삶, 그리고 안분지족 와유문화 성향을 〈제용감정 벼슬을 지낸 신량의 행장〉에서 다음과 같이 기술했다.

평소에는 교유하는 것을 기뻐하지 않았으며 티끌 하나 남김없이 깨끗하게 방을 청소하였다. 왼쪽에는 그림, 오른쪽에는 책을 두고, 소나무와 학을 길렀다. 꽃 피는 아침과 달 밝은 밤이면 시를 읊조리며 스스로 즐겼다. 평소에 산수를 좋아하여 비록 城市에 거처하더라도 취향이 일찍이 산림에 있지 않은 적이 없었으며 일찍이 풍악 등 여러 산을 유람하였다. 항상 말하기를, "어수선한 이

세상에서 물러나 살 만한 곳이 눈에 띄지 않는구나. 더구나 이제 늙고 몸이 쇠하였으니, 어찌 水石

이 좋은 한 구역을 얻어서 영원히 티끌세상과 이별하고, 띳집을 엮어 배회하고 노닐며 남은 생을

보낼 수 있을까" 하였다. 도연명의 〈귀거래사〉와 〈귀거래도〉를 벽에 걸어놓고 읊조리며 회포를

부쳤다. _ 이상균, 2011

산수유람의 가치를 언급한 대표적 사례로 성리학자 어유봉은 1721년 3월에 강

원도 금강산과 화천의 곡운구곡 일대를 탐승하면서 기록한 〈동유기〉에서 "산을

유람하는 것은 독서하는 것과 같다. 보지 못한 것을 보는 것도 좋지만, 실은 충분히

익히고 또 익히는 데 핵심이 있다. 굽이굽이 환하게 파악하고, 그 자태를 또렷이 간

직하고, 그 정신을 통해야만 비로소 터득하는 것이 있다. 서둘러 대충 섭렵하고서

야 무슨 수로 오묘한 경지를 얻을 수 있으랴?"라고 적었다. 어유봉은 산수 유람에

있어서 숙독을 강조했던 독서에 비유하여 아취를 터득하는 깊숙한 수련을 요구했

다. 곡운구곡谷雲九曲은 화천 용담리 일대에서 30여 년간 은둔 생활을 즐긴 성리학

자 곡운 김수증이 빼어난 경치 아홉 구비에 이름을 붙인 명소이다. 당대의 최고화

가 조세걸이 그린 〈곡운구곡도〉(1682년)는 조선시대 실경산수화의 전형으로 알려져

있으며, 〈곡운구곡가〉 등이 전해진다.

조선의 성리학자들은 성현의 도를 본받아 구도를 체득하기 위해 유람을 하였

는데, 사상적 기반으로 주자의 수심양성하는 산수 유람을 전거로 삼았다. 즉, 산수

유람은 아름다운 경치만을 탐닉하는 것이 아니라 관련 서적을 지참하여 독서를 겸

하는 수심양성의 학문탐구에 의미를 부여 하였다. 실제로 명재는 산수 유람을 떠나

는 손자(동원)에게 성리학을 체득할 수 있는 서적을 지참하고 필히 독서를 겸하도록

권유하였다.

사랑채 누마루에서는 상징성 짙은 풍수경관과 연못, 농경지 등은 물론 초감각

적으로 집약된 경관 향유의 묘미를 즐길 수 있다. 내려다 볼 수 있는 축약된 금강산

❶ 높은 석단위에 경쾌하게 자리 잡은 사랑채 전경
❷ 사랑채 높은 기단위에 금강산(봉래산)을 축소한 석가산 정경

❸
❹

❸ 윤증고택 좌청룡 기맥의 느티나무 숲띠에서 본 살림집 정경
❹ 종학당 정수루 앞뜰, 그리고 병사 저수지와 파평 윤씨 선영 전경(ⓒ 논산시)

(봉래산)과 반월형 연못, 12개의 괴석들이 우물가 향나무 주변에 펼쳐진 무산십이봉, 연못 섬에 도입된 배롱나무 선경 세계, 인공적으로 조산造山한 솔숲, 그리고 원경으로 펼쳐진 계룡산과 대둔산(소금강산) 등이 어우러져 실존적 진경眞景과 형이상학적 의미를 개입시킨 상징문화경관을 원경, 중경, 근경으로 감상할 수 있는 파노라믹 조망이 펼쳐진다.

무산巫山은 중국 사천성 무산현의 남동쪽에 자리한 파산산맥 속의 기기묘묘한 봉우리를 지칭하는데, 형세가 무자巫字와 같기 때문에 붙여진 이름이다. 전통적으로 동양에서는 장엄한 산릉이 첩첩으로 하늘을 가리고 큰 강이 꿰뚫어 무협을 이루며, 12개의 봉우리 밑에 선묘가 있다고 믿었다.

이곳에 심어진 향나무는 예로부터 청정을 뜻하여 궁궐이나 사찰은 물론 서원과 향교, 살림집 사당, 그리고 우물가 등에 다양하게 도입되었다. 우물가 여성들의 프라이버시를 고려한 차폐요소로 활용하였으며 샘물이나 우물가의 정화수로 물을 깨끗이 하고 물맛이 좋아질 것을 기대했다. 향나무가 늘 푸르듯 물이 마르지 않고, 잡귀를 쫓는 벽사의 힘이 있다고 믿었으며, 제례 등 경건하고 엄숙한 의식마다 부정을 제거하기 위해 향불을 피웠다. 이처럼 고택에 심어진 향나무는 은은한 향을 발하는 향나무처럼 조상을 공경하고 자신의 몸과 마음을 깨끗이 정화하려는 가주의 가치관과 연계되는 대표적 표징물이 된다.

사랑채 서쪽 누마루는 창호문턱을 30㎝ 정도로 낮추어 누워서 외부경관을 즐길 수 있는 인간적 척도개념의 와유문화를 고려하였고, 도원인가桃園人家와 이은시사離隱時舍 편액을 달았다. 벼슬길에 나아가지 않고 조용히 살면서 은일의 정취를 즐기고자 하는 의도가 숨어있다. 봉래 석가산 동편에는 일영표준日影標準 표지석이 놓였는데, 명재의 9대손 이은 윤하중(개화기의 천문학자)이 해시계의 영점을 잡아 시각을 계측하고 혼천의 등으로 천체를 관측하던 곳이다. 이러한 과학기기가 뜰의 경물 요소로 활용된 것은 생활의 지혜를 엿 볼 수 있는 대목이다. '이은시사(세속을 피해 은

일을 즐기면서 천시를 연구하는 집)'라고 하는 사랑채 당호를 단 윤하증은 해시계를 창안하여 사용한 인물로 알려져 있는데, 이러한 실용적 학풍에 기인하여 설이나 제사에 음력 대신 양력을 사용하고 있다고 한다.

세상과 떨어져 사는 즐거움을 염원했던 이은의 삶처럼 선비가 숨어사는 까닭은 난세에 얽매이지 않는 조용한 심신수양의 가치 추구에 있다. 동진의 왕강거는 〈초은招隱〉 시에서 "소은은 산속에 숨고, 대은은 도시에 숨는다."라 했다. 당나라의 백거이는 〈중은中隱〉 시에서 "대은은 조정과 저잣거리에 숨고, 소은은 산속에 들어가 숨는다네. 조정과 저잣거리는 너무 시끄러우니, 차라리 대은과 소은의 중간에 머물러 은거하는 것이 적당하리."라고 읊었다. 한직에 있으면서 정신적, 육체적 여유를 찾아 은거함을 염원했던 백거이의 '중은' 가치관은 소동파가 망호루에 올라 처음 읊었던 시어이다.

속세를 벗어나 은둔하는 소은小隱의 삶을 소극적 은거로 보았고, 시끄러운 도시나 분쟁이 많은 조정 속에 몸담고 있으면서 여유를 누리는 은거를 대은大隱으로 연결했다. 백거이는 변방으로 좌천당하자 '자의에 의한 중은'을, 소동파는 조정과 긴장관계를 유지하며 유배지에서 '강요에 의한 중은'의 삶을 영위했던 대표적 인물이다.

소동파는 나라를 걱정하고 백성을 구제해야 한다는 사명감이 투철한 정치인이었고 시인이며 지식인이었는데, 시서화에 모두 능하였고, 아버지(소순), 아우(소철)와 함께 당송8대가중 한사람으로 중국문예사에서 가장 걸출한 인물이었다. 우리나라 문인들에게 지대한 영향을 끼쳤는데, 려말의 문장가 이규보는 "과거에 합격하고 시 짓는 법을 배우기 시작하면 소동파의 시 읽기를 무척 좋아한다. 때문에 매년 과거시험 합격자 방이 붙은 뒤 사람들은 금년에도 30명의 소동파가 나왔다고 여긴다."라고 했고, 조선 전기의 김종직은 "고려 중엽에는 오로지 소동파 시만 배웠다."라는 글을 남겼다.

고려말 문사들에게 '은隱'자를 아호로 쓰는 경향이 매우 많았다. 절의를 지킨 목은 이색, 포은 정몽주, 야은 길재는 려말3은으로 회자되고, 도은 이숭인, 농은 민안부, 수은樹隱 김충한을 포함하여 려말6은이라 했다. 즉, 이들은 암울한 무신정권 시기에 가축을 기르고 텃밭을 가꾸거나 대장간 일을 하며, 도자기를 굽고 농사를 짓거나 나무를 심으며 한가로이 노니는 은자의 삶을 꿈꿨던 인물들이다.

고택의 사랑 대청은 동쪽 청룡기맥에 펼쳐진 수백년된 느티나무 숲 띠 정경은 물론, 아침 해와 저녁 달 떠오르는 정경을 느티나무 수간 사이로 즐길 수 있는 경관 관찰점이다. 연속된 툇마루와 협문 사이의 토석담장으로 경계 지어진 작은 뒷마당은 사랑채에서 안채로 들어가는 방향성을 제공하고 정갈하게 화초를 가꾸었으며 낮게 드리어진 굴뚝을 두었는데, 남녀 내외생활의 구분이라는 절제된 규범을 보여준다.

명재는 군자정신의 표징물로 뜰에 심어 가꾼 겨울 잔국殘菊을 시로 읊은 일이 있는데, 이듬해 봄비 속에 떨기 국화가 무성하게 자라 생동감이 느껴지는 감흥을 노래했다.

고고하게 서 있는 울 밑의 국화	날에 떨기 지어 자라났구나
기상은 빗속에서 볼 수 있지만	정신은 서리 내린 뒤에야 알지
예쁘게 보이려고 아양을 부릴쏘냐	늙은 듯한 자태가 더욱 사랑스럽네
이 세상에 도연명이 흔치 않으니	네 마음 알아줄 자 누구이런가

또한, 미래 태평성대를 염원한 오동나무 심어진 동쪽 뜰을 바라보며 달뜨는 정경을 다음과 같이 노래했다.

밝은 달이 구름 끝에 나와	明月出雲端
부들방석을 맑은 빛이 비추네	清光照蒲團
뜰 앞에는 오동나무가 있어	庭前有梧桐
이 밤에 더욱 보기가 좋네	此夜更好看

바깥마당 남서쪽 방향으로 노성산 옥녀봉에서 발원하는 계류수를 끌어들여 천원지방사상을 반영한 네모꼴 연못을 조성했는데, 둥근 섬에 배롱나무를 심었고 휴식공간을 곁들였다. 바깥마당에는 수많은 괴석을 점경물로 놓았고 매화나무, 왕벚나무, 배롱나무, 산수유, 철쭉 등 화목류를 가꾸어 이른 봄에서 한여름 까지 무릉도원桃園人家의 이상향을 은유적으로 펼쳐 보이고 있다. 특히, 이곳의 바깥마당에 넓게 조영된 방지원도형(네모꼴 못 안에 원형 섬) 연못은 농업 및 방화용수 기능은 물론 음양의 결합으로 만물이 생성하듯 가문 번영과 경직의방敬直義方의 가치 추구, 주작의 오지에 해당하는 풍수경관, 그리고 신령한 삼신산을 상징하는 복합 문화경관 요소가 된다. 『임원경제지』에 의하면 연못은 "고기를 기르면서 감상할 수 있고, 논밭에 물을 공급할 수 있으며 사람의 마음을 깨끗하게 할 수 있다. 〈중략〉 남쪽을 넓게하여 지당池塘을 만들되 작은 연못에는 연을 심고 큰 연못에는 고기를 기르며, 물이 맑으면 물고기를 키우고 탁하면 연꽃을 키운다."라고 하였는바, 이곳 연못 또한 실용적 가치와 심성수양의 매개체가 됨을 유추할 수 있다.

경관 향유라고 하는 측면에서 명재고택은 원경으로 펼쳐진 계룡산과 대둔산(소금강산) 등 현실 속 진경 세계를 봉래선산으로 담아내면서 사랑채 앞뜰을 고도로 집약된 봉래 석가산과 무산12봉, 그리고 불노장생을 염원한 괴석 등 거대 담론을 담아 축경형 정원으로 담아내고 있다. 특히, 사랑채 누마루에서는 아름다운 진경은물론 선경의 이상향 세계를 그윽하게 즐길 수 있는 와유문화 경관의 실증적 사례가된다.

남원관아에 펼쳐진 달나라 신선정원, 광한루원

廣寒樓園

국가지정 보물 제281호 및 명승 제33호, 전라북도 남원시 천거동 요천로 1447

남원부 관아에 딸린 광한루廣寒樓는 조선 초 황희에 의해 1419년에 지어진 것으로 처음엔 광통루라 불렀다. 세종 26년(1444) 전라관찰사 정인지가 월궁의 광한청허부廣寒淸虛府 같은 아름다운 선경의 풍광에 비유하여 광한루로 개칭하였는데, 정유재란 때 불에 탄 것을 인조 16년(1638)에 다시 지은 것이다. 누마루는 정면 5칸, 측면 4칸 규모이며 팔八자 모양을 한 팔작지붕 형태인데, 난간을 둘렀으며 사방 문을 달아 여름을 위한 시원한 열린 구조가 가능하도록 했다. 누마루와 연접된 동쪽 부속 건물은 정면 2칸, 측면 1칸 규모인데, 툇마루와 난간을 둘렀고 내부는 온돌방을 놓아 사계절 활용을 고려하였다. 역사적으로 원림은 선조 때 남원부사 정의국이 요천寥川에서 물을 끌어들여 은하수를 상징하는 못을 파 오작교를 놓았고, 1582년 전라관찰사 정철이 광한루 앞 못을 크게 확장하여 삼신산(봉래, 방장, 영주)을 상징하는 세 개의 섬을 축조했다. 삼신산에는 왕버들과 대나무, 그리고 배롱나무를 심었는데, 동쪽 섬에 영주각을 세웠고 가운데 섬이 봉래선산, 오작교와 인접한 섬에 방장정 정자를 세웠다. 1971년에는 춘양제전 및 국악큰잔치 등 축제행사를 위해 별도의 못을 파 완월정玩月亭을 곁들였다.

남원성 남문의 문루 명칭(완월루)에서 연원하는 완월정은 정면 6칸, 측면 2칸, 겹처마 2층 팔작지붕의 수중누각인데, 광한루가 천상의 광한전을 재현한 것이라면 완월정은 현실 속 달나라 정경을 지상에서 즐기기 위한 정자로 보름달 뜨는 동쪽을 향하고 있다.

전설에 따르면 삼신산은 발해(한반도)의 동쪽 몇 억만리 떨어진 곳에 있는데, 산들은 주위가 3만리이고 꼭대기는 사방 9천리이며, 산과 산 사이가 7만리나 떨어져 있다. 정상에 선인들이 사는 어전이 있고 주변에 불로불사의 과실수가 자라고 있다. 우리나라의 경우 남원부 광한루에서 멀지 않은 지리산이 삼신산의 방장선산으로 불려진다. 즉, 이러한 전설상의 삼신산은 도교적 관점의 신선사상에서 연원하는데, 백두산 천지 산정의 대臺를 중심으로 금강산(봉래산), 지리산(방장산), 한라산(영주

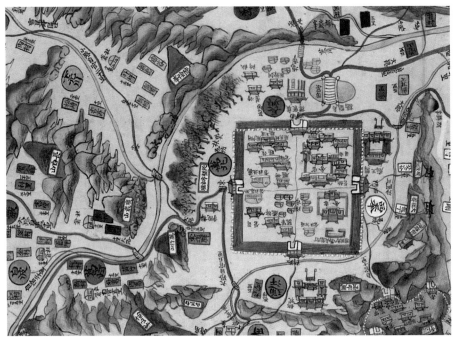

남원부 관아 남문 밖 광한루와 오작교 연못 〈남원부 옛지도〉, 1872년, 규장각
고을의 풍수비보림이자 수해방재림으로 조성된 동림東林이 길게 펼쳐져 있다.

산)이 삼신산으로 회자된다.

북쪽으로 교룡산이 우뚝하고, 동쪽에서 뻗어온 지리산 줄기는 동북을 종단하여 일대 분수령을 이루는데, 서쪽으로 흐르는 물은 남원을 관통하여 요천을 이루며 섬진강에 유입된다. 광한루와 관련한 광역경관상은 남원부 옛 지도(1872년, 규장각)를 통해 확인할 수 있다. 읍성의 남문 밖에 인접하여 요천 사이에 광한루와 오작교 연못이 묘사되어 있다. 또한 남동쪽 요천 변에 잘 표현된 고을 숲東林은 풍수적 비보와 수해 방재 목적으로 조성되었는데 어느 때인가 유실되어 역사문화경관 멸절의 아쉬움을 대변하고 있다. 이 지도는 정교한 색상과 필체를 바탕으로 당시 남원고을의 모습을 잘 보여주는 걸작으로 평가되고 있는데, 읍성을 중심으로 주변 산세와 마을을 상세하게 표현하였으며, 굵기를 달리하여 대로와 소로의 위계를 구분하였다.

남원의 사례처럼 조선의 부목군현에 고을숲이 다양하게 묘사되고 있는데, 서울(한양), 평양, 전주, 청주, 남원, 선산, 경주 등 부목군현에 다양한 목적을 가진 숲이 조성되었다. 동림과 같은 고을 숲은 수藪, 임수林藪, 읍수邑藪, 동수洞藪 등으로 표기되고 있다.

남원부 남서쪽에 풍수적 의도로 조성된 별도의 조산造山 솔숲과 관련하여 『용성지』(1752년) 고적조에 의하면 "토성은 읍의 서남쪽 5리에 있다. 높이와 넓이가 사람의 키 남짓하며 만복사 오른쪽 후암 난간머리에서 시작하여 대추여울 아래까지 이어지는데, 그 안에 7개의 돌무더기가 설치되어 있다. 대개 나무는 소나무요, 들이름을 따 가방이라 부르는데, 읍을 지키고 살리기 위한 수구막이다. 지금은 폐허된지 오래며 많은 부분 농부들이 침할侵割하여 밭으로 되었다. 수풀도 나무도 없어 사람들이 옛날대로 복원하고자 하였으나 아직 못하고 있다."는 내용이 담겨있다.

배산임수 입지조건의 정주환경은 지형적으로 앞부분이 열려 있어 환경 심리적 영역 확보를 위해 숲을 조성하는 경우가 많았는데, 풍수적으로 빠져 나가는 기氣와 물줄기를 가로막는다 하여 수구水口막이로 불려진다. 여기에 솟대, 장승, 돌탑 등 토속신앙 장치들이 설치되기도 하는데, 자연환경과 풍토에 부합되는 생태경관으로, 마을의 영역을 정체성 있게 표출하는 향토경관으로, 공동체의 이념과 신앙을 통합하는 토속적 신앙경관으로 선조들의 환경설계 기법이 설득력 있게 접속된 정감 넘치는 고향의 숲으로 다가온다.

『동국여지승람』(1481년) 등에 광한루 관련 기문이 다수 소개되고 있는데, 아버지(황희)와 함께 2대에 걸쳐 영의정을 지낸 황수신은 1459년(세조 5)에 지은 〈광한루기〉에는 다음과 같은 기록이 있다.

부의 남쪽 2리쯤 되는 곳에 지세가 높고 평평하며 넓게 트여 있는데 거기에 작은 누각이 있으니, 광통루이다. 세월이 오래되어 갑인년(1434)에 부사 민공이 새 누각을 세웠고, 정사년(1437)에 유지례가 단청을 더하였다. 갑자년(1444)에 정승 정인지가 누각에 올라 찬미하고는 '광한'이란 이름이 붙었다. 동쪽으로는 선산이 천여리에 걸쳐 웅장하고 우뚝하니 허공을 가로지르고 있다. 남쪽으로는 큰 시내가 있어 물길이 넓고 크며 방장산〈頭流山〉에서 발원하여 멀리서 바라보면 은하처럼 보인다. 이곳은 요천이라 한다. 서남쪽으로는 넓은 들판이 있어 유부사가 밤나무 수천그루를 심었으니 부세를 대신할 뿐 아니라 울창한 나무들이 장막처럼 눈앞에 펼쳐져 있다. 이것은 율수栗藪라고 한다. 북쪽으로는 깎아지른 산이 있어 우뚝 솟아 하늘을 떠받치고 있으며 그 위에 성을 쌓았다. 옛날 왜구가 성을 불태워 나라에 온전한 성이 없었는데, 이 성만 유독 온전하였으니 이곳은 교룡산이다. 서쪽에는 큰 사찰이 있어 가운데에는 5층 전각을 짓고 5장丈이나 되는 구리기둥은 하늘 가운데로 치솟아 있다. 이곳은 만복사이다. 이처럼 누각에 올라 바라보면 기이한 경관이나 빼어난 모습은 이루다 기록할 수 없는데, 사계절의 경관도 천만가지 이다. 〈중략〉 아, 호남의 경치 좋은 곳으로 우리 고을보다 나은 곳이 없고, 내 고장 경치 좋은 곳 중에 광한루보다 나은 곳이 없네.

세조 때 전라관찰사 이석형은 다음과 같은 시를 남겼다.

방장산 앞에 백척 누각 있으니, 푸른 산머리에 붉은 사다리 높이 걸렸네. 물은 들판에 연하여 안개 빛과 섞였고, 구름 걷힌 먼 산봉우리엔 비 기운이 걷히었네. 물가에 임하니 천상에 앉은 듯, 바람 앞에 서니 달 가운데서 노는 듯, 인간에 절로 달세계가 있는데, 어찌 구구하게 세상 밖에서 찾으리오.

조선 초 공조판서를 역임한 성임 또한 다음과 같은 시를 읊었다.

상쾌한 기운 물가 누각에 스며드니, 요천 머리에 광한의 선경이 펼쳐지네. 남쪽 언덕에 바람 일어나니 더위가 멀어졌고 서산에 주렴 걷히니 저녁 비가 그쳤네. 달은 때마침 맑은 밤에 둥근데 은하수 다리에서 누가 옛 사람을 이어서 노닐까. 하늘빛은 상하에 명경처럼 밝으니 몸이 청허부에 바로 드날리네.

　이러한 시문 등을 통해 남원부에 딸린 부속정원 광한루의 역사문화사적 맥락과 도가사상에 기반 한 달나라 신선정원의 면모를 유추할 수 있게 된다.

　호남제일의 누각이란 별칭을 갖는 광한루는 평양의 부벽루, 진주 촉석루, 밀양 영남루와 함께 우리나라 4대 누각으로 회자되는데, 하늘의 옥황상제가 살던 달나라궁전(광한청허부)을 지상에 건설하여 신선이 노니는 선경 같다하여 붙여진 이름이다. 이들 누각 중에서 광한루는 역사적으로 단연 으뜸 누정의 문화경관 면모를 보여준다.

　누정이라 하면 누각과 정자의 약칭인데, 한국의 누정(2층으로 된 다락집, 그리고 높은 곳에 세운 허창한 집)은 중국과 일본에 비해 양식적인 측면이나 공간구조, 경관 기법 등에서 차이를 보인다. 중국의 경우 추녀선이 하늘로 치켜 올라가고 붉은 칠을 한 기둥, 난간, 의자식 평면구조 등에 차이가 있고, 일본의 경우 추녀선이 지면을 향하고 다실茶室에서 좁은 내부지향적 경관 즐기기 경향을 엿 볼 수 있다. 누의 뜻풀이와 관련하여 『설문해자』에는 '중첩하여 지은 집〈重屋曰樓〉'이라 하였고, 『동국이상국집』에서도 동일한 의미의 구옥어옥위지루構屋於屋謂之樓라 하여 '집 위에 지은 집'을 통칭 하였다. 경관이 빼어난 자연을 즐기면서 정신을 수양하는 수심양성의 거점이 되고 후학을 가르치는 강학처가 되며 문인들이 시회를 펼치던 산실이기도 했다. 누정 관련 최초의 기록은 475년에 백제 궁실에 대사누각을 장려하게 지었으며 신라 소지왕 10년(488년)에 천천정으로 거동하였다는 내용이다. 일반적으로 정자는 사대부 계층에 의해 조영된 반면 누는 지방 관아의 수령들에 의해 많이 조영되었다. 따라서 누와 정은 약간의 용도 차이를 보이는데 누는 공적으로, 정자는 사적으로 이용된 경우가 많았다. 시대의 흐름에 따라 누정의 형태와 기능은 혼용 양상인데, 누정의 이름을 정할 때 고려 말 이색은 아름다운 자연경관을 취하거나 선을 권장하고 악을 경계하는 내용이거나 선조들이 남기신 것 가운데 후손들이 잊어서는 안 되는 교훈으로 정한다고 하였다.

광한루 전면에 펼쳐진 너른 연못과 3개의 섬, 그리고 서편에 놓인 무지개다리와 돌 자라, 노거수로 자란 왕버들과 대숲, 배롱나무 등이 주요 경관요소이다. 광한루원 조영과 관련하여 남원부 읍지『용성지』(1752년)의 누정편에 다음과 같은 기록이 있다.

> 전라관찰사 정철이 요천에서 끌어온 물이 누 앞을 좁다랗게 흐르고 있던 개울을 넓혀 평호로 하고, 은하수를 상징케 했으며 주위를 돌로 쌓고, 호중에 세 개의 섬을 만들어 하나에는 녹죽을 심고, 하나에는 목백일홍을 심었으며, 다른 하나에는 연정蓮亭을 세우고 호중에 여러 종류의 꽃을 가득 심었다.

광한루의 계관桂觀 편액과 관련하여 월궁에 다다르기 위한 상징성 짙은 월랑月廊(누를 오르도록 설치된 북쪽 다락)은 상층과 하층으로 나누어 각각 5단씩 10개의 층계 위에 날렵한 지붕을 얹었는데 누각의 높고 큰 지붕과 조화를 이루어 아름다움을 더해준다. 월랑에는 거북등에 업혀 해저 용궁(또는 은하수 세계)을 오가는 토끼의 정경을 목각으로 묘사하여 동쪽 간살에 부설하였는데, 현실 속 이상향의 세계를 펼쳐 보인 신선정원의 진수이자 현존하는 관아조경의 대표 사례이다.

옛 전설에 의하면 항아는 불사약을 가지고 달나라로 도망가는데, 처음 두꺼비로 묘사되었다가 계수桂樹(향기가 좋은 목서)와 옥토끼가 살고 있다는 오늘날의 전설로 바뀌었다. 우리 조상들은 휘영청 밝은 보름달을 바라보며 계수나무 아래서 불로장생의 약방아를 찧고 있는 토끼의 모습을 그리면서 오순도순 평화롭게 사는 이상향을 상상하며 살았다(박상진, 계수나무). 또한, 토끼는 자라의 꾐에 빠져 용궁 속에 따라

갔다가 기지를 발휘하여 탈출하는 지혜를 상징하거나 평화로운 백성의 삶을 대입시키기도 한다.

한편, 이곳 월랑에 코끼리상도 목각으로 부설되었는데, 전통적으로 코끼리 상象의 발음이 상서로울 상祥과 같다하여 길상吉祥의 의미가 부여되었고, 권력, 명예, 그리고 인내 등의 상징성을 갖는다.

계관의 계수나무는 중국 고전에 근거하면 상록활엽관목에 속하는 금목서를 의미한다. 금색 꽃이 피는 물푸레나뭇과 식물로 계화桂花, 월계月桂 또는 계수桂樹로 불리는데, 좋은 향기가 나는 나무에 '계桂' 자를 붙이는 전통이 있다고 한다. 오늘날 통용되는 계수나무는 낙엽활엽교목으로 가장자리에 둥근 톱니가 있는 부드러운 질감의 잎을 가지고 있다. 일본식 이름이 가쓰라桂 인데, 우리나라에 들여올 때 잘못 번역되어 '계수나무'로 상용되었다는 것이 식물학계의 정설이다. 참고로 중국에서는 10대 명화로 매화와 계관의 상징 식물 계화桂花(목서)를 비롯하여 난초, 수선화, 국화, 연꽃荷花, 산다화(동백), 월계화, 모란꽃, 진달래꽃 등을 일컫는다.

이러한 관점에서 보면 누각에 펼쳐진 다양한 표징물들은 상서로운 고을의 발전, 지혜로운 목민관의 정치역량, 그리고 태평성대의 염원과 불로장생의 향유 등 다양한 상징세계를 담아내는 매개체가 되고 있다.

지상에 펼쳐진 별천지세계, 광한루 승경의 흥취를 읊은 시문이 다수 전하는데, 대표적 사례로 전라관찰사를 역임한 김종직, 정철, 원두표 등을 비롯하여 신흠, 전극항, 이하곤, 이름 모를 기녀 등을 들 수 있다.

한줄기 은하수 난간 너머 도도히 흐르고
투명한 하늘 그림자 물위에 밝게 비치네.
깊은 밤 쓸쓸한 절구소리는 어디서 들리는지
아마도 월궁에서 약 찧는 소리이겠지. _ 김종직(전라관찰사, 영의정 추증)

	❷
❶	❸
	❹

❶ 삼신선도와 오작교, 그리고 광한루 전경
❷ 호남제일루 현판과 거북등에 업혀 해저 용궁을 오가는 토끼를 묘사한 광한루
❸ 거북등에 업혀 해저 용궁을 오가는 토끼를 묘사한 광한루 월랑
❹ 광한루 누각 안에서 바라본 바깥 연못과 신선도 조망, 계관桂觀 편액

못 안 섬에 놓인 영주각과 왕버들이 어우러진 봄 풍경

은하 연못 넓혀서 밝은 달을 희롱하고

둑에 대를 심으니 맑은 바람 이네.

한 해 백성을 위무하는 남녘 순행길에

오직 맑은 바람 밝은 달빛 만 있네. _ 정철(전라관찰사, 선조 때 우의정)

하늘 계수나무 향기 자리에 스미니

밤 되어도 객은 돌아갈 줄 모르고.

된서리는 가히 천년을 찧은 약인지

하얀 달빛이 산천 멀리 빛나네.

물가에 이슬은 은하에 이어져 깨끗하고

누대는 먼 옥 무지개 위에 얹혔네.

무슨 인연으로 광한루에 내려왔는지

주렴 사이로 직녀 모습 자랑하려 하네. _ 신흠(조선중기 4대 문장가, 인조 때 영의정)

꽃향기 가득하여 옷깃에 스며들고

계수나무 그늘에 학이 깃드는구나.

옥절구 광한루에 드니 신선이 보이고

주렴을 걷으니 어둡던 달빛 환하네.

화사한 미녀는 날렵하게 춤을 추고

요술의 나공은 지팡이를 던져 나는구나.

이 누대를 처음 경영한 날을 묻지 마라

만물의 신묘한 기원이 윤회한 때이려니. _ 전극항(인조 때 예조정랑)

높은 누각 하늘 가운데 솟아 있고

칠월의 연꽃 향기 바람에 실려 오네.

송강이 심은 대 오동 그늘에 읊는 시라

품격 높은 문장이 이 가운데 있네. _ 원두표(전라관찰사, 현종 때 좌의정)

규모가 웅장하고 화려하며 두류산의 빼어난 빛이 모두 난간 사이로 보이고

요천이 넓은 들 사이로 굽이굽이 흘러 명주 띠를 펼쳐 늘어놓은 것 같네.

지류를 끌어들여 누대 아래로 흐르게 하니 물웅덩이가 큰 못을 이루고

여름이면 연꽃 무성하여 구름과 비단을 펼쳐놓은 바다를 이루니 더욱 기이한 장관이리라.

작은 누각이 못 중심에 의지해 있고 단청이 영롱한데 영주각이라 편액했고

서쪽에 있는 작은 섬의 죽림이 울창한데 송강 정철이 심은 것이라.

바람소리 옥이 구르는 것처럼 고와 운치가 있고

요천을 가로지르는 승사교가 동쪽에 있어 오작교와 서로 대치되며

아래에 지기석(베틀을 고이는 돌)이 놓여있네. _ 이하곤(조선 중후기 문신)

한가로운 달빛에 홀로 누각 오르니

수정 발 밖엔 달빛 환한 가을이로다.

견우는 한번 가면 소식이 없으니

오작교 가에 밤마다 수심만 어리네. _ 모 기생

승경, 절승 등과 혼용되는 용어인 명승scenic site은 사전적으로 '훌륭하고 이름
난 경치'로 정의할 수 있는데, 남원 광한루 명승과 운봉 지리산 일대의 풍광은 대표
적인 역사문화경관 사례가 된다. 명승 광한루 원림은 경관적으로 한국 최고의 신선
풍 관아정원으로서 호남의 4대 명원(남원 광한루, 담양 소쇄원, 강진 백운동 별서, 보길도 부용
동 윤선도원림)중 하나이자 한국의 10대 명원으로 손꼽길 주저하지 않는다.

2층 누마루 주위에는 계자 난간을 둘렀고 기둥 사이에 분합문 들창을 달아 사방이 개방되도록 하였으며, 넓은 호수 원림과 남원고을 풍광을 동서남북으로 시원하게 감상할 수 있다. 이에 더하여 북쪽으로 교룡산, 동남쪽으로 요천 물줄기 너머 금암봉을 마주하고 보다 멀리 동쪽 방향의 지리산 노고단과 반야봉을 우뚝 솟은 지표경관으로 즐길 수 있다.

예로부터 남원고을에는 광한루에서 즐기는 가을 달 풍경과 정취 등 아름다운 승경 남원팔경(또는 용성팔경)이 전승된다. 즉, 제1경 교룡산에 떨어지는 저녁노을蛟龍落照, 제2경 축천의 눈 내리는 저녁 풍경丑川暮雪, 제3경 요천 금암에서 횃불로 고기 잡는 정경錦巖漁火, 제4경 비안정 앞 요천 백사장에 줄지어 나는 기러기 정경費亭落雁, 제5경 은은히 들려오는 선원사의 저녁 종소리禪院暮鐘, 제6경 광한루 동편 하늘 위에 높이 떠 있는 가을 달 풍경廣寒秋月, 제7경 주천계곡을 따라 아홉 폭포를 이루는 구룡폭포源川瀑布, 제8경 해질 무렵 만선하여 돌아오는 순자강의 고깃배 풍경鶉江歸帆을 말한다.

남원팔경 중 제6경에 해당하는 광한추월은 가을날 동쪽하늘 주천면 월봉산을 너머 요천 인도교 앞 승월대로 달이 떠오를 때 가히 장관이었다. 즉, 옥황상제가 계신 옥경玉京에는 광한전이 있고 그 아래 오작교와 은하수가 펼쳐지며 선녀들이 춤추는 계관(광한청허부 달나라 궁전)의 절경 등 신선정원 스토리 전개와 잘 부합되는 설정이 된다.

한편, 민중 신앙의 예언서로 전승된 『정감록』에도 남원 지리산 등 10개소의 경승지를 말하는 십승지지十勝之地가 언급되고 있다. 자연을 벗하며 은둔할 수 있는 승경처이자 피난지를 지목하였는데, 전북 남원 운봉의 두류산(지리산)을 비롯하여 경북 풍기의 금계촌, 안동의 춘양면(현 봉화군), 성주의 만수동, 예천의 금당동, 충북 보은의 속리산, 충남 공주의 유구와 마곡, 강원 영월의 정동正東, 전북 무주의 무풍동茂豐洞, 부안의 변산 등이다.

잘 알려진 판소리 〈열녀춘향수절가〉에서 광한루를 무대로 펼쳐진 풍광과 정취를 포착할 수 있는데, 그 대목은 다음과 같다.

광한루에 덥석 올라 사면을 살펴보니 경개가 매우 좋다. 적성 아침날의 늦은 안개 끼어있고, 녹색의 나무사이로 저문 봄은 화류동풍에 둘러있다. … 광한루를 일컬음이라. 악양루 고소대와 오초동남수(吳楚東南水)는 동정호로 흘러갔고, 연자 서북의 평택과 같은데 또 한 곳 바라보니 백백홍홍 꽃이 어지럽게 피어있는 가운데, 앵무 공작 날아들고, 산천의 경치 둘러보니 에이굽은 반송 소나무, 떡갈잎은 아주 봄바람을 못이기어 흔들흔들거리고, 폭포유수 시냇가의 계변화는 방긋방긋 낙낙장송 울창하고 녹음방초 승화시라. 계수나무, 자단, 모란, 푸른 복숭아에 취한 산색은 장강요천에 풍덩 잠겨있고, … 영주방장봉래산이 안하에 가까우니 물어보니 은하수요, 경치는 잠깐 옥경이라. 옥경이 분명하면 월궁항아 없을소냐.

누각에는 호남제일루, 계관, 광한루 등의 편액이 걸려 있는데, '광한루'는 선조의 부마 신익성이, '호남제일루'와 '계관'은 1855년 남원부사 이상억이 누각을 중수하면서 직접 써 걸었다.

광한루의 명명과 관련하여 달나라 궁전의 경지를 추적할 수 있는 사례로 천재 여류시인 허난설헌(1563~1589년)이 여덟 살의 나이에 지은 〈광한전백옥루상량문〉을 들 수 있다. 목판본으로 제작된 상량문은 『난설헌집』에 실려 전해지는데, 동생 허균이 1605년 충천각에서 석봉 한호에게 글씨를 부탁하여 간행되었다고 하며 1606년 조선에 왔던 명나라 사신 주지번에 의해 중국에 소개되었다.

상량문의 내용은 다음과 같다.

어영차 동쪽으로 대들보 올리세. 새벽에 봉황타고 요궁에 들어가 날이 밝자 해가 부상 밑에서 솟아올라 일만 가닥 붉은 노을 바다에 비쳐 붉도다. 어영차, 남쪽으로 대들보 올리세. 옥룡이 하염

광한루 누각 안에서 바라본 자라돌, 영주섬, 오작교 전경

광한루, 오작교, 서쪽 토끼섬 전경

은하를 상징하는 못을 남북으로 가로지르는 오작교

없이 구슬못 물 마신다. 은평상에서 잠자다가 꽃그늘 짙은 한 낮에 일어나, 웃으며 요희를 불러 푸른 적삼 벗기네. 어영차, 서쪽으로 대들보 올리세. 푸른 꽃 시들어 떨어지고 오색 난새 우짖는데, 비단 천에 아름다운 글씨로 서왕모 맞으니, 날 저문 뒤에 학 타고 돌아가길 재촉한다. 어영차, 북쪽으로 대들보 올리세. 북해 아득하고 아득해 북극성에 젖어 드는데, 봉새 날개 하늘 치니 그 바람 힘으로 물이 높이 치솟아 구만리 하늘에 구름 드리워 비의 기운이 어둑하다. 어영차, 위쪽으로 대들보 올리세.

즉, 첫 부분에서 광한전 주인의 신선생활을 묘사하고 여러 신선을 초대하기 위해 광한전을 짓게 된 배경을 묘사하였는데, 이 모임에 많은 신선이 동원되고 기술자가 있었지만 상량문 지을 시인이 없자 허난설헌이 초대되어 상량문을 지었다는 내용을 담고 있다. 결과적으로 허난설헌은 상량문에서 여성으로 이룰 수 없는 현실의 한계를 뛰어넘는 가상의 선계를 설정하여 이상세계 속 주인공으로 변신하는 현실초극의 가치와 사상이 담겨 있다(출처 : 디지털강릉문화대전).

광한루 남쪽 천계의 은하를 상징하는 못은 동서 100m, 남북 60m 규모인데, 서쪽에 남북으로 연결된 오작교가 놓여있고 못 속에 삼신산(봉래, 방장, 영주)을 뜻하는 세 개의 섬이 조성되었다. 동측 섬에는 네모꼴 영주각이 자리하고, 가운데 섬(봉래선산)에는 대숲이 울창하며, 서쪽 섬에는 육모정자(방장정)를 두었다. 오작교 서쪽에 둥근 섬(일명 토끼섬)을 별도로 조성하였으며 연못가에는 노거수로 자란 수십 그루 왕버들과 느티나무, 팽나무 숲이 위용을 자랑한다.

방장산, 삼신산 등의 선경 세계를 조경요소로 대입시킨 사례로 백제 무왕 35년(634년)에 조영된 사비궁성의 남지(삼국사기 백제본기 무왕조 : 천지어궁남 인수이십리 사안식이양류 수중축도서 의방장선산〈穿池於宮南 引水二十里 四岸植以楊柳 水中築島嶼 擬方丈仙山〉)와 신라 문무왕 14년(674)에 조영된 경주 월성의 동궁 월지月池(삼국사기 신라본기 문무왕조 : 궁내천지조산 종화초 양진금기수〈宮內穿池造山 種花草 養珍禽奇獸〉)에서 찾을 수 있다.

삼신산과 연계되는 신선사상은 동양사회에서 일찍부터 존재하여왔다. 즉 3방이 모두 밑이 없는 깊은 바다이며 땅 가장 높은 곳에 백두산 천지가 있고 산정에는 대臺가 넓은 세 개의 산이 있는데, 금강산(봉래산), 지리산(방장산), 한라산(영주산)이 이에 해당된다. 특히, 삼신산에는 불로불사의 약이 있고 사람들은 모두 선인들이며 하늘로부터 신선들이 내려와 노니는 곳 이라는 상징성과 연계시켜 볼 때 광한루원의 경우 도교적 가치에 기반 한 신선정원의 진면목을 은유적으로 대입시킨 대표 사례가 된다.

삼신산과 관련하여 1666년 홍만종이 쓴 『해동이적』에 "우리 동방의 산수는 천하에 제일이라, 세상에 일컫는 삼신산이 모두 우리나라 안에 있다. 그러므로 종종 세상을 벗어나 은둔하는 선비들의 신기한 자취를 듣고 볼 수가 있으니 지령은 인걸이란 말이 허튼말이 아니다."라 하였고, 1614년 이수광이 쓴 『지봉유설』에 "세상에서 말하기를 삼신산은 우리나라에 있으니 금강산은 봉래산이고, 지리산은 방장산이며, 한라산은 영주산이라 한다."라고 적었다.

광한루원에는 왕버들, 느티나무, 팽나무, 대나무, 배롱나무, 연꽃 등이 상징수종으로 가꾸어졌는데, 남원부 고을의 평화와 안녕을 염원하는 가치와 잘 부합되는 식물들이다. 즉, ①농경사회에서 기우祈雨의 주물, 날카롭고 뾰족한 버들잎으로 잡귀를 물리친다고 믿는 벽사, 바람에 쉽게 흔들리는 풍류적 속성 등과 연계되는 버드나무, ②성목으로 자랄수록 울퉁불퉁한 수세가 위용을 자랑하며 악귀를 물리칠 수 있다고 믿는 팽나무, ③가지가 넓게 퍼지는 특성이 있고 그늘이 좋아 정자 근처와 마을 어귀에 많이 심어졌으며 고을의 안녕과 화합, 태평성대를 기원하는 느티나무, ④사철 푸르고 곧게 자란다 하여 지조와 절개, 그리고 은일풍류의 상징이 된 대나무 군락, ⑤청결과 고요, 법고창신의 가치, 끊임없이 피어나는 꽃에서 비유되는 고진감래의 정진, 붉은 꽃을 복사꽃에 빗댄 무릉도원, 하늘의 궁궐을 상징하는 자미원 세계 등을 연계시킨 배롱나무, ⑥화중군자로 불리며 애용된 연꽃 등이 상징

식물로 도입되었다.

연못에 놓인 길이 58m, 폭 2.5m 크기의 오작교는 화강암 돌로 만든 다리이지만 교각을 4개의 무지개형태(안지름 3.6m)로 뚫은 홍교인데, 상판은 횡단곡선의 중앙부가 약간 높고 가장자리가 낮은 완만한 곡선을 이루며 평탄한 노면에 율동감을 더해준다. 부부관계로 소를 끌어 농사를 짓는 견우와 베를 짜 옷을 짓는 직녀가 은하수를 사이에 두고 1년 동안 떨어져 있다가 칠월칠석날 까마귀와 까치가 놓아준 다리를 통해 만남을 한다는 전설을 간직하고 있으며, 이도령과 춘향의 사랑이 싹튼 〈춘향전〉의 무대로 알려진 명소이다. 즉, 오작교는 해마다 칠월칠석이 되어야만 견우와 직녀가 만난다는 안타까운 천상의 사랑이야기 전설을 현실 속 성춘향과 이몽룡을 통해 완성시킨 사랑의 다리이기도 하다. 오작교와 관련한 견우직녀전설을 추적할 수 있는 최초의 내용은 408년(고구려 광개토왕 18)에 축조된 평안남도 강서군 덕흥리 고구려 고분벽화에 은하수의 오작교를 사이에 두고 견우와 직녀가 그려져 있는 모습에서도 발견된다.

오작교는 우리나라에서 가장 규모가 큰 무지개 형태의 홍예虹蜺 다리이다. 홍예와 관련하여 세종 때에 이순지가 편찬한 『천문류초』에 "쌍무지개가 떴을 때에 색깔이 선명하고 성한 것은 숫무지개 홍虹이라 하고, 어두운 것은 암컷이 되니 예蜺라 한다. 쌍무지개는 음과 양이 사귀어 모인 기운이다." 라고 기술했는바, 오작교의 홍예교는 음양사상을 기반으로 고을 번영 염원과 연계되는 상징적 조영이다.

특히, 4개의 반원형 구멍을 이룬 4공교四孔橋 홍예경간 구조에서 상수 4는 땅을 상징하는 네모, 그리고 동서남북, 춘하추동, 사통팔달 등의 의미를 함축하고 있다. 여기에서 반원형 구멍은 물을 만나 원형(하늘)이 되고 완월完月(미완성 → 완성)이 되는 형이상학적 가치를 반영하는가 하면 천지인天地人 원방각(○□△)이 하나의 공간에서 조응하는 합일적 우주관을 반영하고 있기도 하다.

광한루 신선정원은 천계의 은하수를 상징하는 넓은 연못에 비친 누각과 오작교, 삼신선도의 풍광이 일품이며 누각 앞 물가에 놓인 돌 자라는 물속으로 막 뛰어들려는 모습인데, 십장생의 하나인 거북의 일종으로 영생의 장소인 선계를 표상하며, 남원고을의 화재예방과 평안을 염원하는 주술적 가치와 관련된다.

결과적으로 누각과 연못을 중심으로 펼쳐진 광한루원림은 남원부 관아에 딸린 부속정원이지만 전설 속 스토리를 현실에 펼쳐 보인 한국 최고의 달나라 신선경의 세계이다. 즉, 광한루, 계관桂觀, 청허부, 영주각, 방장정, 완월정 등의 편액과 은하수 연못에 조성한 삼신선도(봉래, 방장, 영주), 오작교 무지개다리, 돌 자라, 누각에 부설된 월랑과 거북등을 타고 유영하는 토끼와 코끼리상, 그리고 버드나무와 느티나무, 대나무와 연꽃, 배롱나무 등 상징성 짙은 식물들의 펼쳐짐이 이를 대변해 준다.

오곡계류에 펼쳐진 최고의 명원名園, 담양 소쇄원

瀟灑園

국가지정 명승 제40호, 전라남도 담양군 남면 소쇄원길 17

담양에 위치한 소쇄원瀟灑園 별서원림은 500여 년을 이어온 탁월한 문화경관 가치를 인정받아 국가지정문화재 명승으로 지정된 한국의 대표적 정원문화유산이다. 정암 조광조의 제자 양산보梁山甫(1503~1557)에 의해 초창된 원림은 옹정봉(493m) 고산鼓山을 배후로 까치봉과 성산으로 이어지는 지네모양 산줄기가 병풍처럼 둘러 있고 남쪽으로 멀리 무등산이 차경되는 요처에 자리하는데, 자연계류와 지형조건을 잘 활용하여 은일과 풍류의 거점이었다. 물길은 옹정봉과 까치봉의 산록에서 발원하는 계곡수가 남쪽으로 흘러 고암동을 거처 원림으로 입수되는 구조인데, 이 물줄기가 소쇄원의 오곡류를 형성하며 창암촌과 황금정 사이로 관류되는 순환 체계이다.

　양산보는 어려서부터 총명하고 뛰어난 문장력으로 15세 때 조광조 문하에 들어가 수학한 인물이다. 그러나 1519년(기묘년) 정치개혁을 꿈꾸던 스승(조광조)이 훈구파에 몰려 능주로 유배되자 실의에 빠져 창암촌으로 낙향했는데, 그해 겨울 스승이 사약을 받자 벼슬길의 무상함을 깨닫고 이곳을 은거지로 삼았다. 송대의 유학자 주돈이와 동진의 전원시인 도연명을 흠모하여 〈애련설〉, 〈태극도설〉, 〈도화원기〉, 〈귀거래사〉 등을 애독했다. 주돈이를 흠모한 사실은 송대의 명필 황정견이 그의 인간됨을 〈염계시서〉에서 흉회쇄락 여광풍제월胸懷灑落 如光風霽月(고결하고 가슴속이 맑고 깨끗하기가 눈비 갠 뒤의 맑은 바람과 밝은 달과 같네)에 비유했는데, 소쇄원의 중심건물 제월당과 광풍각 명명에서 드러난다.

　이러한 정황은 송시열이 쓴 양산보의 행장 "나이가 열일곱에 불과한 때 기묘사화를 당하니 원통함과 울분을 참을 수 없어 세상 모든 것을 잊고 산에 들어가 살 것을 결심하고 산수 좋고 경치 좋은 무등산 아래에 조그마한 집을 지어 소쇄원이라 이름하고 두문불출하였으며, 스스로의 호를 소쇄瀟灑라 하였다."에서 엿 볼 수 있다.

　양산보의 손자 양천운이 쓴 〈소쇄원계당중수상량문〉(1614)에 의하면 소쇄원의 입지 및 조영 등과 관련하여 다음과 같이 적었다.

서석산(무등산) 북쪽에 층층이 돌로 얽어 맨 산봉우리가 둘러 있는데 지세가 마치 소반 같은 골짜기라, 거기에서 흘러내리는 물은 맑고 차며 경치는 무릉도원과 같네. 〈중략〉 나의 할아버지이신 처사공께서 돌을 쌓아 오목하게 흙을 이겨 담장을 두른 다음 달을 볼 수 있는 곳에 집〈제월당〉을 지으시고, 마루난간에 기대어 앉아 술을 마시며 시원한 바람을 쏘이고 동산의 아름다운 경치를 시름없이 즐기셨다. 졸졸졸 소리를 내며 흐르는 개울가 바위에 봉황새를 기다린다는 대봉대를 세우셨으며, 그 옆 언덕에 관덕정이라는 사랑채를 지으시고, 마루 끝 층계 밑에 매화와 단풍나무 등을 가꾸셨다. 얼른 보기에 낭떠러지 같은 위험한 곳에 축대를 쌓아 곁채를 지으시고 대청과 방〈광풍각〉을 마련하셨다. 한벽산은 푸르다 못해 검은 소나무들이 빽빽이 들어차 있는데, 골짜기에 걸쳐있는 다리에 약작을 기대었고 누운 듯한 곳에 애양단을 쌓으셨다. 〈중략〉 여름날의 오동잎은 푸른 양산을 펴 놓은 듯 바람에 떨고 드문드문 대나무 그림자는 가을 석양을 더욱 아름답게 수놓는다. 백 척도 넘는 긴 울타리는 세상의 시끄러움을 막아주어 고요하기 그지없다.

소쇄원 초창 후 150여 년이 지난 후 5대손 양경지는 전체적인 소쇄원정경을 다음과 같은 감흥으로 노래했다.

초연하둔일超然遐遯日	초연히 멀리 숨어들던 날
정소차경영亭沼此經營	정자와 연못을 경영했다네.
수석편소쇄水石偏瀟灑	수석이 몹시 맑고 깨끗하여
방지불상명方知不爽名	이름 더럽히지 않을 줄 알았네.

소쇄원의 '소瀟(빗소리, 또는 맑고 깊은 물)'와 '쇄灑(물 뿌리다, 또는 깨끗하다)'는 송나라 공치규가 쓴 〈북산이문〉의 "맑고 시원하며 세속을 뛰어넘는 고결한 생각"에서 뜻을 취했는데, 자연풍광에 몸을 의탁하여 맑고 깨끗한 성정의 도야를 염두에 둔 가치관의 대입이다. 양산보는 30대에 원림을 완성하였는데, 언덕과 골짜기 하나하

나 자신의 발자취가 미치지 않는 곳이 없으므로 남에게 팔아넘기지 말며 어리석은 후손에게 물려주지 말 것을 유언으로 남겼다. 이는 당나라 이덕유의 〈평천산거계자손기平泉山居戒子孫記〉, 그리고 '소쇄원'의 조력자 하서 김인후(1510~1560)가 한양에 평천장을 지어 영구히 보존하기를 자손들에게 당부한 〈평천장기〉 계고문과 맥락을 같이한다.

원림은 장원봉과 까치봉 사이를 관류하는 암벽계류수를 중심으로 안팎에 터를 잡아 구축했는데, 4,200여㎡ 권역에 대숲 오솔길을 따라 펼쳐진 죽림원竹林園, 100척 담장을 끼고 대봉대와 네모꼴 연못이 펼쳐진 전원前園, 오곡계류에 광풍각 정자가 접속된 계원溪園, 제월당과 화계가 입체적으로 어우러진 내원內園 등 4개 영역의 경관짜임을 이루었다. 특히, 오곡계류를 중심으로 자연지형의 배열에 따라 석단을 쌓아 건물과 마당, 연못과 화계 등 수목석水木石을 입체적으로 배열시킨 한국 최고의 별서정원 면모를 감지할 수 있다.

소쇄원 관련 사료로는 김인후의 〈소쇄원48영〉(1548), 고경명의 무등산 기행문인 〈유서석록〉(1574), 양산보의 4대손 양진태(송시열의 문인)가 읊은 〈소쇄원 4경〉(겨울철 골짜기에 펼쳐진 얼음기둥, 밤 베개에 들리는 물소리, 비온 후 바위에 넘치는 물, 달 아래 소나무 그림자), 그리고 5대손 양경지의 〈소쇄원30영〉(1696), 1755년에 목판으로 제작된 〈소쇄원도〉, 〈소쇄원사실〉(1731) 등이 대표적이다. 특히, 원형경관의 준거가 되는 〈소쇄원도〉의 경우 초창시의 목판본을 1755년에 다시 제작한 것임을 유추하게 되는데, 배대우가 읊은 〈양내숙의 소쇄원도 시를 차운하다〉(1672), 그리고 양진태의 〈소쇄원도를 기암 배경회에게 보여주다.〉라는 시문에서 추적할 수 있다.

그대 선원先園의 그림을 얻으니

원림의 면면을 족히 알 수 있네

단壇가의 매화는 빨갛게 벌어졌고

물가의 버들은 파랗게 부풀었네

어느 산의 새들이 날아 드는가

어느 물의 물고기가 노니는가

기이하고 뛰어난 것을 논하자면

바위 폭포 정경이 여산보다 낫다 하겠네. _ 배대우(1672년)

한국 최고의 정원 상세도로 평가되는 〈소쇄원도〉를 들여다보면 상단을 할애하여 48영 소표제를 양각하였고, 태극도太極圖 계화법(자를 이용하여 궁궐, 관아, 사찰, 살림집, 정원 등을 정밀하게 그리는 기법)으로 소쇄원 전경을 정교하게 판각하였다. 우변에는 '창암촌 고암동 소쇄원 제월당 광풍각 오곡문 애양단 대봉대 옹정봉 황금정 유우암선생필蒼巖村 鼓巖洞 瀟灑園 齊月堂 光風閣 五曲門 愛陽壇 待鳳臺 甕井峰 黃金亭 有 尤菴先生筆', 그리고 좌변에는 1755년 4월 하순에 판각하였다는 내용이 부가되어 소쇄원의 원형경관을 추적할 수 있는 사료가 되고 있다.

소쇄원은 지속적으로 조선시대 최고의 명원으로 회자되었음을 확인할 수 있는데, 18세기에 발간된 〈여지도서〉와 〈해동지도〉의 창평현 지도에도 '소쇄정'이 묘사되어 있고, 우암 송시열의 다양한 필적, 그리고 이곳을 찾아 시를 읊으며 학문을 교류한 대표적 인물 송순, 임억령, 김인후, 기대승, 고경명, 김성원, 정철, 이하곤 등 엘리트 문사들이 이를 입증한다.

소쇄원이 조영되고 40여 년이 지난 시점에 기술된 고경명의 『유서석록』은 대표적인 '유산기遊山記' 사례인데, 원림의 정경을 다음과 같이 적었다.

비단결 같은 물줄기가 집 동쪽 담을 꿰뚫고 흐르는데 물소리는 구슬을 굴리는 듯 시원하게 아래쪽으로 돌아 흐르고, 그 위에 외나무다리가 걸려 있다. 다리 밑 물속에 큰 돌이 깔려 있는데 바닥에 천연의 절구통이 패어있어 조담이라 부른다. 여기에 고인 물이 쏟아져 내려가면서 작은 폭포

〈소쇄원도〉, 1755년 제작 목판본(①괴석 ②광석 ③상암 ④오암 ⑤탑암 ⑥매대 ⑦도오 ⑧애양단 ⑨긴 담장 ⑩약작 ⑪소당 ⑫하지 ⑬오곡문 ⑭투죽
위교 ⑮수대 ⑯석가산)

를 만들었는데, 떨어지는 소리가 거문고를 켜는 소리처럼 맑고 시원하다. 조담 위로 노송이 걸쳐

있어서 덮개를 덮어놓은 것 같다.

폭포 서쪽의 작은 집은 화방畵舫(채색으로 치장한 배) 같으며 남쪽에는 돌을 여러 층 높이 쌓아 올렸고

곁에 작은 정자는 일산日傘을 펴놓은 것 같다. 정자 처마 앞의 해묵은 큰 벽오동은 가지의 절반가

량이 썩어있다. 정자 밑에도 연못이 있는데 통나무 홈통으로 골짜기 물을 끌어들이고 있다.

못 서쪽에는 왕대 백여 그루가 옥돌을 꼿꼿이 세워놓은 듯 서 있어서 참으로 아름답다. 대밭 서쪽

에 있는 연못은 벽돌 수로를 통해 물이 대밭 아래를 돌아 들어가며 물레방아를 장치하여 움직이

게 해 놓았으니 소쇄원이 아니면 볼 수 없는 절경이다. 당대의 석학 김하서는 시 48수로 이곳의

풍경을 자세히 읊어 놓았다.

즉, 초창기 소쇄원의 경관구성 요소는 외나무다리, 천연 절구통 못, 폭포, 노송, 작은 집, 석가산, 정자, 벽오동, 연못, 통나무 홈통, 왕대, 물레방아 등이었는데, 이러한 요소들은 석가산, 물레방아 등을 제외하고 지속적으로 유지, 관리되며 향유되었음을 추적할 수 있다.

원형경관을 추적할 수 있는 핵심 사료 〈소쇄원도〉에는 주요 건물과 조경요소 및 주변 지형지물이 구체적으로 표현되었고, 김인후가 읊은 '소쇄원 48영' 표제가 병기되어 당시의 원림문화와 향유경관을 다각적으로 이해할 수 있는 근거가 된다. 원림을 조성하는데 많은 도움을 주었으며 사돈관계인 김인후가 대표경관을 주제별로 읊은 48영은 사실적 묘사가 돋보이고, 시공을 초월한 현학적 표현 등 높은 작품성으로 평가받고 있다. 즉, '소쇄원 48영'은 경물과 풍류 체험 등을 연계시켜 실존 경관은 물론 의미경관을 대입시킨 옛 경관 읽기의 교본이라 할 수 있는데, 날씨와 계절, 밤과 낮, 실경과 허경, 빛과 그늘, 시각과 청각 등에 대한 노래가 다양하게 펼쳐졌다. 특히, 태극의 6효와 8괘로 짜여진 48개 장면은 우주의 변화와 상생 이치를 담아낸 소우주 체계로서 소쇄원 스토리 보드에 사계절 행위요소를 조화롭게 펼쳐 보인 정원미학의 진수를 보여준다.

소쇄원48영(1548년, 하서 김인후)의 소표제는 다음과 같다.

제1영 작은 정자 난간에 기대어 小亭憑欄

제2영 시냇가 글방에서 枕溪文房

제3영 위태로운 바위에 펼쳐 흐르는 물 危巖展流

제4영 산을 등지고 있는 자라바위 負山鼇巖

제5영 위험한 돌길을 따라 오르며 石逕攀危

제6영 작은 연못에 고기떼 놀고 小塘魚泳

제7영 나무 홈통을 뚫고 흐르는 물 刳木通流

제8영   물보라 일으키는 물레방아 舂雲水碓

제9영   통나무대로 걸쳐 놓은 위태로운 다리 透竹危橋

제10영   대숲에서 들려오는 바람소리 千竿風響

제11영   못 가 언덕에서 더위를 식히며 池臺納凉

제12영   매대에서 달맞이 梅臺邀月

제13영   넓은 바위에 누워 달을 보며 廣石臥月

제14영   담장 밑구멍을 뚫고 흐르는 물 垣竅透流

제15영   살구나무 그늘 아래 굽이도는 물 杏陰曲流

제16영   석가산의 풀과 나무들 假山草樹

제17영   천연의 소나무와 바위 松石天成

제18영   바위에 두루 덮인 푸른 이끼 遍石蒼蘚

제19영   평상바위에 조용히 앉아 榻巖靜坐

제20영   맑은 물가에서 거문고 비껴 안고 玉湫橫琴

제21영   빙빙도는 물살에 술잔 띄워 보내며 洑流傳盃

제22영   평상바위에서 바둑을 두며 床巖對棋

제23영   긴 섬돌을 거닐며 脩階散步

제24영   홰나무 옆 바위에 기대어 졸며 倚睡槐石

제25영   조담에서 미역을 감고 槽潭放浴

제26영   다리 너머의 두 그루 소나무 斷橋雙松

제27영   낭떠러지에 흩어 자라는 소나무와 국화 散崖松菊

제28영   받침대 위의 매화 石趺孤梅

제29영   좁은 길가의 쭉쭉 뻗은 대나무들 夾路脩篁

제30영   바위틈에 흩어져 뻗은 대 뿌리 迸石竹根

제31영   낭떠러지에 집 짓고 사는 새 絕崖巢禽

배롱나무가 줄지어 심어진 개울(자미탄)을 끼고 창암촌을 지나 왕죽이 쭉쭉 뻗어 어우러진 숲으로부터 시작되는 소쇄원 초입에 '제주양씨지소쇄원' 표지석이 세워져 있다. 물길을 따라 좌우로 전개되는 울창한 대숲 터널은 깊고 그윽하여 속세에서 피안의 세계로 진입하는 바깥세상과 단절된 은자의 공간임을 암시하게 한다. 예로부터 대나무는 사철 푸르고 곧게 자라 맑은 덕성을 지닌 군자에 비유되었고, 세한삼우와 쌍청雙靑, 높고 뛰어난 화목 1등품梅菊蓮竹松으로 애칭되었다. 이곳

어귀의 대숲은 태평성대 봉황사상과도 연계되는데, 봉황은 용, 기린, 거북과 함께 4령四靈으로 상서로운 신조이자 길조로 비유되어 성군의 출현을 희원하는 관념론이 작용되었다. 소쇄원에는 상징적으로 봉황이 서식할 수 있는 벽오동, 대나무, 샘물, 그리고 봉황에 비유되는 성군 또는 귀한 손님을 맞이하는 장소성(대봉대) 등을 대입시켰다. 즉, 대나무 총림은 암울했던 정치적 시대상황과 좌절된 엘리트 문인의 정치적 허무주의, 그리고 태평성대의 도래를 염원하는 미래희원 등이 접합되고 있다.

대숲을 무대로 읊어진 '소쇄원48영'의 제9영 투죽위교(대숲 사이로 위태롭게 걸친 다리)는 기묘사화(1519년, 남곤, 홍경주 등의 훈구파에 의해 조광조 등의 신진 사대부들이 숙청된 사건) 같은 풍랑의 세파에서 단절된 도학의 이어짐을 염원하였고, 제29영 협로수황(오솔길의 곧은 대숲)은 자연에 귀의하여 은둔하게 된 처지를 상징하였다. 제30영 병석죽근(돌 위에 서린 대나무 뿌리)은 곧은 마음가짐을 통하여 인간적 성숙을 꾀하며 선경 도취의 즐거움을 노래하고 있는데, 도학의 견고한 이어짐과 무위자연을 염원했던 관념세계가 감지된다.

대숲을 지나면 갑자기 밝고 넓어진 명암의 대비를 만나게 되는데, 긴 담장이 ㄱ자로 꺾여 형성된 공간이다. 진입을 유도하면서 바깥세상을 분절하는 내외담 역할을 하는 담장은 설치 예술 같은 오브제 역할을 하는데, '소쇄원48영'을 목판으로 판각하여 걸어두었으나 오늘날에는 유실된 상태이다. 소쇄원도에 김하서장원사십팔영수제金河西長垣四十八詠手題가 표기되어 이를 증명한다. 담을 따라 안쪽으로 진입하면 대봉대와 작은 모정小亭, 그리고 네모꼴 연못을 마주하며, 양산보의 아들 양자징이 쓴 '애양단', 그리고 우암 송시열의 '오곡문' 명문이 담에 박혀있어 또 다른 볼거리를 제공한다.

이곳에서 만나는 경관요소로는 대나무 총림을 지나 나무홈통으로 물을 끌어들인 네모꼴 연못(상지와 하지), 대봉대에 초가지붕을 얹은 소쇄정, 쌈지마당처럼 아늑한 애양단, 길게 펼쳐진 토석담장, 학이 춤을 추는 정경의 십장폭포, 유려한 초서체

❶	❷
❸	❹

❶ 소쇄원 어귀의 죽림원 풍광

❷ 중심 건물 광풍각과 제월당 측면 경관(ⓒ강충세)

❸ 소쇄원을 분절시키는 오곡계류수 경관

❹ 광풍각과 제월당 정면 경관(ⓒ강충세)

의 소쇄원 각자 바위, 그리고 파초, 배롱나무, 벽오동, 소나무, 대나무, 동백, 살구나무 등 상징성 짙은 식물요소 등을 들 수 있다.

못에는 물고기를 길렀고 연과 순채를 심었는데, 스승과 제자의 관계(물과 물고기), 그리고 벼슬을 버리고 고향으로 되돌아온 작정자의 심정을 담아내고 있다. 대봉대 아래 도입된 또 다른 못은 오곡계류에서 나무홈통으로 물을 끌어들여 아래쪽 못으로 흘러 나가도록 하였다. 이들 상지上池와 하지下池 사이에 물길을 내었는데, 물레방아를 거쳐 계곡 낭떠러지로 물이 떨어지게 하였으며, 계류 건너 광풍각에서의 관상과 청각 효과를 고려한 배열이다.

대봉대 석단은 동대桐臺로 불렸는데, 대 위에 세워진 초정小亭 옆으로 봉황이 둥지를 틀고 산다는 푸른 벽오동을 심었다. 봉황을 기다리는 거점이며 소중한 손님을 맞이한다는 의미처럼, 소쇄원 주인은 이곳에서 귀한 손님들을 맞이했다. 오동과 봉황의 관계를 언급한 처음 기록은 『시경』에서 찾을 수 있는데, "봉황이 우니 저 높은 산등성이에서 울도다. 오동나무가 산 동쪽 기슭에서 자라니 아침 해가 뜨는 동산에 오동나무 무성하고 봉황의 울음소리 조화롭도다."에서 소쇄원의 작정의도와 연계성을 유추할 수 있다.

소정에서 계류 쪽을 내려다보면 소쇄원 암각 바위글씨를 목격할 수 있다. 바위글씨는 4대손 양진태가 읊은 시에 "우암의 수필手筆을 폭류암 남쪽에 새겼다."는 기록을 찾을 수 있는바, 우암의 글씨로 판단된다. 이렇게 볼 때 대봉대 영역은 대나무 총림과 벽오동이 짝을 이뤄 귀한 손님, 또는 태평성대의 도래를 염원하는 은자의 공간이 된다.

소정을 지나 마련된 애양단 뜰은 사시사철 햇빛이 가장 먼저 드는 양지바른 곳인데, '애양愛陽'이란 스승과 부모의 은혜에 대한 효행의 의미를 담고 있다. 이곳에 심어진 동백나무가 이를 증명하는데, 사철 푸른 상태에서 한겨울에 꽃을 피우듯 어려운 상황에서도 한결같이 공양하며 부모님 머리에 동백기름을 정성스럽게 발

라드리는 효행과 연관된다. 양산보는 효행이 뛰어난 인물로 전해지는데, 그가 지은 〈효부孝賦〉와 〈애일가愛日歌〉에서 "효는 덕과 도의 핵심이고, 교화는 효에서 시작된다."라고 하였다. 특히, 어미가 기력이 쇠하면 먹이를 잡아 끝까지 봉양한다는 까마귀의 반포지효 정신을 빗대어 부끄러운 자신의 심경을 토로했다. 『본초강목』에 의하면 까마귀는 부화한 지 60일 동안 어미가 새끼에게 먹이를 물어다 주지만 새끼가 자란 후 시간이 지나 먹이 사냥에 힘이 부친 어미를 먹여 살린다 하는데, 이러한 까마귀를 자오慈烏(자애로운 까마귀) 또는 반포조反哺鳥라 한다.

긴 담을 끼고 펼쳐진 물레방아 폭포수는 끊임없이 떨어지는 물줄기 같이 학문의 이어짐과 가문번영 기원과 연계되고, 겨울철 홈통 아래 층층이 얼어붙은 고드름을 신선이 밤에 내려와 꾸민 선경에 비유했으며, 신선사상과 연관되는 파초, 동백, 복숭아나무, 배롱나무, 그리고 강학공간의 장소성과 연관되는 살구나무, 사계절 꽃을 피우는 사계화, 지조와 은둔을 상징하는 대나무와 소나무 등이 의미경관 요소로 펼쳐져 있다.

〈소쇄원도〉와 〈소쇄원48영〉에 나타나는 조경식물은 22종인데, 주요 식물을 통해 원형경관을 추적할 수 있는 근거가 된다.

○창포 : 제34영 '격단창포激湍菖蒲'로 보아 폭포 하류의 바위틈에 심은 석창포로 판단된다.

○연 : 제40영 '격간부거隔澗芙蕖'로 보아 광풍각 아래 못을 파고 심은 백련으로 판단된다.

○파초 : 제43영 '적우파초滴雨芭蕉'로 보아 긴 담의 초입부와 제월당 서쪽에 심어졌다.

○순채 : 제41영 '산지순아散池蓴芽'라 하여 소당小塘 연못에 심었다.

○난 : 매대, 도오, 고암정사의 앞뜰에 심었다.

○ 왕대 : 제영시 '천간풍향天干風響', '협로수황夾路脩篁', '총균모조叢筠暮鳥'로
　보아 소쇄원 입구와 제월당의 북쪽, 고암정사의 동쪽 담 부근에 심어졌다.

○ 조릿대山竹 : 제32영 '총균모조叢筠暮鳥'로 보아 소정 부근에 심었다.

○ 살구나무 : 제15영 '행음곡류杏陰曲流'로 보아 오곡류 옆과 입구의 행정 등 세
　그루가 심어졌다.

○ 회화나무 또는 느티나무 : 제24영 '의수괴석倚睡槐石'에서 '개미에 물릴까 두렵
　다'라는 구절과 연계된다.

○ 소나무 : 제영시 '송석천성松石天成'과 '단교쌍송斷橋雙松'으로 보아 계정의 사
　이에 심어졌다.

○ 국화 : 제27영 '산애송국散崖松菊'으로 보아 동쪽 울타리의 노란 국화로 판단
　된다. 곧은 지조와 절개를 소나무에 견주었고, 찬 서리에도 의연한 기상을 드
　러내는 은일의 경지를 대입했다.

○ 매실나무 : 제28영 '석부고매石趺孤梅'와 제12영 '매대요월梅臺邀月'로 보아 매
　대에 심어졌고 달맞이를 하며 즐겼으며 제월당과 고암정사, 조담 옆의 축대
　등에 심어졌다.

○ 복숭아나무 : 제36영 '도오춘효桃塢春曉'로 보아 광풍각 뒤편에 심은 홍도로 판
　단된다.

○ 사계화 : 제35영 '사첨사계斜簷四季'로 보아 3, 6, 9, 12월에 붉게 꽃피는 사계화
　는 소정 근처에 심어졌다.

○ 배롱나무 : 소쇄원도 및 제42영 '친간자미襯澗紫薇'로 보아 연못과 물레방아 사
　이에 심어졌다.

○ 오동나무 : 제37영 '동대하음桐臺夏陰'으로 보아 대봉대 옆에 심어졌다.

○ 벽오동나무 : 제38영 '오음사폭梧陰瀉瀑'으로 보아 벽오동으로 판단된다.

○ 수양버들 : 소쇄원도 유정柳汀과 제39영 '유정영객柳汀迎客'으로 보아 위교와

광풍각 사이 개울가에 심어졌다.

○ 단풍나무 : 제44영 '영학단풍_{暎壑丹楓}'으로 보아 복숭아꽃 언덕 북쪽 개울가에
심어졌다.

○ 치자나무 : 제46영 '대설홍치_{帶雪紅梔}'로 보아 제월당 뒤편에 붉은 치자열매로
판단된다.

○ 동백나무 : 소쇄원도에 보면 애양단 담장가에 심어졌다.

○ 측백나무 : 매대 상단에 키 큰 나무로 묘사되었는데, 현재 고사한 측백나무이다.

또한, '소쇄원도'에 표기된 주요 원림시설은 다음과 같다.

○ 제월당_{霽月堂} : 소쇄원의 중심 건물로 주인이 거처하며 독서하는 학문수행을
겸한 정사_{精舍}의 성격을 갖는다. 당호인 제월은 '비 갠 뒤 하늘의 상쾌한 달'
을 의미하는데, 송대 명필 황정견이 주돈이의 인물됨에 빗댄 주제어로 가주
의 군자적 삶에 비유된다.

성리학을 집대성한 주자의 무이정사 사례와 같이 정사를 둔 구곡경영과 연
계된다. 주자는 복건성 무이산 계곡의 아홉 구비 제5곡에 정사를 짓고 구곡
가를 읊었는데, 산과 물의 풍광을 노래하면서 도학의 즐거움을 단계적 과정
으로 은유하였다. 이러한 추정은 내원으로 진입하는 오곡계류와 오곡문, 그
리고 제월당 서쪽 담 바깥 쪽 별도 영역의 정면 3칸 건물 고암정사(양자정의 서
실)에서 유추할 수 있다.

○ 광풍각_{光風閣} : 오곡계류변에 세운 누각으로 송나라 주돈이의 인물됨을 얘기할
때 "가슴에 품은 뜻을 밝고 맑음이 비갠 뒤 해가 뜨며 부는 청량한 바람과 같
고 비개인 하늘의 상쾌한 달빛과 같다."라고 비유한 데서 따온 명칭이다. 고
경명의 『유서석록』에 계류 가 문방을 화방_{畵舫}(채색치장을 한 유람선)과 같다고

한 것은 〈무이도가〉의 가학선(절벽에 걸친 배)에 비유한 글귀와 연계된다. 광풍각을 소재로 한 제2영 '침계문방枕溪文房'은 개울물 소리를 들을 수 있는 선비의 글방이라는 뜻을 갖는데, 2영의 시어 연어(『시경』의 鳶飛魚躍)는 자연스럽게 하늘에 솔개가 날고, 물속에 고기가 뛰노는 것처럼 천지조화의 오묘한 작용, 자유평안의 염원, 그리고 군자의 덕화德化가 널리 퍼지는 신념과 가치관의 표출이다.

○ **대봉대待鳳臺** : 귀한 손님을 맞기 위해 대를 쌓아 정자를 짓는다는 의미인데, 좋은 소식을 전해준다는 '봉황새를 기다리는 동대桐臺'와 공유된다. 한칸 규모의 대봉대 정자 곁에는 봉황이 둥지를 틀고 산다는 벽오동, 그리고 열매와 이슬을 먹이로 한다는 대나무를 심어 의미경관으로 삼았다. 〈소쇄원도〉에는 따로 엮은 초정에 소정小亭이라는 표기가 보이는데, 오늘날 새롭게 복원된 정자에는 대봉대 현판이 걸려있다. 48영의 제1영(소쇄원의 빼어난 경치 한데 어울려 소쇄정 이루었네)에 근거한다면 대봉대 위에 세워진 정자의 이름을 소쇄정으로 교체하는 것이 타당할 것이다.

예로부터 대숲에 바람이 일렁이면 흔들리는 댓잎이 마치 길게 늘어진 봉황의 꼬리 같다하여 이를 봉미鳳尾라 불렀고, 댓잎과 조응하는 바람은 봉황의 노랫소리로 여겼다. 즉, 대나무로 악기를 만들어 대숲에서 연주하는 가락과 흥취는 바람의 음률에 따라 천상과 지상을 연결하는 봉황의 노랫소리로 비유했다.

대봉대와 소쇄정 주변의 계류 변 상단에는 연못(상지와 하지)이 조성되어 물고기의 유영 모습을 관조하는 자유평안 관념의 장이 마련되었고 긴 담장을 통해 이동의 흐름을 자연스럽게 유도하고 있다.

○ **오곡문五曲門** : 담 밑으로 흐르는 계곡물 '원규투류垣竅透流' 옆쪽의 협문으로 담 안팎 영역(외원과 내원)을 이어주는 문이다. 외나무다리(약작)를 건너 매화

화계에 이르는 첫 단의 끝 담장 옆에 오곡문이 있고, 제15영에도 '오곡류'가 시어로 등장한다. 이곳은 심성수양의 장소성이 반영된 구곡문화와 학문도량의 거점으로 유추할 수 있다.

○ 애양단愛陽壇 : 대봉대 후면에 위치하는데, 길이 10m, 넓이 7m 크기의 마당을 높이 2m의 담장이 ㄱ자로 돌려 막아 아늑함을 형성하며, 추운 겨울에도 가장 먼저 햇볕을 드리우는 공간이다. '애양'은 애일愛日을 이르는 말로 "해에 비유되는 부모님께 효성으로 봉양", 또는 "늙으신 부모님을 생각할 때 세월이 흐르는 것이 애석하여 효행을 게을리 하지 않음"을 담아내고 있다.

이곳에 동백나무가 곁들여져 있고, 관념적 동기로서 겨울철 북풍을 막아주며 언제나 따뜻한 볕을 주는 해와 같은 존재로서 부모와 스승에 대한 '효행과 효심의 무대'가 의미부여 과정을 거쳐 구체화된다.

○ 도오桃塢 : 광풍각 후면 언덕에 복숭아나무를 심은 작은 동산이 있는데, 길이 10m, 너비 6m 크기를 갖는 무릉도원의 정경을 묘사하고 있다. 이러한 정경은 복숭아꽃 어우러진 직유적 풍광을 뛰어넘어 도道의 경지에 다다른 도취경과 상통하는 접점무대가 된다.

○ 매대梅臺 : 오곡문과 제월당 사이에 축조된 4단 중에서 상부 2단 화계花階를 일컫는데, 허튼층으로 막돌을 쌓아 만든 길이 20m, 높이 1m, 너비 1.5m의 규모이다. 매화나무를 주제로 난초, 복숭아나무, 측백나무 등을 가꾸었다. 오늘날 진달래, 산수유나무 등이 추가되었고, 말라 죽은 측백나무와 새로 심은 후계목(측백나무)이 자리하는데, 제12영에는 '매대요월梅臺邀月'이라 하여 동쪽에서 떠오르는 밝은 달을 맞이하였다.

조선의 선비들이 뜰에 가꾸었던 사군자 상징식물(매란국죽)이 소쇄원에 모두 등장한다. 대표적으로 제12영 매대요월에는 화계에 심어진 매화꽃 향기에 취하고 요명월邀明月(밝은 명월의 달맞이)을 즐기는 정경이 읊어지고 있다. 즉, 차

가운 겨울 한야寒夜의 요월과 한매寒梅의 정취를 노래하고 있어 세한3우松竹梅
의 가치와 고진감래의 교훈을 일깨우는 빙자옥질氷姿玉質(매화꽃에 비유되는 옥처
럼 맑은 자질과 얼음처럼 깨끗한 자태)의 상징경관을 음미하게 된다.

○ 연못(상지上池 소당小塘과 하지下池 산지散池) : 작은 정자와 대봉대 옆 물고기가 노
니는 못(2.8×2.8m)과 입구 쪽으로 내려가면 조금 큰 못 하지(5.5×4.0m)가 자리
한다. 오곡계류에서 나무홈통으로 끌어들인 상지의 물은 좁다란 물길을 타
고 내려가 하지로 유입되는데, 이곳에서 떨어지는 물이 물레방아를 돌려 계
류 하단부로 떨어지게 하였다.

〈소쇄원도〉에 의하면 소당에는 물고기가 노니는 정경이, 하지에는 물고기와
순채가 묘사되어 있는데, 스승과 제자의 관계(물과 물고기)를 비유하면서 벼슬
을 버리고 고향으로 돌아와 유유자적하는 심정을 담아내고 있다.

제6영의 소당어영小塘魚泳에는 물고기가 연못에서 한가롭게 노니는 자유평
안 정경을 관조하는 관어觀魚적 속성이 표출되고, 제11영 지대납량池臺納凉에
서는 무더운 여름날 못에 담긴 물을 바라보며 세상번뇌를 잊고 더위를 식히
는 납량지로서의 장소성이 개입된다. 제41영 산지순아散池蓴芽에는 진나라
장한이 순채국과 농어회가 그리워 벼슬을 버리고 고향으로 귀거래했다는 순
갱노회蓴羹鱸膾 고사를 간접화법으로 대입시켰다.

이처럼 두 개의 잇닿은 못은 『주역』으로부터 연원 한다. 즉, 기쁨과 즐거
움, 희열의 괘를 뜻하는 〈태괘兌卦(麗澤兌 君子以 朋友講習)〉는 두개의 못이 잇닿
은 것이 '태(兌)'이니 군자가 이를 보고 친구와 더불어 강습한다는 의미이다.
여기에서 '이麗'는 짝, 이어짐으로 연이어진 못이 '이택麗澤'이다. 즉, 인접
한 두개의 못이 서로를 윤택하게 의지하듯 친구와 더불어 학문과 덕을 닦아
성장과 발전함을 비유적으로 이르는 말이다. 고려시대 국학으로 이택관麗澤
館, 조선시대의 이택당麗澤堂, 이택재麗澤齋(순암 안정복), 이택계麗澤契 등이 있었

으며, 성호 이익 등 문사들의 토론을 위한 이택법麗澤法 등이 탐색 된다. 뜰에 도입된 '이택상주麗澤相注(두개의 못이 잇닿아 서로 물을 대어줌)' 의미는 물이 마르지도 넘치지도 않으며 서로의 부족함을 채워주는 것처럼 학문 발전과 군자의 삶, 그리고 붕우유신 가치를 대입시킨 사례이다.

네모꼴 연못형태는 '천원지방', 그리고 주희의 〈관서유감(독서의 즐거움과 학문의 근원을 맑은 샘에서 끊임없이 흘러나오는 물에 비유)〉 등에 기반 한 성리학적 가치관 경직의방敬直義方과 연계된다.

半畝方塘一鑑開(반무방당일감개)	반이랑 네모난 연못 거울처럼 열리니
天光雲影共徘徊(천광운영공배회)	하늘빛 구름그림자 연못 안에 떠 있네.
問渠那得清如許(문거나득청여허)	묻노니 이 연못이 이리 맑은 까닭을
爲有源頭活水來(위유원두활수래)	샘에서 맑은 물이 끊임없이 흘러나오기 때문이네.

○담 : 외원과 내원을 구분 짓는 경계요소로 입구에서 북동쪽 애양단까지 33m, 애양단에서 북서쪽으로 방향을 바꾸어 오곡문을 지나 매대까지 20m, 남서방향으로 제월당까지 20m 길이 ㄷ자형 담이 지형조건에 부합되는 층차를 이뤄 축조되었다. 흙과 돌을 혼합한 담의 높이는 2m 내외이고 그 위에 기와를 올렸는데, 골바람을 막아주는 방한防寒에 도움이 되며 경역을 한정하는 기능을 한다.

오곡문 담 밖 우물을 오암정이라 했고, 너른 자라바위(오암)에 5단으로 층절을 이룬 담을 쌓았는데, 신선경에 비유된다. 즉, 제4영의 부산오암負山鰲巖은 『열자』 탕문의 고사와 연계되는데, "발해 동쪽 깊은 골짜기 안에 대여, 원교, 방호, 영주, 봉래의 다섯 선산이 있다."는 내용이다. 소쇄원 오암 뒤로는 신산을 상징하는 다섯 봉우리가 존재하며, 자라우물, 자라바위鰲岩, 오곡문,

오신산, 영주산 등은 선경의 경지와 연계되는 주제어들이다.

양천운의 '소쇄원계당중수상량문'에 "긴담 백척이니 멀리 시끄러운 세상 가로막고 있네", 그리고 제영시에 "긴 담이 가로로 백자나 되고 일일이 새로운 시를 손수 써 붙여 놓았네"라고 하였는바, 소쇄원 경역이 은자의 공간임을 노출하며 긴 병풍처럼 경관미학의 아취를 경험할 수 있는 무대가 된다.

매대 뒤쪽 너른 암반에 기대어 흙과 돌을 섞어 쌓은 높은 담에는 송시열의 글씨 '소쇄처사양공지려'가 목판에 판각되어 있는데, 처사 양상보의 소박한 오두막집이라는 겸양을 내포하고 있다. 한편 담 너머에 처사공 양산보를 추념하기 위한 제단이 모셔졌다.

입구에서 애양단 까지 이어지는 담에는 김인후의 48영 제영시가 새겨진 석판이 박혀 있었으나 담장이 무너지면서 유실되었다. 이와 관련하여 이하곤의 호남지방 명소 방문기록인『남유록』(1722년)과『남행집』에서 추적할 수 있다. 즉, 이하곤(좌의정 이경억의 손자, 당대 최고의 문장가 이병연과 윤순, 화가인 정선과 윤두서 등의 교류가 주목되는 인물)은 다음과 같이 읊었다.

담장에 수십 개의 네모난 돌판을 붙였는데 색깔이 옻칠 같다. 하서의 절구 48수를 분자粉字(희고 맑은 색으로 써놓은 粉白의 글자)로 써 놓았는데, 아직 닳아 없어지지 않아 읽을 수 있으니 선인들의 풍류 호사가 이러하다. 〈중략〉 시내를 건너 동쪽으로 식영정에 이르렀는데, 그 승경이 소쇄원과 환벽당에 훨씬 못 미치지만 높은 곳에 있어 서석산의 하얀 눈빛을 대하고 있으니 두 정자가 갖고 있지 못한 것이다.

이어서 소쇄원을 주제로 율시를 남겼다.

이름난 정자 소쇄원은 그 명성 걸맞은데 앉아 있자니 그윽한 기분 절로 나네.

노송은 울창하여 고색을 잃지 않고 우뚝한 대나무 의연하여 인간 세상의 정취가 아니라네.

천문동은 푸르러 계단을 비추고 수조는 얼어붙어 물소리 들리지 않네.

담장 벽면에 하서의 필적 남아 있으니 몇 번을 읽어도 청아하네.

한편, 오준선의 〈광풍각중수기〉(1924)에 다음과 같이 적었는바, 담장의 제영시 흔적은 1920년대 까지 존재하였음을 확인케 한다.

원림의 광풍각과 제월당은 선생의 보물을 간직한 곳으로, 대대로 지키고 닦아온 노닐고 쉬는 장소이다. 벽에는 담로의 필적이 남아있고, 문미에는 우암선생의 참된 글씨가 걸려 있어 향기가 아직도 밖에까지 맑게 남아 있다.

계류 암벽에 송석거사松石居士 암각이 존재하는데, 1884년부터 1885년 까지 광주목사를 역임한 송석 송기로의 글씨로 알려져 있다. 그는 우암과 같은 은진 송씨 가문으로 장흥부사, 광주목사, 공조참의 등을 지냈으며 문집으로『송석집』이 전한다.

긴 담과 관련하여 제48영 '장원제영'에 다음과 같이 노래했다.

긴 담은 옆으로 백척이나 되어 하나하나 써 붙여 놓은 새로운 시 마치 병풍 벌려 놓은 듯하구나 비바람만은 함부로 업신여기지 마오.

일설에 소쇄원을 둘러싼 뒷동산 고암산의 지세가 왕성한 기氣를 지닌 지네혈이기 때문에 음과 양을 이어주는 돌림 살 무늬 태극형상의 담을 쌓아 기를 완화시켰다 하며, 반대쪽 마을을 지네와 상극인 닭과 연계하여 '닭뫼'로 부른다.

| ① | ② | ③ |
| | ④ | |

❶ 태평성대 봉황사상이 깃든 대봉대, 소정, 벽오동 풍광
❷ 물고기를 기르며 연과 순채를 심었던 연못
❸ 나무홈통과 바위사이로 물길을 낸 석간수(ⓒ강충세)
❹ 제월당에서 바라 본 내원 풍경(ⓒ강충세)

오곡문 담 아래를 뚫고 내려오는 계류는 피안과 차안의 세계를 이어주는 소통의 공간이 된다. 오곡계류를 너머 상단부에 자리한 제월당이 주인을 위한 공간이라면 하단부에 자리한 광풍각은 손님을 위한 사랑방 역할을 했다. 광풍각은 정면 3칸 규모로 기와지붕을 얹어 1칸 온돌방을 두었는데, '소쇄원48영'에 광풍각을 침계문방으로 표현하고 있는바, 개울물 소리를 청아하게 들을 수 있는 선비의 글방이라는 뜻을 갖는다.

까치봉에서 흘러내린 물이 암반을 타고 오곡으로 흘러 들어오는 물길은 굽이 돌아 학이 춤을 추듯 십장폭포로 이어지고 움푹 파인 웅덩이로 떨어지는데, 밤하늘의 정경을 즐길 수 있는 너럭바위와 바둑을 두던 평상바위, 사색을 즐기며 거문고를 뜯던 걸상바위 등이 펼쳐진다. 흐르고 고이고 떨어지는 물줄기를 통하여 청각을 자극하는 향연을 즐길 수 있고, 달뜨는 정경에 취하면서 바둑을 두고 거문고를 뜯으며, 유상곡수 등 풍류의 장이 마련되었으며, 더위를 식히고 휴식과 독서하는 즐거움의 오감만족 치유정원이 된다. 광풍각을 중심으로 동쪽 암반에는 불로장생 염원의 석가산을 두었고, 버드나무가 드리어지며 복숭아꽃 어우러진 둔덕을 두어 분홍빛 무릉도원을 가꾸었다.

계류에 펼쳐진 경물요소로는 오곡담장 아래 베틀 바위를 뚫고 흐르는 물길, 위태롭게 가로 놓인 외나무다리, 유상곡수遊觴曲水, 조담槽潭과 십장폭포 주변의 암석경관, 바둑과 장기를 즐길 수 있는 너럭바위, 휴식을 취할 수 있는 돌의자, 신선사상의 염원을 담은 석가산, 글방 역할을 하는 광풍각, 선경세계의 거점 자라바위와 우물, 그리고 버드나무, 살구나무, 복숭아나무, 굽 틀어진 소나무 정심수 등이다.

석가산은 유실되어 형태를 알 수 없지만 양천운의 '소쇄원계당중수상량문'에 "산을 이룬 석가산 면면에 시가 있고 글자마다 우의적인 뜻을 품고 있네石假有山 面面題詩 字字寓意."를 통해 의미경관과 연계됨을 추적할 수 있다.

소쇄원의 제2영 침계문방(개울가 글방 광풍각)은 군자의 덕성이 펼쳐지는 강학의 즐거움, 3영 위암전류(가파른 바위에 펼쳐진 계류), 14영 원규투류(담장 밑을 흐르는 물 : 인간 과욕과 허영심의 경계), 그리고 15영 행음곡류(살구나무 그늘아래 굽이치는 물)는 도학이 끊임없이 펼쳐짐을 염원하는 가치를 노래하였다. 13영 광석와월(광석에 누워 달을 보니 : 고독한 구도자의 성스러운 떨림)과 20영 옥추횡금(맑은 물가에서 거문고를 튕기고 : 백아와 종자기의 우정을 김인후와 양산보에 빗댄 사귐), 그리고 21영 복류전배(흐르는 물길 따라 술잔을 돌리니 : 문인들과 함께하는 풍류)와 22영 상암대기(평상바위에서 바둑을 두니 : 지인들과 함께 하는 신뢰), 25영 조담방욕(조담에서 미역을 감고 : 원치 않는 세파에 휘둘리지 않으려는 선비의 입장)은 바둑을 두고 거문고를 타며, 술잔을 돌리거나 달빛 정경을 취하면서 도학의 완성과 월궁 세계로 다다르고 싶은 심정을 읊었다. 16영 가산초수(가산의 풀과 나무 : 소쇄원을 비유한 신선경), 33영 학저면압(물가에서 졸고 있는 오리 : 물아일체 속 자연에 몰입하는 도학의 경지), 34영 격단창포(세찬 여울가에 핀 창포 : 권세와 아첨 없는 은일의 경지), 38영 오음사폭(오동나무 아래 비스듬히 쏟아지는 폭포 : 봉황이 날개 펴는 태평성대 염원), 그리고 44영 영학단풍(골짜기에 비치는 단풍 풍경 : 승경 속에서 즐기는 심성수양) 등은 자연에 귀의한 도학자의 삶과 신선의 도취경을 묘사하였다.

오곡계류 외나무다리를 건너기 전 애양단 뜰 모퉁이에 살구나무를 심었다. 살구나무는 '도학에 심취한 학자의 고향' 또는 심신에 지친 병을 고쳐주는 '의원의 집' 등을 상징하는데, 건강과 안전에 조심하라는 경고의 의미를 뛰어넘어 위태로운 정치적 상황, 그리고 도학 단절의 안타까움을 은유적으로 표출하고 있다.

대봉대와 애양단을 지나 방향을 틀어 오곡계류에 놓인 외나무다리를 건너면 매화 어우러진 화계가 나타난다. 화계의 동쪽에는 자라모양을 한 괴석이 중량감 있게 자리하고, 군자를 상징하는 매란국죽, 그리고 장수, 번영, 표리동表裏同한 인간 삶의 가치관을 대입시킨 측백나무가 심어졌다. 소쇄원에 심어진 소나무와 측백의 상징성은 『논어』 〈자한〉편의 '세한연후 지송백지후조야歲寒然後 知松柏之後彫也'에서 추적할 수 있는데, 녹음이 우거진 여름과 단풍의 가을을 지나 추운겨울이 오면 비로소 푸른 소나무와 측백의 진가를 알게 된다는 의미이다. 여기서 유래된 고사성어가 바로 '세한송백歲寒松柏'인데, 군자 혹은 올곧은 선비의 진면목은 어려운 시기가 되었을 때 드러난다는 의미로 통용된다.

화계 뒤쪽으로 20여m 길이의 담이 둘려있는데, '소쇄처사양공지려瀟灑處士梁公之廬' 명문이 도입되었고, '소쇄원' 바위글씨와 '제월당', '광풍각', '오곡문' 등 우암의 필적이 전해진다.

이곳에 심어진 매화와 대나무, 그리고 바위는 인간 삶의 삼익우三益友로 비유되었다. 즉, 『논어』〈계씨〉편의 매죽석梅竹石에 빗대어 정직하고, 믿음직하며, 박학다식한 사람을 벗하면 유익하나, 간사하고, 우유부단하며, 수다스러운 사람을 벗하면 손해가 된다 하여 삼손우三損友로 비유했다.

담을 두른 안뜰은 제월당(정면 3칸, 측면 1칸)과 화목류가 가꾸어진 화계를 중심으로 조성되었다. 제월당(비 갠 하늘의 상쾌한 달빛 정경을 품으며 드러난 집)은 양명한 남향집인데, 감나무와 대나무가 어우러진 뒤뜰을 가꾸었으며, 서쪽에 이국적 정취가 풍기는 파초를 심어 적우파초積雨芭蕉와 같은 빗소리 정취를 취했다. 파초는 무더운 여름날 시원스레 내리는 소낙비의 대상이며, 겨울날 죽은 것처럼 처져 있지만 이른 봄 새순이 돋아나고 불에 탄 뒤에도 속심이 다시 살아 새 생명을 이어가기 때문에 기사회생을 상징한다. 『법구경』의 "파초는 열매를 맺어 죽고 대나무와 갈대도 그러하며 중생은 탐욕 때문에 스스로 죽는다."는 법문처럼 세속적 탐욕으로 부터의 탈피를 주문한다.

주인의 공간 제월당은 소쇄원 안팎을 내려다보거나 올려다보며 원림을 둘러볼 수 있는 경관 관찰점이 되는데, 멀리 까치봉 등의 차경借景을 통하여 피안과 차안의 세계를 원경, 중경, 근경 등 사시경관으로 향유하는 거점이 된다.

소쇄원의 경관구성과 향유 양상은 1636년 양경지가 엮은 『방암유고』(4대손 양진태의 제영시 30수 수록)에서 확인할 수 있는데, 내원 및 외원영역 30경은 다음과 같다.

❶
❷
❸

❶ 송시열의 글씨 소쇄처
사양공지려瀟灑處士梁
公之廬 명문과 매대
❷ 중심건물 제월당 전경
❸ 주인의 공간 제월당 측
면 정경(ⓒ강충세)

❶ 제월당에서 바라본 뒤뜰 정경
❷ 광풍각 측면 경관(ⓒ강충세)

1.지석리 2.창암동 3.소쇄원 4.제월당 5.광풍각 6.애양단 7.대봉대 8.오곡문 9.척령애 10.독목교 11.자죽총 12.부훤당 13.한천사 14.죽림사 15.후간장 16.산리동 17.석구천 18.장목등 19.옹정봉 20.통사곡 21.진사록 22.봉황암 23.가자등 24.고암동 25.영지동 26.장자담 27.한벽산 28.오암정 29.발리봉 30.황금정이다.

이중 제3영(소쇄원)에서 제13영(한천사) 까지 11개의 경물이 원림의 내원을, 그리고 19개 경물이 외원 대상인데, 이곳의 광역 문화경관을 이해할 수 있는 요소들이다.

또한, 내원을 중심으로 펼쳐진 경관 요소는 ①광풍각과 제월당, 부훤당과 고암정사, 작은 정자와 대봉대, 오곡문, 애양단과 긴 담장, 외나무다리, 매대와 도오 등 시설요소, ②괴석과 자라바위, 광석과 상석, 석가산, 돌의자, 돌계단과 돌길 등의 석물요소, ③오곡계류, 작은 연못, 조담, 폭포, 물레방아 등 경관요소, ④대나무, 매화, 난, 파초, 살구, 동백, 측백, 소나무, 벽오동, 단풍나무, 회화나무, 배롱나무, 버드나무, 사계화, 치자, 연, 창포, 순채 등 식물요소, ⑤새와 물고기, 오리, 당나귀 등 동물요소 등을 들 수 있다.

결과적으로 소쇄원은 토지이용의 열림과 닫힘, 분할과 통합을 이루며 지형조건과 조화롭게 통합되는 경관구성 체계를 형성한다. 경물요소들은 물리적 차원의 관계생성으로 이해해 볼 때 제월당과 광풍각, 광풍각의 안과 밖, 계곡과 화계, 인공물길과 자연물길, 담장과 석단, 투죽위교透竹危橋와 약작略灼, 화계花階와 화오化塢 등이 대조를 이루며 역동성과 층차를 형성한다.

즉, 지형을 따라 단차변화를 보이는 제월당과 광풍각은 확연한 대조를 보이는데, 아랫단의 광풍각은 내부지향적 구조이면서 상하 좌우 경물을 취할 수 있는 환경環景의 역동성이 추출된다. 주인의 학문과 사색을 겸한 정적인 공간으로서 상단에 자리한 제월당은 원림 내외부 경관을 두루 취할 수 있는 구조를 뛰어넘어, 담장 밖 외부경관을 즐길 수 있는 차경의 조망이 돋보인다. 제월당이 가장 위쪽에 있어 밝은 곳이라면, 아래쪽에 위치한 광풍각은 손님을 맞아 시와 가무를 즐기는 유희의 동적 장소이며, 그늘이 드리워진 음영을 전제로 구성되었다. 수水의 계곡과 산山의 화계 또한 대조 양상인데, 소나무가 가꾸어진 계곡이 굴곡과 자연미를 극대화 시킨 구성이라면, 화목이 심겨진 화계는 수직적 단차를 활용하여 입체적 아름다움을 연출한다.

계곡에서 흘러내리는 물은 담을 투류하며 연속성을 유지하고, 의도된 물길과 자연 계류수의 변화하는 물소리 콘트라스트로 심신을 정화한다. 이곳의 수경연출을 통해 흐르고, 고이고, 떨어지는 물의 속성은 『도덕경』에서 거론한 상선약수의 의미를 떠올리게 한다. 낮은 곳으로 임하는 물의 속성을 인간 삶에 비유하여 거선지居善地(낮은 곳으로 임함), 심선연心善淵(못처럼 깊은 마음), 여선인與善仁(아낌없이 은혜를 베품), 언선신言善信(신뢰를 잃지 않음), 정선치正善治(세상을 깨끗하게 함), 사선능事善能(놀라운 능력을 발휘), 동선시動善時(얼 때와 녹을 때를 앎)에 대해 설파했다. 즉, 가장 아름다운 삶은(上善) 물의 속성과 같은 삶을 영위하는 것(若水)을 의미한다.

뒷동산 옹정봉과 까치봉에서 발원하는 계류수는 오곡담장을 투류하여 십장폭포로 떨어져 절구통처럼 생긴 조담을 거쳐 낮은 곳으로 굽이굽이 5곡류를 형성한다. 또 다른 물줄기는 나무 홈통을 통해 물고기와 순채를 키우는 못에 입수되어 물레방아 수대를 통해 광풍각 방향으로 떨어져 창암촌 방향으로 흘러나가는 수경관 체계를 통해 상선약수의 격물치지 사유와 소리에 기반 한 오감만족의 정원미학을 체감하게 된다.

수직적 구성요소 석축과 수평적 구성요소 담장이 소쇄원의 영역을 구획하는데, 담장은 안과 밖을 경계 지으면서 아늑한 차폐감과 안락감으로 다가온다. 광풍각과 제월당 영역을 구획하는 담장은 안팎 사이의 구별이 불명확한데, 상보적 2원성으로 원림 내부와 외부를 나누거나 리드미컬한 연속성을 부여한다. 또한 계곡을 가로 지르는 투죽위교와 약작은 물길의 직류와 곡류에 놓여 직直과 곡曲의 대조로

❶ 대봉대 소정에서 바라본 소쇄원 암각 글씨와 물을 끌어들인 비구
❷ 소쇄원 어귀길 대숲의 가을 풍광

표출되는데, 학문수행의 어려움은 물론 암울한 시대상황과 도학 단절의 우려가 감지된다. 입체적 조경요소로 펼쳐진 화계와 화오는 높낮이가 다른 제월당과 광풍각, 그리고 안뜰과 뒤뜰에 완충막을 만들어 통합 경관을 연출하는데, 매화와 복숭아꽃 등이 어우러져 무릉도원의 이상향을 한껏 표출한다.

소쇄원의 원림미학은 기승전결로 이어지는 은일의 정원으로 귀결 지을 수 있다. 즉, 대나무 총림이 우거진 숲속 고갯길 협로를 너머서면 낭떠러지 계류 너머 은자의 공간을 마주하게 되는데, 밝고 평온한 전착후관의 정경이 펼쳐진다. 기起의 공간에 해당하는 대숲 길을 서서히 통과하여 안쪽 길을 따라 깊숙이 직진으로 관입을 시도하면 긴 담장과 계류 사이로 네모꼴 연못과 대봉대, 소정小亭과 벽오동, 노거수로 자란 배롱나무 등을 만나게 되고, 이어서 굽 틀어진 소나무와 동백, 살구나무 등이 어우러진 애양단 앞 양명한 마당을 마주하게 된다. 여기에서 'ㄱ'자로 꺾어 내원으로 향하게 되는데, 옹정봉과 까치봉 두 산줄기에서 발원하는 오곡계류를 가로질러 외나무다리를 통과하게 된다. 이 다리를 넘어서면 사군자화로 가꾸어진 화계를 마주하게 되고, 높고 낮은 층차 위에 생활공간(제월당)과 사랑방(광풍각)이 자리하는데, 복숭아꽃 어우러진 무릉도원의 경지, 즉, 결結에 해당하는 원림의 중심공간이다. 이처럼 원림은 이완(대나무 숲길 : 竹林園) → 완충(긴담장과 연못, 대봉대와 정자 : 前園) → 긴장(오곡계류 낭떠러지와 외나무다리 : 溪園) → 안도(제월당과 광풍각, 화계와 화오 : 內園)로 이어지는 정서이입과 이동체계를 통해 고도로 함축된 은자의 공간임을 표출한다.

오늘날 담장 밖 서쪽 후원後園 권역에 양산보의 아들이 경영한 부훤당(1570년경 건립된 셋째아들 양자정의 서실)과 고암정사(1570년경 건립된 둘째아들 양자징의 강학처) 옛 터가 빈자리로 남아있다.

소쇄원 원림은 정암 조광조의 성리학적 학통을 이어받은 은일처사 양산보의 작은 초정(소쇄정)으로부터 아들(양자징과 양자정)과 손자(양천운)에 이르는 70여 년간의 시계열적 산물로서 500여 년의 역사와 느낌을 간직하며 이어온 별서 주제정원에 해당된다. 즉, 선경세계로 들어가는 예사롭지 않은 정경으로부터 광풍제월과 소쇄의 가치를 의미경관 요소로 대입시켜 구축한 원림풍경과 정취는 자연의 질서로 나아가고자한 작정자의 인문학적 소양과 경관미학적 토지예술land art 안목으로 부터 연유된다.

명옥鳴玉 계류에 펼쳐진 별천지 세계, 담양 명옥헌 원림

鳴玉軒 園林

국가지정 명승 제58호, 전남 담양군 고서면 후산길 103

명옥헌鳴玉軒이 자리한 담양 산덕리 후산마을 어귀에는 당산목 느티나무가 우뚝하고 방죽을 따라 수백년된 왕버들 숲 띠가 수구막이 역할을 하며 펼쳐진다. 이 방죽과 숲은 마을의 안과 밖을 경계 짓는 완충 막 구실을 하는데, 마을의 풍요와 안녕을 기원하는 풍수적 비보신앙이 연계되며, 환경 심리적 안정성을 도모하고 주거환경의 쾌적성과 생태적 건전성을 확보하는 토속경관으로 표출된다.

　마을 안쪽 길을 따라 깊숙이 왼쪽으로 진입하면 수령 600여 년의 은행나무 노거수가 서있는데, '인조대왕 계마행繫馬杏'으로 불리는 나무이다. 즉, 인조가 능양군 세자시절에 명옥헌에서 500m 가량 떨어진 살림집 은행나무에 타고 온 말을 매어 놓았다 하여 붙어진 별칭이다. 은행나무와 인접하여 상수리나무 계마상繫馬橡 일화가 있으나 관련 기록은 전해지지 않는다. 오늘날 후산리 은행나무를 안내하는 표지판에 오희도의 후손들인 논산현감 오대경, 능주목사 오현주, 승지공 오정원, 참판공 오한원 생가 터라는 내용이 추적된다.

　계마행은 고경명(임진왜란 때 의병장)의 손자 고부천이 쓴 『월봉집』에서 확인할 수 있는데, 1622년 지방 산수를 잠행하던 능양군(인조, 1595~1649)에게 오희도를 추천하여 삼고의 예를 받았으며 집 앞 커다란 감나무에 말을 매어 놓았다는 내용이다. 이 글에서 인조대왕 계마수는 현존하는 은행나무가 아닌 커다란 감나무大柿로 기록되어 있는데, 고사한 감나무 대신 은행나무를 대체 수종으로 하여 계마수 의미를 계승한 것이 아닌가 하는 유추를 가능케 한다.

　은행은 열매가 살구와 비슷하고 표면에 은빛 가루가 덮여 있어 붙어진 이름인데, 잎이 오리발을 닮아 압각수로 불린다. 공손수公孫樹라는 별칭도 있는데, 장수목이며 심은 사람 당대에는 결실을 보기 어려우나 자손대대로 열매를 거둔다는 의미를 갖는다. 은행나무와 관련하여 강학 및 제향처(성균관, 향교, 서원 등)에 많이 등장하는 행단을 들 수 있다. 대표적 사례로 조선시대 도화서 화원 출신 겸재 정선(1676~1759)이 그린 '행단고슬杏壇鼓瑟'은 은행나무 아래서 강학하는 공자의 모습을 확인할 수 있다. '행단고슬'은 '은행나무 단상 아래서 거문고를 연주하다.'라는 의미를 갖는다. 또 다른 그림 〈공자성적도〉에 '살구나무 단상에서 예악을 가르치다.'라는 의미로 '행단예악'이라 하였는바 '행단'은 강학처를 의미하는 상징공간으로 자리매김하는 양상이다. 『장자』의 〈어부편〉에 "공자가 치유의 숲에서 노닐며, 행단에 앉아 휴식을 취했나니, 제자들은 글을 읽고 공자는 거문고를 타며 노래했다."라고 하였는바, '행단예악'의 출처를 확인할 수 있다.

'행단'에 심어진 나무의 경우 '공자성적도'에서는 살구나무인데 반하여 '행단고슬'에서는 은행나무로 그려졌고, '행단'이 유래된 공자묘(산동성 곡부) 대성전 설명에는 살구나무로 표기되어 있다. 정선의 '행단고슬'처럼 우리나라의 성균관, 향교, 서원 등에는 은행나무를 주로 심었다. '행杏'과 관련하여 중국에서는 살구나무로, 우리나라에서는 살구나무와 은행나무로 통칭했는데, 이에 대하여 조선시대 이수광과 이유원 등이 문제를 제기한 기록에서도 확인된다.

마을 안쪽 길을 따라 오른쪽 방향으로 깊숙이 들어가 나지막한 언덕 모퉁이를 돌아서면 고즈넉 마을 풍경과는 다른 별천지 세계 명옥헌 원림이 펼쳐진다. 이른바 진입할수록 점점 후면이 넓어지는 국면을 마주하게 되는데, 첫 감흥은 네모꼴 연못과 정자가 수백년 고목(배롱나무) 숲에 감싸여 몽환의 세계로 이끌린다. 연못 오른쪽에는 배롱나무와 소나무 숲 사이로 정자에 다다르는 오솔길이 방문객을 안내한다.

원림은 명곡 오희도(1583-1623)로 부터 연원하는데, 모친상을 당한 후 외갓집이 있던 이곳 후산마을 뒷동산에 추모의 집 망재忘齋를 짓고 자연을 벗하며 학문에 정진하는 삶을 살았다. 호로 사용된 '명곡明谷'은 그가 태어난 나주의 대명곡과 관련되는데, 부친이 돌아가신 후 3년간의 시묘살이 과정을 지켜보던 사람들이 '명곡효자'라고 별칭 한 것에서 연원한다. 명곡은 과거시험을 위한 학문에 뜻이 없었고, 현실 정치와도 거리를 두는 삶을 영위했는데, 후학을 가르치며 잡념 없이 유유자적하는 삶을 즐겼다. 그의 마음이 잘 표현된 〈망재야영〉이란 시가 전해진다.

요순은 누구인가	주공과 공자는 나의 스승인데
천년동안 한결같은 저 물과 달	태극의 하늘같이 한결같은 이 마음

명곡은 1623년(인조1년) 늦은 나이에 알성문과에 입격한 후 예문관 관원으로 나아갔으나 1년도 못되어 천연두에 걸려 사망하였다. 이를 애석히 여긴 아들 오이정이 부친을 추모하면서 자연 경관을 시원스럽게 조감할 수 있는 마을 뒷동산에 기대어 별서 원림을 조성했다. 그는 많은 글을 남기지 않았지만, 〈집상인에게 부치다〉라는 시를 포함하여 모두 3수의 시를 남겼고, 유불선 3교를 넘나드는 담백한 공간 철학과 시상을 엿 볼 수 있다.

머뭇거리는 발자취 본래 의지할 곳 없으니	바리 행장이야 수풀 속에 의지 할 뿐
티끌 같은 잡념마저 물 따라 흘러갔고	신선의 지팡이는 흰 구름만 좇나니
누추한 몸이나마 형상은 옛 그대로지만	온갖 산에 올랐으니 도의 기운 충만하네
이 세상 어찌 골몰만 하겠는가	이 해 지물면 함께 가자 기억하세

대제학을 지낸 정홍명(송강 정철의 아들)의 〈명옥헌기〉에 의하면 "명곡이 세상을 떠난 후 넷째 아들 장계 오이정이 벼슬할 뜻을 버리고 구원에서 뜻을 지키며 살 것을 결심하여 맑은 물이 흐르는 후산 산록에 터를 잡고 선친의 넋을 위로하기 위해 초헌을 지었다."라고 하였다. 옥구슬 굴러가듯 청명한 물소리가 들리던 원림은 세월이 흘러 퇴락하였는데, 논산현감을 지낸 오대경(1689~1761) 대에 이르러 연못을 크게 확장하고 정자의 중수 과정을 거쳤다. 이러한 과정은 영의정을 지낸 김재로의 〈명옥헌 중수기〉에서 확인할 수 있는데, "명중이 아버지의 뒤를 이어 호를 '장계'라 하고 헌의 이름을 '명옥'이라 했다. 장계공이 세상을 떠난 지 100년이 지나 헌, 당이 허물어져 볼품없게 되어 공의 손인 현감 대경이 중수하였다"라고 하였다. 또한,

『창평읍지』(1759) 누정조에 "명옥헌은 창평 현청에서 북쪽 5리 목맥산 아래의 장계동에 있는 생원 오이정의 별서이다. 이에 대하여 기암 정홍명이 지은 기와 시가 있다. 1748년(영조25년)에 오이정의 손자 오대경이 별서를 철거하고 새로 작은 정자를 지었다. 명옥헌의 중수기는 봉조하(정이품이상 벼슬아치에게 퇴직 후 주는 벼슬) 김재로와 판서 유척기가 남겼다."라고 하였다.

지역 명소로서 자리매김하고 있는 명옥헌의 위상을 추적할 수 있는데, 비변사인 방안지도(국정과 군무를 총괄했던 비변사 에서 편찬한 지도, 1745~1765)의 창평현 읍치 북쪽 목맥산 자락에서 명옥헌 지명을 확인할 수 있다.

이렇게 볼때 명옥헌은 명곡 오희도를 애도하며 선양하려는 후손들의 은일 처소이자 추모공간으로 출발하여 직계 후손들(오이정→오기석→오대경)의 정성이 누적된 효문화 별서원림의 대표 사례라 하겠다.

조선시대 문사들은 자신의 은일적 삶과 연계된 승경지에 별서와 누정 등을 경영하는 경우가 많았는데, 송강 정철(1536-1593)의 기문을 통하여 목적하는 바를 엿 볼 수 있다.

> 사대부로 사회에 진출하였으나 능력을 발휘할 기회를 얻지 못할 때 그 자리를 버리고 시골로 돌아가 거처하는 사람은 반드시 명산이나 여수 근처에 자리를 잡고 지관池館이나 원유園囿의 낙을 찾는 것에는 두 가지 까닭이 있다. 하나는 청한적막淸閑寂寞을 즐기기 위한 것 이고, 또 하나는 우시연궐憂時戀闕을 펴기 위해서 이다.

즉, 자연을 벗 삼아 은일하기 위해 경치 좋은 곳에 별서(연못과 누정)를 경영했는데, 깨끗하고 고요한 삶을 누리면서 나라의 시국을 걱정하는 생활철학과 연계된다. 이러한 의도는 명옥헌 별서원림에서도 동일하게 감지된다.

정자이름 '명옥'은 진나라 시인 육기의 〈초은시招隱詩〉 '산속의 계곡 물은 맑

은 소리 내고, 떨어지는 폭포수는 명옥을 씻어 내리네' 에서 연원하는데 그 내용은
다음과 같다.

> 산속의 계곡 물은 맑은 소리 내고
>
> 떨어지는 폭포는 명옥을 씻어 내리네
>
> 슬픈 소리는 신비로운 물결 따라 흐르고
>
> 울리는 음향은 깊은 계곡으로 내려가네
>
> 지극한 즐거움 부귀영화에서 오는 게 아니니
>
> 어찌하어 청정 무위를 멀리 하겠는가 〈후략〉

명옥헌은 다른 정자들에 비해 문학작품이 많이 산출된 곳은 아니지만, 몇몇 시
문을 통해 자연의 소리를 벗하며 자연과 합일되는 무위자연의 초세적 삶을 누리고
자 한 작정자의 가치관 등을 엿볼 수 있다. 즉, 정홍명의 시와 〈명옥헌기〉를 통해
자리잡기와 풍치, 작정자의 사상과 인간상, 그리고 상징성 짙은 의미경관 등을 추
적할 수 있다.

> 서석산이 동남쪽으로 내려오며
>
> 둥근 언덕에 푸른 물이 서로 돌아가고 다시 오네
>
> 한 곳은 숲 우거진 구릉 주발형의 산록이요
>
> 세 서까래로 엮은 초당은 눈 쌓인 낭떠러지에 기대었네
>
> 묻노니 누가 주인이 되어 그 곳에 거처 하였는가
>
> 명곡처럼 높은 사람이 맑음과 한가로움 접했네
>
> 어려서 글 배우며 영특함 날렸는데

다른 이와 이름 다투기 싫어 몸을 감추었다네

우리 무리 중에 오명중이란 사람 본래 가난하지만 깨끗이 사는 사람이었네. 자기의 곧은 뜻 지키기 위해 시골에 묻혀 살며 출세하려는 욕심 없이 후산 기슭에 거처를 옮겨 몇 간 되지 않는 조그마한 집을 지었네, 그 집 뒤 한천寒泉의 가득 찬 물 울타리 따라 흘러내리는데 흐르는 물소리 마치 옥이 부서지는 소리 같아서 듣는 이 자신도 모르게 더러움이 사라지고 청명한 기운이 스며드네.

맑고 깨끗한 옥구슬 물줄기 소리를 즐길 수 있는 수신양성의 거점 명옥헌은 정면 3칸, 측면 2칸의 팔작지붕 정자인데, 마루로 퇴를 돌리고 중앙에 방실을 두어 4계절 활용이 가능한 꾸밈새이다. 정자와 연못 주변에 노거수로 펼쳐진 배롱나무는 한여름 붉은 꽃으로 절정을 이루는데, 수십 그루의 굽 틀어진 배롱나무 줄기와 꽃대궐 같은 정경은 연못 속으로 투영되어 장관을 배가하여 연출한다. 즉, 천계의 북쪽에 펼쳐진 자미원紫微垣(천상의 별자리가 땅에 드리워진 형국)의 세계를 현실 속에 대입시킨 도원경을 창출한다.

정자에는 삼고三顧라고 쓴 현판을 달았는데, 인조仁祖가 능양군 세자시절 학식이 뛰어난 창평의 오희도를 2~3차례 방문하여 '삼고초려'의 예를 했다는 전언에서 연원한다. 이와 관련하여 오희도의 문집 『명곡유고』(1902)에 '삼고'가 등장하는데, 촉한의 유비가 제갈량을 책사로 얻기 위해 누추한 집을 세 번이나 찾은 데서 유래한다. 유비는 제갈량을 얻은 후 수어지교(물과 물고기의 관계)에 빗대었는데, 인재를 찾는 안목과 인내하며 최선을 다한 인재등용의 진심이 담겨 있다.

이곳에는 임진왜란 때 의병장으로 활약한 강항(1567-1618), 김삿갓으로 잘 알려진 김병연(1807-1863), 조선후기 대표적 여류시인 박죽서, 안중근 의사를 추모한 청나라 원세개 등의 시가 주련으로 걸려있는데, 시대적인 상황을 고려할 때 근대에 부착된 것으로 판단되며 몇 몇 내용은 다음과 같다.

섭란사적涉亂事迹 _ 강항

節義高秋霜露底 (절의고추상로저)	절의는 높아 가을서리와 이슬을 능가하고
對花猶道是吾師 (대화유도시오사)	꽃을 대하는 것 도와 같아 스승이라 부르네

자탄自嘆 _ 김병연

嗟乎天地間男兒 (차호천지간남아)	아 슬프다 천지간 남자들이여
知我平生者有誰 (지아평생자유수)	내 평생을 아는 사람 그 누구인가

제야除夜 _ 박죽서

萬古消磨應是夢 (만고소마응시몽)	만고에 쌓인 시름 모두가 꿈인 것을
人生老在不知中 (인생노재부지중)	인생은 모르는 사이에 늙어만 가네

만시輓詩 _ 원세개

身在三韓名萬國 (신재삼한명만국)	몸은 한국땅에 있으나 이름은 만국에 날렸네
生無百歲死千年 (생무백세사천년)	살아 백년 못 넘겼지만 죽어 천년 살으리

이곳은 배롱꽃이 흐드러지게 어우러진 주제정원 성격이 강하게 표출되는데, 공간적 분할이 명확하지 않지만 정자를 중심으로 커다란 연못과 배롱나무 노거수가 펼쳐진 전원前園, 삼고초려와 부모님의 추모사상이 내재된 명옥헌 건물과 내원內園, 그리고 명옥계류를 끼고 방지원도형 소규모 연못에 석가산이 어우러진 후원後園의 구성을 보여준다. 담을 두르지 않은 원림은 정자를 중심으로 상단과 하단에 조선시대 대표 양식인 '방지원도형方池圓島形' 연못을 별도로 조성했는데, 계류를 타고 흐르는 암반수를 연못으로 끌어들여 배롱나무를 주제로 분홍빛 경관을 개방감 있게 창출했다.

①	③
②	④

❶ 배롱꽃 어우러진 명옥헌 정자와 연못 일원의 풍광(ⓒ강충세)
❷ 명옥헌 초입에서 바라본 연못 풍경(ⓒ강충세)
❸ 정면에서 바라본 명옥헌 정자의 근경
❹ 후면에서 바라본 명옥헌 정자 근경

원림의 초입에서 처음 만나게 되는 커다란 연못은 동서 20m, 남북 40m 크기로 중심부에 원형 섬을 두었으며, 수백년된 배롱나무 무리가 어우러져 자태를 뽐내고 있다. 봉래선산 섬에는 잘 생긴 배롱나무가 정심수로 심어졌고, 나무 아래 괴석이 놓여 있어 선경의 이상세계를 중층적으로 담아내고 있다. 오른쪽 방향으로 조성된 오솔길 사이에는 굽 틀어진 노송이 줄지어 서있고, 배롱나무 숲 터널은 선경세계의 관문 같은 역할을 하고 있는데, 불로장생의 상징성 짙은 괴석들이 줄지어 나열되었다.

세한삼우의 송죽매松竹梅 조합에서 짐작할 수 있듯이 소나무는 한겨울에도 변함없이 푸른 모습을 하며 절묘한 조화를 만들어 내는데, 예로부터 운치있게 자란 노송은 대학자의 품격과 같은 숭배와 존경의 대상으로 찬미되었다. 학이 서식하는 소나무는 엎드린 거북형상으로 비유되는데, 십장생의 하나로 전통정원에서 장수의 상징물로 애용되었다. 따라서 이곳에 심어진 노송은 학자수로서의 의미부여와 일찍 타계한 부모님을 추모하는 은자의 공간임을 유추할 수 있는 대목이다.

정자는 주변 자연경관과 문화경관을 두루 관조할 수 있는 자리잡기 구조인데, 주변에 펼쳐진 농경지와 예쁘장한 동산을 올려다보거나 내려대 보면서 원경과 중경, 그리고 근경을 시원스럽게 취할 수 있는 전망대 역할을 한다. 남동쪽을 관류하는 물줄기는 오래된 배롱나무 숲을 헤치고 늘 푸른 석창포 군락이 어우러진 암반을 타 내려 연못으로 입수된다.

옛 선비들은 석창포를 분이나 뜰에 심어 가꾸어 완상했는데, 려말 이규보가 집 뜰 화분에 가꾼 6종의 식물(석창포, 석류화, 서상화, 국화, 사계화, 대나무)을 노래한 〈가분중육영家盆中六詠〉 제영시에서 가장 먼저 등장하는 사례에서도 추적이 가능하다.

석창포 _ 이규보

이슬구슬 동글동글 한쪽 푸른 잎에 매달려

영롱하게 떨어지지 않고 반짝거림이 좋아라.

바닷가에는 소용돌이가 남아 있어

늙은 규룡 들어와 서려 수염 감추었네.

조선 초에 저술된 강희안의 『양화소록』에는 석창포를 가꿔 즐기는 방법에 대해 다음과 같이 설명했다.

연못가 늪池沼 사이에서 뿌리가 구불구불 엉켜있고 마디모양이 말채찍과 같아 한치 길이에 마디가 아홉 개쯤 붙어있는 것이 아름답다. 이른 봄 엉켜진 뿌리에 가는 잎이 핀 것을 캐어 실뿌리를 따버리고 괴석 밑에 늘어놓고 조약돌로 눌러 두되, 돌 틈에서 솟아난 깨끗한 물을 주면 자연히 뿌리가 생겨나 돌 위에 얽혀서 서리게 된다.

석창포는 15~30cm 크기로 자라는데, 선비들의 글방에서 가늘고 짧게 키워 붓, 벼루, 먹, 종이와 더불어 문방오우文房五友로 애완했다. 글방 서가에 석창포를 키우면 새벽 때쯤 구슬 같은 이슬이 잎 끝에 맺혀 이를 눈에 바르면 눈이 좋아지고, 소박하게 피는 하얀 꽃과 잎사귀의 은은한 향기는 기억력을 증진시키며, 등잔이나 촛불의 그을음을 없애준다고 한다. 뜰에 가꾼 정원식물은 늘 푸른 자태를 유지하는 소나무와 대나무를 으뜸으로 선호했고, 국화에서 은일의 모습을, 매화와 난초에서 높은 품격과 운치를, 괴석과 연蓮에서 군자의 덕을 취하였는데, 석창포는 고한孤寒의 절개와 덕성을 상징했다. 특히, 석창포는 다년생 상록 초본으로 돌과 잘 어우러지며 수질정화능력이 있고, 늘 푸르면서도 부드러운 자태, 슬기롭고 고상하며 맑은 물가에서 잘 자라는 청빈한 생활의 비유 등 옛 선비들이 꿈꿔왔던 가치관에 잘 부합되는 완상식물이다.

이곳의 배롱나무紫薇, 木百日紅 숲은 자미원 세계를 대입시켰음을 유추케 하는데, 천계의 북쪽에 펼쳐진 북두칠성 등 15개의 별자리를 지칭하며 옥황상제의 궁전

		❷
❶		❸
		❹

❶ 배롱꽃과 느티나무 그늘에 어우러진 명옥헌 정자(ⓒ강충세)

❷ 동쪽 언덕에서 바라본 명옥헌 정자(ⓒ강충세)

❸ 배롱꽃, 소나무, 느티나무 등이 아름답게 어우러진 명옥헌 원림

❹ 동쪽 언덕에서 바라본 명옥헌 정자 근경

<table>
<tr><td>❶</td><td>❷</td></tr>
<tr><td colspan="2">❸</td></tr>
</table>

❶ 인조가 세자시절 삼고의 예를 했다는 삼고三顧 현판
❷ 명옥헌 정자에서 바라본 바깥뜰 풍경
❸ 명옥 계류에 서식하는 석창포

을 상징한다. 배롱나무가 꽃피는 것을 살펴보면 한 송이 꽃이 오래 유지되는 것이 아니라 작은 꽃 봉우리들이 연이어서 피기 때문에 목백일홍이란 이름을 얻은 듯하다. 수많은 꽃들이 둥글고 뾰족한 꽃차례 모양의 원추상화서圓錐狀花序를 이루어 빚어내는 합작품이다.

매끈하고 붉은빛을 띤 줄기에서 여인의 몸이 연상된다거나, 꽃이 붉어 남정네들의 마음을 들뜨게 한다하여 집 안에 심지 않았다는 속설도 전해진다. 귀신을 쫓는 나무라 해서 묘지나 사당에 심어지고, 충심을 드러내는 일편단심을 상징하는가 하면 복사꽃에 빗대어 무릉도원에 비유되었다. 끊임없이 피어나는 꽃에서 고진감래의 정진을 의인화하며, 속살을 드러낸 것처럼 겉과 속이 같은 표리동表裏同, 껍질이 없는 매끄러운 줄기에서 청빈함과 법고창신의 삶을 대입시키기도 한다. 내한성이 다소 부족한 식물로 따뜻한 남부지방에서 심어 가꾸어졌는데, 사찰에 많이 심어진 이유는 식물분류학적으로 부처꽃과에 속하며 속세의 때를 벗긴 것처럼 껍질이 없는 생태적 특성과 연계된다.

상류계층들에 의해 많이 애용되었는데, 뜰에 가득 한 정취를 즐길 수 있다하여 만당화滿堂花라고 했으며 자색장미꽃이라 하여 자미화紫微花라고 불렸다. 조선 초기 강희안의 『양화소록』에는 "줄기가 매끄럽고 윤기가 흐르며 높이는 한 길이 넘게 자라고 자줏빛 주름진 꽃잎이 예쁜 꽃받침에 달라붙어 붉은 줄에 꽃잎이 마주하며 핀다. 영남 바닷가의 여러 고을과 마을에서 많이 심지만 기후 차이로 5~6월에 피어 7~8월에 끝나 버린다. 비단처럼 고운 꽃이 뜰 앞에 환하게 피어 사람 눈을 자못 현혹케 하니 이 꽃의 풍치가 가장 화려하다. 〈중략〉 장마 질 때 가지를 꺾어 응달진 땅에 꽂아 두면 곧 새 곁가지가 돋아난다."라고 적었다.

배롱 꽃의 생태적 특성을 간파한 성상문은 "지난 저녁 꽃 한 송이 떨어지고, 오늘 아침에 한 송이 새로 피어, 서로 일백 일을 바라보니, 너를 대하며 기분 좋게 한 잔하리라〈昨夕一花衰 今朝一花開 相看一百日 對爾好衡杯〉"라고 노래했다. 목은 이색은 "푸르고 푸른 솔잎은 사시에 늘 푸른데, 신선의 꽃 봉우리 백일동안 붉게 핀 것 또 다시 보네. 옛 것과 새것이 서로 연이어 하나의 색으로 바뀌니, 조물주의 교묘한 생각 헤아리기 어려워라〈靑靑松葉四時同 又見仙葩百日紅 新舊相承誠一色 天公巧思儘難窮〉"라고 읊었다.

담양지역에는 이름난 정자들이 창계 천변에 밀집하는데, 창계의 옛 이름이 배롱꽃 어우러진 여울 자미탄이다. 과거 천변에는 배롱나무가 줄지어 심어져 여름 내내 붉은 꽃 정경을 즐겼다고 하는데, 오늘날 그 명성은 사라졌다. 임억령(1496~1568)이 읊은 식영정 경물중 제16영 '자미탄'이 전하는데, "누군가 가장 아끼던 것을 산 아래 시내에 배롱나무 심었네. 신선이 단장하는 맑은 물 아래 어조魚鳥도 놀라 시샘을 하네."라고 노래했다. 임억령, 김성원, 고경명, 정철 등 16세기 식영정을 무대로 활동했던 명인들을 일컬어 '식영정 4선四仙'이라 한다. 이들은 자미탄과 성산의 아름다운 풍광 20곳을 택하여 〈식영정이십영〉을 연작시로 남겼는데, 송강 정철의 〈성산별곡(1560년, 명종 15년), 당쟁으로 담양군 창평면 지곡리 성산 자락에 머무를 당시 사시 풍경과 서하당 김성원의 풍류를 상찬〉 무대이다.

우리나라에서 가장 아름다운 배롱나무 주제정원으로 회자되는 명옥헌 원림은 고목으로 어우러진 수십 그루 군락이 여름날 꽃을 피워 붉은빛 장관을 이루는데, 고창 선운사, 강진 백련사, 화순 임대정, 경주 서출지, 안동 병산서원 등이 명소로 알려져 있다.

동쪽 언덕에 별도로 꾸며진 네모꼴 연못은 동서 11m, 남북 6m 규모인데, 못 안에 둥근 석가산 섬을 두었다. 석가산은 현실공간속에 불로장생을 염원하는 선계를 구현한 삼신산(봉래, 방장, 영주)의 상징성을 갖는다. 연못 안의 둥근 섬은 하늘을, 네모난 못은 땅을 상징하여 음양의 결합에 의해 만물이 생성하듯 우주의 섭리 속에서 학문과 가문 번영을 희구하는 뜻을 담고 있으며, 정신적 풍요를 함의하는 신령한 선산을 상징한다.

이러한 양상은 조선 후기 『언지집』에 실린 김여삼의 집 뜰에 도입된 석가산 차운시를 통해 추적할 수 있다.

숨어사는 사람이라 절로 산 좋아하는 마음 있어

몇 점의 험한 모습 문 밖에 푸르구나

오래되고 기이한 물건 어디선가 와서

이 정원의 값어치를 천금으로 만들었네

방장산 구름 곁에 간 것이 아니겠는가

형산은 천태산 개인 후의 모습이라네

나 또한 산수에서 승경 찾는 나그네인지라

푸른산 구경하며 남은 세월 위로하려 하네

계류 암벽에는 '명옥헌 계축鳴玉軒 癸丑' 이 음각으로 새겨져 있는데, 송시열이 제자 오기석(오희도의 후손)을 아끼는 마음에서 계축년(1673년)에 써준 것이라 전해진다. 한편, 뒷동산에 도장사 터가 남아 있는데, 양산보, 오희도, 김인후, 정철 등 명현을 추모하던 사당으로 대원군 집정기에 헐린 유구이다.

명옥헌 원림의 물줄기 맑고 청아한 정취는 초야에 묻혀 학문에 정진한 남간 유동연(1613~1681)의 집경제영시 〈차오명중명옥헌오운次吳明仲鳴玉軒五韻〉을 통해 추적이 가능한데, 『남간집』에 전한다. 즉, 새벽, 아침, 낮, 저녁, 밤 동안 펼쳐지는 경관을 신조주석야晨朝晝夕夜로 노래하였는데, ①새벽녘 맑고 그윽한 명옥계류, ②계류 바위 푸른 이끼와 아래로 돌아 떨어지는 물보라, ③바위 아래 맑은 못 징담澄潭에 투영되는 하늘빛, ④해질녘 목욕하며 즐기는 산수 조화와 골짜기 가득 솔바람 소리, ⑤한밤중 달빛 가득한 만공산滿空山의 푸른 산색山色 등을 다음과 같이 읊었다.

콸콸 흐르는 시냇물 소리 창에 들어 울리고 남간 가에 둘러 있음을 분명히 알겠는데

그대 나보다 더 그윽한 경계 마음 둠이 부러워 함께 외지고 맑은 곳 찾길 즐겨 허락하네.

안개와 눈이 온 세상에 내리고 개울가 포개진 산봉우리 높다랗게 드러나 있는데

다리 힘 좋지 않아 걸어 오르기 감히 사양하고 산장 정리하여 초록 이끼 밟고자 하네.

개울 아래 위를 거닐다 돌아와서 온종일 열중하여 푸른 이끼에 앉아 있는데

바위 아래로 떨어지는 물줄기 매우 좋아하니 흩어지는 물보라 구슬이 만들어지는구나.

해질녘 바위 아래 못에서 목욕하니 하늘 아래 내린 빛과 물색은 함께 조화를 이루고

언덕에 서서 귀거래 뜻을 세우는데 골짜기에 가득한 솔바람 소리 내 옷에 스머드네.

돌아와 그저 차가운 물소리 듣고 공산에 뜬 보름달에 산빛은 밝은데

서늘한 기운이 차가워 졸음을 깨우고 한참 동안 고요히 앉았으니 주인이 깨어나네.

이곳 대표경관은 후손 오준선(1851~1931, 성리학자이자 민족 운동가)의 『후석유고(1904년)』〈경차명옥헌잡영십이절〉을 통해 추적할 수 있다. 소표제는 명옥헌 서문, 조朝(아침), 주晝(낮), 모暮(저녁), 야夜(밤), 정전죽국庭前竹菊(뜰 앞 대나무와 국화), 옥후표봉屋後瓢峯(살림집 뒷동산 표주박봉우리), 방당벽하方塘碧荷(네모꼴 못에 어우러진 푸른 연잎), 원교소연遠郊疎煙(담양읍의 아련한 연기), 용만신제龍巒新霽(용산 위로 떠 오르는 맑은 달), 소계침월小溪浸月(명옥계류에 잠긴 달), 송강명사松江明沙(송강에 펼쳐진 모래사장) 등 12경물로 구성되었다.

즉, 명옥헌 사시四時의 정취 4경, 원림 안팎의 경물(뜰, 네모꼴 못, 작은 계류) 3경, 그리고 차경 요소(표봉, 원교, 용산, 송강) 4경 등 12경은 ①명옥헌 원림, ②아침 정취, ③낮

정취, ④저녁 정취, ⑤밤 정취, ⑥뜰 앞 대나무와 국화, ⑦뒷동산 표봉, ⑧네모 연못의 푸르른 연잎, ⑨연기 피어오르는 담양읍의 아련한 정취, ⑩동쪽 용산에서 떠오르는 맑은 달 정취, ⑪명옥 계류에 잠긴 달, ⑫송강의 깨끗한 모래사장 등이다. 원림은 사시사철의 정취, 뜰에 가꾸어진 소나무, 대나무와 국화, 네모꼴 못에 어우러진 연잎, 그리고 연기 어린 읍내의 풍경, 동산에서 떠오르는 달, 멀리 강변에 펼쳐진 모래사장 정취 등을 노래했는데, 원근 풍경을 차경 기법으로 승화하여 시간, 장소, 기후조건 등을 향유한 차별성이 돋보인다.

시문에 등장하는 식물 요소는 소나무, 가래나무, 매화, 단풍, 느티나무, 오동, 버드나무, 동백, 국화, 연과 이끼, 대숲 등인데, 현존 배롱나무 군락은 1900년대 초 조병진(1877~1945)이 방문하여 읊은 시에 처음 등장한다. 따라서, 오늘날의 배롱나무 군락은 후원에 위치했던 도장사道藏祠(양산보, 오희도, 김인후, 정철 등 명현 추모 사당, 1825년 창건하여 1868년 철폐)가 대원군 집정기에 철거된 후 1800년대 후기에 새롭게 조성된 군락 경관으로 유추할 수 있다.

결과적으로 배롱나무숲속에 정자와 연못이 그림처럼 어우러진 명옥헌 별서원림은 ①맑고 깨끗한 계류수를 끌어들여 동시대 우주관인 "하늘은 둥글고 땅은 네모나다."는 사상을 반영한 '방지원도형' 연못정원, ②작은 단을 이루며 떨어지는 명옥 계류는 구슬이 부딪히는 청아한 소리의 정원을 창출하는데, 부모님의 추모, 가문과 학문번영을 염원하는 상징정원, ③배롱나무를 주제로 소나무와 괴석, 석가산 등의 경관짜임을 통하여 천상의 자미원세계와 지상의 무릉도원 꾸밈새를 대입한 선경정원, ④예쁘장한 주변산세에 펼쳐진 기름진 논과 밭, 복숭아꽃 만발하는 과수원 풍경, 마을을 감싼 뽕나무와 대숲 등 자연풍광과 생활문화를 원경, 중경, 근경으로 즐길 수 있는 차경정원, ⑤배롱나무와 소나무 숲 띠 정경은 물론 하늘빛 구름 구림자, 달과 별 등 경물을 연못에 투영시킨 거울 연못 등 낭만성 짙은 풍경화의 세계가 경관미학으로 펼쳐진다.

유상곡수 풍류가 펼쳐진 최고의 차경원림借景園林,
강진 백운동별서

白雲洞別墅

국가지정 명승 제115호, 전남 강진군 성전면 월하리 546

백운동원림은 조선중기 처사 이담로(1627~1701)가 전남 강진군 성전면 금당리 본가 백련당白蓮堂으로 부터 11km 떨어진 월출산 남향받이 아래 안온한 터를 별서로 조성하여 은거지로 삼은 곳이다. 그는 손자(이언길)를 데리고 1670년경 이곳에 들어와 집을 짓고 원림을 조성했는데, 은일 처사로서의 삶을 즐기며 호를 '백운白雲'이라 했다. 젊어서부터 시문에 뛰어났으나 관직의 뜻을 두지 않았고, 31년간의 은거 생활을 즐기며 5편의 시문을 남겼는데, 백운동 원림의 원형경관을 추적할 수 있는 귀중한 사료들 이다. 특히, 수많은 시인묵객과 명사들이 즐겨 찾았던 시문학의 산실로 남구만, 김창흡, 임영, 송상기, 이하곤, 정약용, 초의 등은 백운동의 아름다운 승경을 노래하며 관련 시문과 그림을 남겨 오늘날 원형경관 향유에 귀중한 실마리를 제공한 인물들이다.

　　'백운'은 '백운재공곡白雲在空谷'의 함축으로 흰 구름은 은자隱者를, 빈 골짜기는 은거隱居를 비유한다. 이러한 비유는 남조시대 양나라의 산중재상이라 불리던 도홍경이 산속에서 나오지 않자 옛 친구였던 무제가 무슨 즐거움이 있느냐고 물었던 일화와 연계된다. 이에 도홍경은 "산속에 무엇이 있느냐고 물으시니 산마루에 흰 구름이 많아서라고 답하지요. 단지 스스로 즐길 뿐 그대에게 드리지는 못하지요.山中何所有 嶺上多白雲 只可自怡悅 不堪持贈君"라고 답했다. 자연 속에서 유유자적 하는 은일의 삶을 예찬한 표현이다.

　　'백운'의 의미를 이해할 수 있는 또 다른 정황으로 조선후기의 문신 윤기는 청운靑雲과 백운白雲을 다음과 같이 노래했다.

　　청운은 백운과 달라 억지로 친해보려 해도 마음이 통하질 않고
　　끝내 청운은 허상이 될 뿐이요 백운만이 변함없이 산중에 있네.

　　즉, '청운'을 현실지향 입신출세의 세속적 가치로, '백운'을 은일처사가 누리

는 정신적 풍요와 담백한 강호에서의 비세속적 삶에 비유했다. 백운의 삶은 자연의 통찰을 통해 인간의 정신적 질서를 포만감 있게 향유하고자 했던 은자가 갖는 형이상학적 가치 지향의 세계였다.

별서원림은 월출산 옥판봉에서 발원하는 계류수를 서쪽으로 끼고 배산임수의 명국에 자리 잡았는데, 내원으로 진입을 위해 건너는 계류수는 별서의 영역성과 명당수 풍수계風水溪 역할을 겸하고 있다. 원림권역은 동백 숲 좁은 길을 뜻하는 산다경山茶徑으로부터 시작되는데, 오늘날 이른 봄에는 붉은 동백꽃 숲길이 별천지로의 흡인력을 제공한다.

원림은 담장 안쪽의 '내원內園'과 바깥의 '외원外園'으로 구분되는 공간구성 체계이다. 완만한 경사면을 따라 계단식으로 조성된 내원 권역은 ①솔숲과 대숲을 배경으로 안채 백운유거白雲幽居와 사랑채 취미선방翠微禪房, 그리고 사당이 자리한 '상단', ②3단의 화계로 이루어진 '중단', 그리고 ③초정草亭을 끼고 유상곡수 물길이 상하 두 개의 네모꼴 연못을 관류하는 '하단'으로 구성된다. 외원은 ①백운동천 세계로 진입하는 동백 숲 우거진 전원前園, ②동천의 경역임을 알리는 백운동 암각바위를 중심으로 서쪽 담장을 따라 북에서 남으로 관류하는 계류에 펼쳐진 계원溪園, ③원림 남쪽 담장 밖에 솟아있는 차경의 관찰점 정선대 선원仙園, ④동쪽 담장 밖 운당원의 죽림원竹林園, ⑤북쪽담장 밖 선영을 뒤로하고 차나무 하부식생과 봉황의 날개짓처럼 펼쳐진 대숲과 솔숲후원後園으로 구성된다.

백운동천 초입에 어우러진 애기 동백숲 오솔길을 지나 북쪽으로 들어가면 계류 변 선바위에 새겨진 백운동白雲洞 바위글씨를 마주하게 된다. 이 표징물은 정황으로 보아 학문을 익혀 의롭게 살고자 했던 주자의 백록동서원(중국 강서성 여산), 그리고 주세붕의 백운동서원(풍기에 안향을 추모하기 위해 세워진 한국 최초의 서원)을 의식한 것으로 전해진다. 이곳에서 ㄱ자로 꺾어 계류를 건너 들어가면 남쪽으로 홍옥폭紅玉瀑이 청아한 물줄기 소리를 내며 자리하는데, 가을철 단풍이 붉어지면 물빛이 붉

월출산 옥판봉 줄기에 기대어 자리한 백운동(ⓒ김수진)

계류 서쪽 동백숲에 안온하게 자리한 백운동별서원림(ⓒ김수진)

은 옥과 같다 하여 붙여진 이름이다. 백운동의 핵심 조망점은 별서 남쪽에 있는 작은 언덕인데, 작은 협문을 열고 나가면 바로 언덕으로 올라가는 작은 계단 위에 자리한다. 차를 마시며 시회를 펼치고 바둑과 거문고를 즐길 수 있으며, 구름 속에 숨어 삶을 영위하는 것 같은 운조雲鳥의 거점으로 다가온다. 즉, 신선이 되어 월출산 기맥과 옥판봉을 정점으로 하는 자연경관을 멀리, 가까이, 그리고 내려다보거나 올려다볼 수 있는 정선대停仙臺(신선이 머무는 곳)는 구름 속에 떠있는 것 같은 경관관찰점이자 신선풍류의 산실이 된다. 이처럼 담장 밖 사계절 풍광을 시원스럽게 조망할 수 있는 경관기법을 차경借景이라 하는데, 정선대는 원차遠借, 인차隣借, 앙차仰借, 부차俯借 경관을 동시에 즐길 수 있는 절묘한 자리잡기 사례이다.

이러한 정황은 조선 후기 문인으로 1722년 11월 27일 백운동을 방문한 이하곤의 『남유록』에서 찾을 수 있다.

> 동네 구릉이 아늑하고 깊으며 동백나무가 울창한데 막 꽃이 피어 현란하다. 정원 안에 산의 샘물을 끌어들여 굽이 돌아가는 물길을 만들어 놓았다. 〈중략〉 남쪽에 작은 언덕이 솟아있고 큰 소나무를 줄지어 심어 놓았다. 그 아래 단을 만들어 앉아서 구정봉의 여러 봉우리를 볼 수 있으니 더욱 기이하다.

겨울 눈 속에서도 꽃이 핀다 하여 붙여진 동백冬柏은 우리나라에서만 통용하는 이름인데, 봄에 피는 것을 춘백春柏이라 한다. 동백이란 이름은 속명俗名이고 한자어로 산다山茶이며 춘춘椿은 일본식 호칭이다. 산에 자라는 차나무와 같다하여 산다山茶 또는 바닷가에서 붉게 꽃이 피는 해홍화海紅花라 하였고, 매화와 같은 시기에 핀다하여 다매茶梅로 불린다. 즉, 중국 문헌 『유서찬요』에 의하면 "신라국에서 건너온 해홍海紅은 엷고 붉은색의 천산다淺山茶로 12월에서 2월까지 매화와 더불어 꽃이 핀다하여 다매茶梅라고도 한다."라고 했고, '이태백시집주'에 "해홍화는 신라국에서 들어왔으며 심히 드물다."라고 했다. 이로 미루어 동백은 신라 때 중국으로 건너가 뜰에 가꾸어 애완되고 있음을 유추할 수 있다.

다산 정약용은 동백을 완상하며, "동백나무 잎사귀 차갑고 무성하지만, 눈 속에 꽃이 피어 백학의 붉은 이마 같네!"라고 노래했다. 이처럼 눈 속에서도 밝고 화려한 꽃을 피우는 동백은 예로부터 매화와 함께 고고함, 그리고 강인한 생명력의 상징으로 의인화되었다. 엄동설한에 굴하지 않고 꽃을 피운다 하여 청렴과 절조의 엄한지우嚴寒之友, 세한삼우松竹梅(또는 매화, 동백, 대나무), 그리고 삼우군자(매화, 동백, 수선) 등으로 완상되었다. 강희안의 '화목구등품'에는 3등의 운치를 취해 선우仙友로 의인화되었고, 일반에는 신성과 번영을 상징하는 길상吉祥의 꽃으로 열매가 많이 달리는 까닭에 다자다남多子多男의 염원과도 연계되었다.

새봄 경칩이 되어서야 꽃을 피우기 시작하는 다른 꽃나무들과 달리 동백은 훨씬 이른 시기에 꽃을 피우는데, 대략 12월부터 시작해서 2~3월이 되면 만발한다. 이 시기는 벌과 나비 등의 활동이 가장 적으므로 수정할 때 꽃술을 새에게 맡기는 조매화鳥媒花이다. 동백꽃의 꿀을 가장 좋아하는 새가 바로 동박새 인데, 생존의 법칙에서 꽃과 새의 공생관계를 보여주는 대표적 사례이다. 동백새로도 불리었던 이 새는 혀끝에 붓 모양의 돌기가 있어 꿀을 빨 때 편리한 구조를 갖고 있기도 하다.

원림에서 처음 마주하는 동백나무 짙은 상록수 숲길을 지나 징검돌 놓인 계류를 건너면 밝고 화창한 명암의 대비공간을 만나게 된다. 이곳이 '백운동천白雲洞天'의 동문洞門이며 낙원세계가 펼쳐지는 내원 권역의 백운유거와 취미선방, 그리고 유상곡수 안뜰 경역이다.

내원에는 모란화 피고 매화와 난초, 국화 등 군자를 상징하는 정심수 어우러진 화계를 분기선으로 앞뜰에 2개의 네모꼴 못(연꽃을 가꾸었고, 상지에는 신선사상의 가치를 담아낸 석가산을 중심부에 도입)을 관류하는 유상곡수가 백미로 펼쳐진다. 의도적으로 서쪽의 계류수를 끌어들여 상지上池와 하지下池를 거쳐 아홉 굽이(2+5+2=9) 휘돌아 나가는 유상구곡流觴九曲의 구조이다. 이곳의 유상 곡수 물길은 풍수적으로 기氣가 빠져나가지 못하게 하는 내명당수 역할은 물론 월출산 옥판봉의 화산火山 형상에 대한 화기비보 목적도 유추할 수 있다. 유상곡수연流觴曲水宴은 음력 삼월 삼짇날 나쁜 기운을 씻어내고 문사들이 모여 흐르는 물에 술잔을 띄워 시를 읊으며 즐기던 동양권의 대표적 풍류문화 사례이다. 유상곡수에 관한 가장 오래된 기록으로는 353년에 쓰인 동진시대 서성書聖 왕희지의 〈난정서〉로, 절강성 소흥의 난정蘭亭에 모인 42명의 문사들이 아홉 굽이 물줄기에 둘러앉아 시를 짓고 술을 마시며 풍류를 즐겼다는 문사아회文士雅會의 모델이다. 정자는 대숲이 울창하고 높은 산으로 둘러싸여 있으며 굽이굽이 흐르는 물줄기가 내려다보이는 곳에 위치했다. 계욕을 하고 난초로 나쁜 기운을 씻어내며 좋은 기운과 복을 기원했다. 따스한 봄바람과 날씨는 화창했으며 굽틀어진 물굽이에 문사들이 자리를 잡았다. 흐르는 물줄기 어딘가에 술잔이 멈추면 가까이에 있는 문사들이 즉석에서 시를 지었다. 시를 짓지 못하면 벌주로 석 잔을 마셔야 했는데, 26명이 시를 지었고, 영감을 받은 왕희지는 족제비 털로 만든 붓으로 비단에 서문을 적었다.

우리나라에서 백운동 사례처럼 유상곡수문화는 다양하게 수용되었는데, 〈난정서〉 글씨는 천하명필로 회자되어 한중일 서법書法의 전범이 되어 선서善書의 기준으로 삼았던 사실과도 연계된다. 특히, 문사아회의 연원이 되는 '난정고사'는 계축년이나 상사일에 행해지는 주요 소재로 등장하였는데, 관련 글자나 구절을 집자하여 시로 읊거나 그림을 통해서 수용, 전승되었다. 다양한 형태의 곡류수를 자연 암반이나 자신의 뜰에 경영하는 등 왕실과 사대부계층은 물론 향촌의 문사들에 이르기까지 광범위하게 향유되었다.

원림의 초대 동주洞主 이담로는 〈백운동유서기〉를 남겼다. 왕희지가 난정에서 행했던 유상곡수연회를 본받았고 못에는 연꽃을 길렀으며, 뜰에는 홍매화를 정심수로 심었다. 국화와 소나무, 대나무와 난초를 가꾸면서 절조에 의탁했고 학을 길

| ❶ |
| ❷ |
| ❸ |

❶ 서쪽 계류에서 끌어들인
유상곡수 물줄기(ⓒ김수
진)
❷ 정면에서 바라 본 유상
곡수 물줄기(ⓒ김수진)
❸ 동쪽에서 바라 본 유상
곡수 물줄기(ⓒ김수진)

렀으며, 시렁에 거문고를 두어 바람이 불면 스스로 울게 했다. 이 기문은 별서원림의 자리잡기, 조영의도, 그리고 원림식물과 상징성 등 인문학적 원형경관을 추적할수 있는 귀중한 사료이다.

월출산 남쪽, 천불산 기슭에 골짜기가 있다. 땅이 후미져 그윽하며 물은 맑고 얕다. 층암절벽이서서 우뚝하고, 흰 구름이 골짝을 메워 영롱하니 아름다운 곳이다. 구양수의 저주와 유종원의 우계를 이곳에서 볼 수 있다. 내가 여기에 자리 잡은 것은 그윽한 운치만을 위한 것은 아니다. 여울물을 끌어 술잔을 띄움은 왕희지의 난정을 본받고자 함이요, 바람의 가락에 맞춰 종소리가 들림은 임포의 고산을 본받기 위함이다. 한가로이 지내며 뜻을 기르고, 문묵으로 즐거움을 부치는 것은 이것들로 인하여 도움 받을 수 있기 때문이다. 물에는 연꽃을 심어 천연스런 자태를 아끼고, 동산에는 매화로 해 맑은 풍격을 숭상하며, 국화는 절개를 취해 서리에도 끄덕 않는 자태를 돌아본다. 소나무는 절조를 높여 뒤늦게 시드는 자태와 문채 남을 시험하였다. 서성이다 흥이 일면 물가에는 대나무가 있고, 마음 맞음을 의탁하매 뜰엔 난초가 있다. 조롱에는 학을 두어 달빛에 울음 울고, 시렁에는 거문고가 있어 바람에 소리 낸다. 이것이 백운동의 생활이다. 〈백운동유서기〉

즉, 원림의 8가지 경물(연, 매화, 국화, 소나무, 대나무, 난초, 학, 거문고)을 소재로 노래했는데, 은자의 삶과 연계된 정심수의 대입, 그리고 선경의 이상과 풍류적 삶을 담백하게 담아냈다. 경물을 통해 시각적 효과는 물론 청각(물, 학, 바둑과 거문고소리), 후각(매화, 난초, 연, 국화 향기), 유상곡수연 등 오감을 자극하는 현실 속 별천지를 구축하였는데, 다산과 김유는 선장仙莊으로, 허련은 신선에 비유하는 등 신선경지를 대입시킨 한국정원의 백미라 할 수 있다. 8가지 경관은 그 후 연작시 형태로 방문자들에게 향유되었는데, 삼연 김창흡과 포음 김창집 형제의 백운동 8영, 신명규의 백운동초당 8영, 그리고 창계 임영의 백운동 8영 등에서 동일한 경물(연, 매화, 국화, 소나무, 대나무, 난초)로 노래되었다.

관련인물 김창흡(부 김상헌과 형 김창집이 모두 영의정에 올랐으나 관직에 나아가지 않고 은 일처사의 삶을 살았다)은 월출산을 오르고 이곳 백운동 별서원림을 찾아 격물치지의 가치를 음미할 수 있는 다음과 같은 8영물松, 竹, 菊, 蘭, 蓮, 梅, 琴, 鶴 시를 남겼다.

백운동의 한 길 대나무와 소나무 연이어져 있고

국화와 난초는 세상시비를 잊게 하네.

비루한 습지에 핀 연꽃 깨끗한 뜻 머금었고

눈서리 속 매화는 꽃 눈물 흘려 봄을 재촉하네.

높은 산에서 흘러내린 물소리는 옥구슬 소리 따르고

지는 달과 뜨는 별은 백학과 마주하네.

세간에선 도의가 땅에 떨어져 교류하지 못하니

여덟 가지 영물과 그대 그리고 나 함께 돌아가리라.

이곳 역사에서 주목할 인물은 다산 정약용인데, 1812년 9월 초의와 함께 방문하여 10여일간 머물면서 4대 동주 이덕휘와 교류했다. 이때 12승경을 노래하며, 초의에게 백운동 풍광을 그리게 하여 20쪽 짜리 시화첩 『백운첩白雲帖』을 남겼다. 〈백운동도〉에서 가장먼저 눈에 띠는 것은 기세당당한 월출산의 절승봉우리들이다. 산 아래쪽으로는 봉황이 날개 펴고 춤을 추듯 노송숲이 어우러진 풍경이고 중턱에 담장을 두른 별서원림을 표현했다. 담장 안에는 와가와 초가를 이룬 3동의 건물이 자리하고, 담장 밖 하단부에 정선대와 솔숲 동산이 그려졌다. 별서 외원의 솔숲과 대숲을 배경으로 붉은 홍매화와 단풍으로 어우러진 풍치경관수의 펼쳐짐이 돋보인다.

다산이 읊은 백운동 12승경(옥판봉, 산다경, 백매오, 홍옥폭, 곡수거, 창하벽, 정유강, 모란화계, 취미선방, 풍단, 정선대, 운당원)의 주제 경관은 다음과 같다.

1경 옥판상기玉版爽氣 : 별서원림에서 체감하는 월출산 옥판봉의 상쾌한 기운

2경 유차성음油茶成陰 : 별서원림 동문으로 접어드는 산다경山茶徑의 동백 숲 그늘

3경 백매암향百梅暗香 : 백여그루 심어진 매오百梅塢의 홍매화 향기

4경 풍리홍폭楓裏紅瀑 : 단풍나무 붉은 빛 어우러진 폭포수 정취

5경 곡수유상曲水流觴 : 뜰을 돌아 나가는 곡류수에 띄운 술잔 풍류

6경 창벽염주蒼壁染朱 : 계류 옆 우뚝 솟은 창하벽의 붉은 글씨

7경 유강홍린蕤岡紅鱗 : 솔숲 언덕 정유강貞蕤岡의 용비늘 소나무

8경 화계모란花階牡丹 : 화계에 심어진 모란

9경 십홀선방十笏禪房 : 배롱나무 심어진 사랑채 취미선방翠微禪房의 초가삼간

10경 홍라보장紅羅步障 : 풍단 위에 펼쳐진 단풍나무 붉은 비단 장막

11경 선대봉출仙臺峰出 : 월출산의 봉우리들이 한눈에 조망되는 정선대停仙臺

12경 운당천운篔簹穿雲 : 동쪽 뜰 운당원에 우뚝 솟은 왕대나무

12승경에서 추출되는 조경식물은 외원의 동백과 단풍나무, 솔숲과 대숲을 들수 있고, 푸른빛 바위 절벽을 상쇄하려고 많은 홍매를 심어 '백매오百梅塢'를 가꾸었다. 매화를 찾아 격조와 아취를 즐기며 향유하는 관매觀梅와 심매尋梅 행위는 ① 탐승지를 찾아 매화 핀 정취를 즐기는 탐매探梅, ②뜰에 심어 가꾸어 즐기는 정매庭梅, ③분에 심어 완상하는 분매盆梅, ④가지를 꺾어 화병에 꽂아 즐기는 병매瓶梅, ⑤종이로 조화를 만들어 즐기는 조매造梅, ⑥시와 그림을 통해 와유하며 즐기는 묵매墨梅, 그리고 ⑦거울에 비춘 모습을 즐기는 감매龕梅, ⑧못에 비친 그림자를 즐기는영매影梅 등으로 다양하다. 이때 정신세계의 함양을 위해서는 달과 눈이 매화 완상에 중요한 기상 현상이었으며, 새벽과 저녁 등 추운 날씨가 최적의 경색 조건이었다. 『산림경제』에 의하면 매화는 주택 남쪽에 심는다고 했다. 생태적으로 남향받이 햇볕을 좋아하는 양수이기 때문이다. 저녁부터 이른 아침에 향기가 강해지는 특

초의가 그린 〈백운동도〉에 표기한 다산의 '백운동 12경' 지명소
① 옥판봉, ② 산다경, ③ 백매오, ④ 홍옥폭, ⑤ 곡수거, ⑥ 창하벽, ⑦ 정유강, ⑧ 모란화계, ⑨ 취미선방, ⑩ 풍단, ⑪ 정선대, ⑫ 운당원

성을 지니는데, 이른 봄 남풍이 불면 그윽한 매향梅香에 취해 저절로 시흥을 불러일으키며, 창호지에 투영된 보름달 매창소월梅窓素月의 정취는 선비들의 대표적 향유 문화였다.

백운동 사례처럼 바위틈에 어우러져 뜰에 심겨진 매화庭梅는 세한삼우와 같은 상징성, 그리고 군자와 선비가 지향했던 가치관 등과 일치했기 때문이다.

내원 경사면에는 축대로 3단 화계를 조성했는데, 모란을 주제로 영산홍과 국화 등을 가꾸어 '모란체牡丹砌' 섬돌 화계를 꾸몄다. 제9경에 등장하는 '취미'는 배롱나무의 별칭인데, 꽃 색깔에 따라 자미紫薇, 홍미紅薇, 백미白薇, 취미翠薇 등으로 구분한다. 여기에서 자미는 하늘의 별자리 궁궐 자미원, 그리고 풍수지리 최고의 명당과도 연계된다. 이러한 정황은 당나라 현종이 양귀비와 머물렀던 장안의 중서성을 취미궁 자미성으로 바꿔 배롱나무를 많이 심은 데서 연원한다.

화계를 내려서면 넓은 뜰이 가꾸어졌는데, 못에는 연을 심었고 잔을 띄워 즐길 수 있는 제5경 유상구곡수流觴九曲水가 펼쳐진다.

다산은 유상곡수 정경을 다음과 같이 노래했다.

담장을 뚫고 흐르는 여섯 굽이 물이 머리 돌려 담장 밖으로 다시 나가고

어쩌다 찾아 온 두세 분 손님이 있어 편히 앉아 술잔을 함께 띄우네.

월출산 자연승경을 배경으로 계곡에 펼쳐진 자리잡기의 탁월성이 돋보이는 원림의 네모꼴 연못을 연결하는 곡절형 유상곡수 형태는 독특한 구곡수九曲水 사례이다. 구곡수는 44m 길이의 수로가 네모꼴 상지(3.5m×4.5m)와 하지(3.6m×5.7m)에 접속되는 구조인데, 원내에서 5번의 굴절屈折을 이루며 담 밖으로 출수出水되는 체계이다. 즉, 계곡에서 끌어들여 인수 후 2회, 내원에서 5회, 그리고 출수 후 2회 등 모두 9회의 곡절을 이룬다. 중심부 오곡에 누마루를 둔 초정草亭을 도입함으로써 인격도야와 학문수행, 그리고 구곡 경영의 거점을 마련했다. 이는 원림에 묻혀 수신양성에 힘쓰던 처사 이담로의 〈백운동명설〉 "맑은 계류 어리비추는 물줄기 끌어들여 구곡을 만들었네淸流映帶 引以爲九曲" 내용과 잘 부합되는 정황이다.

특히, 민가정원에서 유일하게 현존하는 유상곡수에는 구곡의 의미를 담아 네모꼴로 조영된 2개의 연못을 접속시켰다. 호남지방 별서 연못 조성 방식(方形의 上池와 下池 : 소쇄원, 명옥헌, 식영정, 다산초당, 임대정, 부용동원림 등)이기도 한 이러한 쌍지형雙池形 연못은 학문번영에 기반한 스승과 제자와의 유기적 학문지속성, 학문권장 등의 의미를 담고 있다.

이러한 양상은 『주역』 〈태괘兌卦〉의 '이택상주麗澤相注'로부터 연원 하는데, 두 개의 잇닿은 못(麗澤)이 서로 물을 대주며 마르지 않는 것(相注)처럼 협력하고 도움을

주는 것, 또는 뜻을 같이하는 벗들이 자극과 각성으로 함께 발전함을 의미한다.

원림에 도입된 식물과 관련하여 동백나무숲길은 가주의 지향점 세한심歲寒心 (한 겨울에도 강직한 기품을 유지하는 선비)을 엿 볼 수 있고, 6군자 상징수종梅蘭菊竹松蓮을 가꾸는 등 가주의 가치관과 은자로서의 관념성을 추적할 수 있다. 한편, 송익휘는 〈백운동 10수〉(1774년)를 남겼는데, 오동나무, 단풍나무, 매화나무, 대나무, 동백나무숲, 소나무, 영산홍과 수선화 등을 노래했고, 이시헌의 〈백운동 14경〉(1850년)에는 매화, 솔숲, 대숲, 단풍숲, 동백나무숲, 영산홍, 모란 등이 등장한다. 이러한 식물들은 원형경관 복원의 단서가 되는 표징식물이다. 송익휘의 백운동10수 식물관련 제영시는 다음과 같다.

봉우리는 늙은 중과 마른 선비 같아서 요모조모 뜯어봐도 살아 있는 그림 같고

오동 달과 단풍바위 매화대의 운치려니 주인께서 꾸미느라 고생 했겠네. 〈제1수〉

산 뚫고 난 한줄기 길 호리병 속 같은데 여기는 세상 밖의 하늘이 낸 구역일세

구름 깊고 술 늙는 이곳 아껴 보노라니 이 속에 새끼 품은 학이 있나 싶어지네. 〈제4수〉

영산홍 핀 소식 편지로 전해 듣고 수선화 꽃 피기 전에 와서 구경하네

농염함은 왜철쭉이 으뜸이라 하겠지만 이 꽃에 견준다면 십분 고움 사양하리. 〈제6수〉

다산과 사제의 인연을 맺어 일평생 그림자로 살았던 황상(1788~1870)은 다산의 시에 차운한 여러 편의 시를 남겼는데, 백운동의 맑고 깨끗한 정취를 음미할 수 있는 근거가 된다. 즉, 〈백운동 12경〉을 차운하여 읊은 제2경 '유차성음油茶成陰', 제3경 '백매암향百梅暗香', 제7경 용 비늘 솔숲 언덕 '유강홍린蕤岡紅麟', 그리고 제8경 '화계모란花階牡丹'은 다음과 같다.

❶ 취미선방 화계 (ⓒ김수진)
❷ 정면에서 바라본 3단 화계(ⓒ김수진)
❸ 유상곡수 물줄기에 접속된 네모꼴 연못(ⓒ김수진)
❹ 정선대에서 바라 본 월출산 옥판봉 차경(ⓒ김수진)

동백 숲 머리 실을 드리운 길은 온종일 그저 맑은 그늘뿐이고

둥글둥글 동백 열매 가지에 달려 붉은 옥의 마음을 머금었구나. _ '유차성음'

이끼 낀 섬돌 위에 백 그루 매화 붉은 꽃 아닌 것이 하나도 없고

산 사람 아주 깊은 우정을 맺어 빗소리 속 작별할까 염려하누나. _ '백매암향'

대나무와 더불어 형제가 되니 향기 내며 아주 오래 아낌 받았고

1년 내내 시원한 그림자 드리워 옛 계류의 서늘함을 더해주네. _ '유강홍린'

매화언덕 가난한 선비 같고 모란은 부호와 비슷한데

다만 난만히 핀 꽃이나 보지 자황紫黃의 수고로움 어찌 택하였나. _ '화계모란'

〈백운동 12경〉의 차운시는 이곳의 정취를 이해할 수 있는 근거가 되는데, 외부 경관 차경에 적합한 자리 잡기와 풍토에 부합하는 식물소재(동백, 매화, 대나무, 차나무, 소나무 등), 그리고 수경관 테마를 절묘하게 대입했다. 즉, 월출산에서 발원하는 계류를 끌어들여 2개의 '이택상주' 못과 유상 구곡수를 조영했으며, 화계와 화오를 활용하여 수목석 어우러진 명원을 창출했다. 또한, 다정원茶庭園을 구축하여 백매오百梅塢, 다정茶庭, 선대仙臺, 곡수유상曲水流觴, 산다경山茶徑, 선방禪房 등 유불도儒佛道 신앙의 유기적 경관을 경영했다.

초대 동주 이담로가 읊은 〈백운동 8영松竹菊蘭蓮梅琴鶴〉은 1678년 김창집, 창흡 형제에 의해 차운 되었고, 연이어 1682년 신명규(홍문관 부수찬, 사간원 사간 등 역임)의 〈백운동초당 8영〉, 1689년 임영(전라관찰사, 대사간 등 역임)의 〈백운동 8영〉으로 이어졌다. 시간이 흘러 다산의 〈백운동 12경(1812)〉은 황상의 차운(1855년)으로 연작되었고, 이시헌(5대 동주)은 2경을 추가하여 〈백운동 14경(1852년)〉으로 재생산되었다. 김창

홉의 〈백운동 8영〉 서문 〈백운동이태래별장(1678년)〉 2수를 통해 팔영물八詠物의 상징성을 음미해 보자.

먼데 마음 소나무와 무리 이루고 잠시 살며 대나무로 벗을 삼았네.

매화 집엔 티끌 세상 잡됨이 없고 연잎 옷은 속세의 기운 아닐세.

거문고 소리 맑아 산은 달을 보내고 학 고요해 골짜기엔 구름이 피네.

울타리 환하게 핀 서리 국화를 캐고 그윽한 골짜기엔 늦은 향기일세.

솔과 대나무 한줄기 백운골에 희미한데 국화와 무성한 난초 시비를 잊게 하네.

낮고 습한 곳의 연꽃 깨끗한 뜻 머금었고 눈서리 속 매화꽃술 봄기운이 피어난다.

고산유수 고운 곡조 거문고를 뒤따르고 지는 달에 빛난 별빛 흰옷 학과 마주하네.

돌아보니 세간에선 사귐의 길 너무 좁아 여덟 군사 그대와 함께 돌아가리라.

창계 임영은 〈백운동 8영〉 차운시를 통해 처사 이담로가 지향한 심성수양의 가치로 소나무와 연꽃 등을 읊었는데, 그림을 보고 책을 읽어도 채워지지 않는 세한삼우歲寒三友와 정결한 벗(정우淨友)에 비유하여 다음과 같이 노래했다.

처사는 흰 구름 안에 계시니 찬 날씨에 골짝 가득 소나무일세.

한 해의 꽃들 모두 떨어진 후에 빙설 덮인 그 모습 서로 보리라.

보이는 것 모두 귀한 풀인데 마음 열어주는 것 연꽃이라네.

그림과 서책으로 다 알 수 없는 그 뜻을 절반은 연꽃에서 전해진다오.

한편, 이시헌이 읊은 〈백운동 14경〉은 ①백운동白雲洞, ②자이당自怡堂, ③천불봉千佛峯, ④정선대停仙臺, ⑤백매원百梅園, ⑥만송강萬松岡, ⑦운당곡篔簹谷, ⑧산다경山茶徑, ⑨모란포牧丹圃, ⑩영홍체暎紅砌, ⑪창하벽蒼霞壁, ⑫홍옥담紅玉潭, ⑬풍단楓壇, ⑭곡수曲水이다. 12경에서 읊은 취미선방은 자이당으로 바뀌었고, 모란화계는 모란포와 영홍체로 분리되었는데, 12경 경색은 객客이 읊은 원림의 객관적 향유라면, 14경 경색은 동주洞主 자이당(스스로 즐겨 기뻐하는 자이열自怡悅의 집)의 자기만족 관점을 엿 볼 수 있다.

오늘날 백운동별서가 갖는 또 하나의 특징은 우리나라 차문화의 계승을 견인(이덕리→정약용→초의선사→이시헌→이한영)하여 조선 후기 다정茶庭 원림문화의 전통을 지켜낸 산실이라는 점이다. 관련인물 정약용은 1818년 제자 18명과 함께 다신계茶信契를 만들었고, 초의는 동다송東茶頌을 통해 색깔, 향기, 맛이 뛰어난 우리나라 토산차를 찬양했는데, 차를 따는 시기에 대해 〈다경茶經〉에서 말한 곡우 대신 입하 절기가 적합함을 기록했다. "정성을 다해 잎을 따 갈무리하고, 좋은 물로 중정中正을 잃지 않게 달여 체體와 신神이 조화되며, 건健과 영靈이 화합"해야 함을 언급했다.

차의 세 가지 특성은 색깔色, 향기香, 그리고 맛味이다. 다회를 통하여 녹색 차와 다갈색 찻물을 바라보며 편안함을 느끼고, 차의 은은한 향기를 체감한다. 조화로운 오미五味(단맛, 쓴맛, 매운맛, 짠맛, 신맛)를 맛보고, 찻물 끓는 소리와 물 따르는 소리를 들으며, 찻잔의 촉감과 따뜻함을 느끼게 된다. 즉, 차는 눈, 귀, 코, 혀, 몸, 뜻의 육근六根을 편안하고 청정하게 하는 수행의 과정과 연계되는 다선일여茶禪一如가 된다. 이때 화和, 경敬, 청淸, 적寂은 차 마시는 일의 '사규四規'로 제시되는데, 화합, 공경, 맑음, 고요한 마음이 유지되어야 함을 요구한다.

다산의 제자 이시헌(백운동 5대 동주)은 이덕리가 저술한 『동다기東茶記(우리나라 최초의 차문화 전문서)』를 필사해 세상에 전했고, 뒷동산 대숲에서 자생하는 차나무에서 떡차를 만들어 다산과 같은 명인과 지인들에게 선물했다는 일화가 전해진다. 특히, 이곳은 일제강점기 8세손 이한영이 최초의 녹차 '백운옥판차白雲玉版茶'를 상품화한 산실이기도 하다.

> 천하의 산수 가운데 풍경이 뛰어난 곳을 골라 동산園林을 조성한다. 주위의 산들이 연꽃 모양으로 동산을 껴안고 빙 둘러 에워싸 안쪽은 분지이며 바깥은 우뚝 솟아 시끄러운 세상과 단절되어 통하는 길은 없다. 다만 산의 서남쪽 산허리에 사람이 드나들 수 있는 굴이 뚫려 있고, 컴컴한 굴을 지나 동구洞口에 도달할 수 있다. 동구의 바깥은 시내가 흘러 인간 세상과 통하는데, 시내 위에 걸린 하늘의 넓이가 우물만 하고 계류가 아래로 쏟아져 폭포수를 이루어 동구 바로 앞에 떨어진다. 폭포는 사시사철 마르지 않고 발을 걸어놓은 듯한데, 이곳을 거치지 않으면 동구가 있음을 눈치채지 못한다.
>
> 원림은 동서로 나뉘고 시냇물이 주위를 에두르며 가운데로 실개천이 구불구불 남북을 가로질러 흐르는데, 형상이 태극도와 흡사하다. 여름철에 적합한 장원은 멋스럽고 부귀한 느낌이라면, 겨울철에 적합한 취원은 그윽하고 예스러우며 고상하고 한적한 멋을 풍긴다.

위 글은 조선시대 지식인들에게 널리 읽혀지던 명나라 황주성이 지은 〈장취원기將就園記〉의 발췌 내용이다. 즉, 은자隱者가 즐기고자 한 이상향의 갈구를 상상 속에서 펼쳐 보인 의원意園에 대한 기술이다. 백운동원림은 〈장취원기〉와 같은 상상 속의 정원이 현실 속에 설득력 있게 대입된 사례라 할 수 있다. 즉, 옥판봉의 용맥이 흐르는 명국에 터를 잡아 혼탁한 세상과 거리를 두고 실개천 흐르는 동산을 껴안아 거경궁리와 격물치지에 정진했던 은일자의 거점이라 하겠다.

수많은 명인들이 선경세계가 펼쳐진 원림을 향유하며 시서화를 남겼고, 정선대에서 조망되는 절묘한 차경기법은 담장 안팎 경관을 즐길 수 있는 쾌감으로 다가오는 백운동은 입동조入洞祖 이담로가 유언으로 남긴 '평천장고사'의 뜻을 후손들이 이어 오늘에 이르고 있다. 백운은 손자(이언길)에게 당나라 재상 이덕유가 낙양에 경영한 별서 "평천장平泉莊을 남에게 팔아넘기는 자는 내 자손이 아니며, 나무 한그루 돌 하나도 남에게 넘기는 자는 훌륭한 자손이 아니다."라고 경계한 일화를 전하며 이곳을 잘 보존하라는 유언을 남겼다고 한다.

구름은 움직이는 기체로 변화하는 속성을 지니고 있어서 환상적 경지나 천공의 변화하는 상태를 연계시켜 의인화 하는데 적합한 소재였다. 따라서 백운유거白雲幽居의 별서원림은 유가의 학문수행과 인격도야의 가치를, 불가의 구속되지 않는 초월적 무아심의 경지를 반영하고 있다. 특히, 도가적 유상곡수 풍류와 신선처럼 노니는 이상향의 경지이자 피안의 세계를 동시에 함의하는 유불도儒佛道 3교의 습합을 가감 없이 체감할 수 있는 상징성을 표출한다.

결과적으로 백운동원림은 동천세계에 펼쳐진 독특한 유상과 구곡, 그리고 다선일여茶禪一如의 가치를 반영한 곡수정曲水亭과 곡수원曲水園, 다정茶亭과 다원茶園, 그리고 선정仙亭과 선원仙園, 차경과 12승경의 경영 등 중층적인 설계기법과 작정미학이 절묘하게 개입되었다. 특히, 은일처사가 일군 피안의 세계, 백운유거를 거점으로 가거可居, 가행可行, 가관可觀, 가유可遊를 동시에 향유할 수 있는 한국의 대표적 명원사례라 하겠다.

연꽃처럼 피어나는 동천복지 선경세계,
부용동 윤선도 원림

尹善道 園林

국가지정 명승 제34호, 전남 완도군 보길면 부황길 57

완도군 보길도에 펼쳐진 '부용동 윤선도 원림'은 병자호란 때(1636년) 인조가 청나라에 무릎을 꿇고 항복했다는 소식을 듣고 실의에 빠져 은거했던 고산 윤선도(1587~1671)의 별서 원림이다.

고산은 삼각간 자락 한양 동부 연화방(서울 종로구 연지동)에서 윤유심의 아들로 태어났지만 8세 때인 1594년(선조 27년) 아들이 없던 큰아버지 윤유기의 양자가 되어 해남으로 내려가 윤씨가의 대종大宗을 이었다. 25세 때(1612년) 진사시에 합격하여 성균관 유생이 되어 옥사사건, 그리고 북인北人세력의 전횡을 비판하면서 학문에 전념하다가 1628년(인조 6년) 문과 장원 급제 후 봉림대군과 인평대군의 사부로 발탁되었다. 그 후 사헌부지평, 예조참의 등 관직을 역임하였으나 서인西人의 거두 송시열 등의 견제로 좌천되거나 유배생활을 반복했다. 가계로 보면 강원도관찰사 윤유기의 양자이고, 공재 윤두서의 증조부이며 다산 정약용의 외가 5대조부이다.

정철, 박인로, 송순과 함께 조선 시조시가의 대표 인물로 손꼽히며, 〈오우가〉와 〈어부사시사〉로 유명하고, 풍수지리에도 능하여 정조의 『홍재전서』에는 "하늘과 땅의 이치를 터득한 감여堪輿의 학문에 신안神眼이 있어 제2의 무학"이라는 별칭을 얻었으며, 의서에 해당하는 『약화제藥和劑』를 남기기도 했다.

고산은 해남의 산수자연 속에서 유유자적의 한적한 삶을 영위하던 중 병자호란으로 왕이 항복하며 화의했다는 소식을 접하자, 치욕으로 여겨 제주도로 은거하러 가던 도중 태풍을 피해 들렀던 보길도의 수려한 산수경관에 마음을 뺏겨 13여 년을 머물렀다. 이곳에서 고산은 생활권 일대를 '부용동'이라 이름하고 격자봉 아래 살림집을 낙서재樂書齋라 하였는데, 조상이 물려준 막대한 재산을 바탕으로 정각亭閣, 세연정洗然亭, 회수담, 석실石室 등을 축조하여 시회를 펼치며 은일을 즐겼다. 51세 때(1637년)부터 머문 이곳은 〈어부사시사〉와 〈오우가〉(수석과 송죽, 동산의 달) 등 수많은 시가를 창작한 문학의 산실이기도 하다.

고산이 조영한 원림은 해남윤씨의 종가인 연동마을의 녹우당을 중심으로 양주

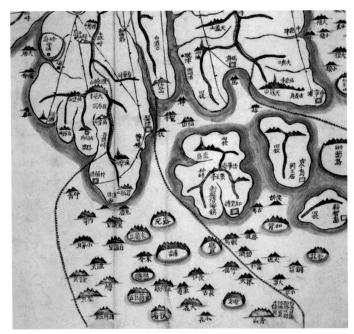

〈대동여지도〉(1861년)에 표기
된 보길도

왕산탄의 '고산별서'가 있었고, 해남의 '수정동', '금쇄동', '문소동' 등 일동삼승 一洞三勝의 원림, 그리고 보길도에 가꾼 '부용동' 등은 자연 속에 귀거래한 은일의 거점이라 할 수 있다. 그 중에서도 '부용동원림'은 고산 자신이 구상하여 섬 전체를 원림으로 경영한 조선 최고의 역작이라 하겠다.

　완도의 서남쪽에 위치한 보길도는 동서 12km, 남북 8km 크기의 섬으로 해발 300~400m 높이의 산이 그림처럼 펼쳐지는 지형조건인데, 격자봉을 중심으로 연꽃모양 산줄기가 겹쳐지는 길처에 살림집을 자리 잡았다. 고산의 5대손 윤위 (1725~1756)가 쓴 답사기 『보길도지』에 의하면 고산이 이곳을 부용동이라 명명했는데, "지형이 마치 연꽃 봉오리가 터져 피어나는듯하여 부용芙蓉이라 이름 지었다." 라고 하였으며, 『고산유고』에서 신선이 노니는 선경임을 노래했다.

부용동은 선유고사仙遊故事의 부용성으로 그 옛날 꿈꾸던 부용의 절경을 얻었네.

세상사람 신선이 사는 섬 알지 못하고 단지 기화와 요초만 찾고 있구나.

〈오우가〉는 고산이 56세 때(1642) 지은 연시조인데, 수水 · 석石 · 송松 · 죽竹 · 월月에 대한 오우五友를 찬양하는 5수로 구성되어 있다. 여기에서 신뢰할 수 있는 사물은 수석과 송죽, 동산의 달 뿐이라 했는데, 자연물 중에서 변함없는 다섯 물상을 벗으로 의인화하며 노래했다. 깨끗한 물의 불변성, 영원한 바위의 덕성, 뿌리조차 곧은 소나무의 지조와 절개, 언제나 푸르른 대나무의 지조와 절개, 어둠을 밝히는 광명의 존재이면서 공평함의 미덕을 지닌 달을 찬미하였다. 즉, 영원불멸의 자연물은 심미적 대상이면서 인간의 유교적 덕성을 유추해 낼 수 있는 항상성, 의연함, 강직성 등의 유교적 이념을 표방하는 매개물로 예찬했다.

내 벗이 몇인가 하니 수석과 송죽이라

동산에 달 오르니 그 더욱 반갑구나

두어라 이 다섯밖에 또 더하여 무엇하리.

구름 빛이 맑다 하나 검기를 자주 한다

바람소리 맑다 하나 그칠 적이 하노 매라

맑고도 그칠 뉘 없기는 물뿐인가 하노라.

꽃은 무슨 일로 피면서 쉬이 지고

풀은 어이하여 푸르는 듯 누루나니

아마도 변치 않음은 바위뿐인가 하노라.

더우면 꽃이 피고 추우면 잎 지거늘

솔아 너는 어찌 눈서리를 모르느냐

구천에 뿌리 곧은 줄을 그로 하여 아노라.

나무도 아닌 것이 풀도 아닌 것이

곧기는 뉘 시기며 속은 어이 비었느냐

저렇게 사시에 푸르니 그를 좋아하노라.

작은 것이 높이 떠서 만물을 다 비치니

밤중의 광명이 너 만한 이 또 있느냐

보고도 말 아니하니 내 벗인가 하노라.

　　보길도의 주산인 격자봉(425m) 밑 부용동 살림집을 낙서재라 하였고, 아래쪽 개
울가에 사각연못 곡수당을 만들어 수심양성을 위한 거점으로 삼았으며, 낙서재에
서 생을 마칠 때 까지 세연정, 무민당, 정성암 등 섬 전체를 원림의 범위로 삼아 동
천복지 낙원을 경영했다. 특히, 살림집(낙서재) 건너편의 낭음계 계류를 타고 오르면
기암괴석의 산자락 절벽 위에 동천석실이라는 별도의 선경세계를 구축했고, 낭음
계 상류에는 유상곡수 풍류처를 조영했다. 살림집에서 조금 떨어진 낭음계(음악소리
처럼 맑고 청아한 소리를 내는 계류) 하류를 막아 회수담 못을 조성하였는데, 그 중심부에
단을 쌓아 세연정을 짓는 등 풍류를 위한 거점을 마련했다. 고산은 부용동 일대 풍
광을 "산이 둘러 있어 바닷소리 들리지 않고, 맑고 소쇄하며 천석이 절승하니 참으
로 물외의 가경"이라 노래했다.
　　고산은 격자봉 주맥을 타고 흘러내려온 길처에 양택(낙서재)을 마련하였고 동천
석실과 안산을 주축으로 설정하였으며, 외 수구 허결의 비보책으로 세연정을 조성

한 안목이 돋보인다. 보길도의 주봉을 격자格紫라 명명한 것은 성리학적 격물치지(사물의 이치를 통해 지식을 명확히 함) 가치와 주자의 자양서원을 연결시킨 것이다. 이와 관련한 부용동의 풍수경관은 『보길도지』(1748년, 이정섭 역)에서 개략을 파악할 수 있다.

주산인 격자봉은 높이가 60-70길쯤 되고, 세 번 꺾어져 정북향으로 혈전이 있는데, 낙서재 양택이다. 서쪽을 향해 줄지어 뻗어내려 가는 도중에 낭음계, 미전, 석애가 있고, 서남쪽에서 동쪽을 향해 구불구불 돌아 안산이 되는데 세 봉우리가 나란히 솟았다. 가운데 봉우리 허리에 동천석실이 있고, 동쪽 봉우리 동편에 승룡대가 있으며, 산발치는 외수구가 된다. 〈중략〉 낭음계에서 흘러온 물은 북산 밑을 돌아 가운데에 연정蓮亭이 된다. 하한대 북쪽을 끼고 흐르다가 동쪽으로 나와 세연지가 되면서 황원포로 흘러가며 냇물을 따라 골짜기로 들어가는 길이 된다. 낙서재에서는 미전, 석애, 석전의 안봉案峰 및 하한대와 혁희대가 상투처럼 보일 뿐이다. 사방 산이 빙 둘러싸여 푸른 아지랑이가 어른거리고, 산봉우리들이 겹겹이 벌려있는 것이 반쯤 핀 연꽃과 같으니 부용동은 여기에서 연유한다.

한편, 고산의 일상과 관련한 무민당, 동천석실, 세연정에서의 삶을 추적할 수 있다.

헌軒의 높이는 한길이고 섬돌 높이 또한 한길쯤으로 못의 중앙에 위치한다. 물은 동쪽에서 구불구불 흘러내리다가 개울물과 합쳐 이곳에서 방지方池를 이룬다. 꽤 넓어 동서 6-7칸이 되고 남북으로 두 배가 된다. 굴곡된 지형을 따라 잡석으로 축조했고, 암석을 의지하여 대를 만들었으며, 흙을 쌓아 제방을 만들기도 했다. 제방에 산다山茶와 영산홍을 심어 봄이면 꽃이 어지럽게 떨어지고 푸른 이끼 또한 하나의 비단첩을 이룬다. 〈중략〉
아침식사 후 사륜거에 풍악을 대동하고 곡수에서 즐기거나 석실에 올랐다. 일기가 청화하면 세연정으로 향하였고, 곡수당 뒷산 기슭을 거쳐 정성암에서 쉬곤 했다. 정자에 당도하면 자제들은 시립하고, 기희妓姬들이 모시는 가운데 못에 작은 배를 띄웠다. 남아에게 채색 옷을 입혀 배를 일렁이며 돌게 하고, 어부사시사 등의 가사로 노래를 부르게 했다. 당 위에서 관현악을 연주하게 했으며, 여러 명에게 동대와 서대에서, 그리고 긴 소매 차림으로 옥소암에서 춤을 추게 했다. 칠암에서 낚시를 드리우기도 하고 동서의 섬에서 연밥을 따기도 하다가 해가 저물어서야 무민당에 돌아왔다.

원림은 크게 세 권역으로 구분할 수 있는데, ①생활 중심지로서의 낙서재와 곡수당 권역, ②앞동산 절벽위에 꾸민 동천석실 선경세계, ③계류를 막아 연못을 조성하고 세연정 정자를 경영한 풍류처 등이다. 주산인 격자봉과 안산을 잇는 남북축 선상에 낙서재와 동천석실이라는 실존과 이상향의 세계를 마련하였고, 낭음계 자연 계류의 물길 주변에 소요와 유락을 위한 세연정 풍류처를 구축했다.

격자봉 서쪽 골짜기를 심원하게 돌고 도는 낭음계 자연암반 계류에는 납량을 하며 목욕을 즐기던 목욕반을 두었고, 흐르는 물위에 술잔을 띄워 노닐던 유상곡수 유배거를 조성하는 등 죽장을 짚고 소요하며 은일하는 문화공간을 구축했다. 그러나 소나무와 삼나무가 울창하고 암벽과 수석이 아름다웠던 낭음계 계류권역은 오늘날 보길저수지 건설로 유실되어 흔적을 찾을 수 없게 되었다. 『고산유고』에 낭음계 시가 다음과 같이 전해진다.

옥으로 장식한 듯 아름다운 경요굴, 옥류의 물소리 작은 대에 얽혀있고
동정호를 날아 넘어 지나는 과객, 응당 이곳을 향해 찾아오리라

격자봉에서 북쪽으로 뻗은 중간 봉우리(혁희대)는 고산이 해남을 그리워하고 임금이 계신 한양 쪽을 바라보며 효와 충의 의미를 되새기는 연모의 장소였다. 동천석실 동쪽 기슭에 깎은 듯이 높이 자리한 승룡대 너른 암반은 시와 가무를 즐기며

격자봉 아래 살림집 낙서재의 하늘에서 본 경관(국립문화재연구소 제공)
① 낙서재, ② 동와, ③ 사당, ④ 전사청, ⑤ 소은병, ⑥ 귀암, ⑦ 돌담

우화등선羽化登仙(날개가 돋아 신선이 되는 경지)을 향유하는 선경의 무대였다.

고산은 옛 고사와 도가적 은일풍류, 성리학적 수양관 등을 원림경영에 여러모양으로 대입시켰다. ①낙서재의 소은병은 주자가 경영한 무이구곡의 대은병을, ②낭음계에서 노닐며 즐긴 유상곡수연은 왕희지의 난정 풍류를, ③목욕반은 장자의 소요유 정신을 접목했다. ④낙서재 앞산을 미산이라 하여 수양산에서 고사리로 연명하다 죽은 백세청풍의 백이와 숙제, 그리고 ⑤미산 옆의 산봉우리를 혁희대라 하여 굴원의 고사를 차용했으며, ⑥동천석실과 승룡대는 도가적 이상향에 기반 한 선경세계를 반영하였다. 즉, 이곳에서의 생활은 고산 자신을 신선으로 승화시켜 선인

❶	
❷	

❶ 판석보로 계류를 막아 계담을 만든 세연정 정자와 연못(ⓒ강충세)

❷ 부용동 이름은 풍수적으로 피어나는 연꽃에 비유되었다.(ⓒ강충세)

희황에 비유했으며, 승룡대에 올라 우화등선하는 정취를 읊었으며, 신선이 사는 연꽃마을 스토리보드에 풍수사상, 또는 문학적 상상력을 동원한 공간조직을 통하여 실존의 향유는 물론 정신세계의 포만을 완성도 높게 향유했다.

낙서재는 남쪽으로 격자봉 맞은편에 동천석실이 자리한 안산이 있으며 동쪽에 곡수당을 통과하여 흐르는 계류와 낙서재 서쪽을 감싸 흐르는 물길에 의해 둘러싸여 있다. 제일먼저 격자봉 혈맥이 꺾여 내려오는 혈처 소은병 바위 아래쪽에 3칸 살림집(낙서재)을 지었고, 남쪽에 기거와 강학을 위한 사랑채를 지었는데, 세상을 등지고 은일의 삶을 즐긴다는 뜻을 담아 무민당이라 하였다. 낙서재 아래 200여m 떨어진 곳에 지은 곡수당曲水堂은 고산의 아들 학관이 거처하며 학문에 정진하던 집이다. 뒷동산 계류를 끌어들여 네모꼴 못을 조성하였고 비례폭포, 곡수, 화계, 석가산 등 경물을 곁들이는 차원 높은 조경 안목을 엿 볼 수 있다. 계류를 가로 지르는 다리를 일삼교日三橋라 하였는데, 자식들이 학문에 정진하며 하루에 3번(아침, 점심, 저녁) 문안인사차 건너 다녔기에 붙여진 이름이다.

낙서재와 곡수당의 원형경관 전반에 대하여 『보길도지』에는 다음과 같이 기록했다.

낙서재는 소은병 아래 자리하고, 무민당 뜰 앞 섬돌과 약간 떨어져 작은 못이 있었는데, 공이 세상을 떠난 뒤 못을 옮겨 난간 아래에 위치한다. 후원에서 물을 끌어와 만든 못의 좌우 화계에 화초를 줄지어 심고, 기암괴석으로 꾸며 놓았으며, 뜰아래에 화가花架를 가꾸었다. 거북형상 잡석으로 섬돌을 놓았다. 소은병이 낙서재 처마를 누르고 있고, 난간 밖으로 괴석이 늘어서 있으며, 뜰 가운데 거북 모양의 귀암이 있는데 소은병의 여맥이다.

곡수당은 하한대 서쪽, 언덕 중간에 아들 학관의 요청으로 지은 초당이다. 남쪽을 취적取適, 서쪽을 익청益淸이란 편액을 달았고, 뒤로 담장을 두른 평대를 만들어 꽃과 과실수를 심었다. 담 서쪽 끝에 물이 흐르고, 섬돌은 삼층으로 지형에 따라 놓여 높낮이가 일정하지 않다. 담 밑을 흐르는 물은 낙서재 오른쪽 골짜기에 흘러 정자 십여 보 아래에서 작은 곡수를 이루는데, 일삼교를 두었다. 몇 걸음 돌아가면 유의교가 있는데, 복숭아와 자두나무 사이에 자리하여 꽃의 자태는 뜻이 있다는 의미를 취하였다. 다리 밑에서 곡수가 되었다가 당 앞에서 너른 못이 되었는데, 깊지도 넓지도 않으며, 아래에 월하탄을 만들었다.

낙서재와 곡수당 권역은 고산 사후에 상당부분 변형되거나 훼손되었는데, 옛 기록 및 발굴조사 과정을 거쳐 오늘날 낙서재와 무민당, 그리고 곡수당과 서재, 연못 등이 복원되었다. 곡수당 일대는 일삼교와 유의교, 무지개다리와 함께 석통으로 물줄기를 끌어들여 비래폭을 활용한 연못 등을 복원했고, 괴석, 단풍나무, 동백나무, 자두나무, 복숭아나무, 소나무 등을 심어 옛 풍모를 어느 정도 체감할 수 있도록 정비되었다.

『보길도지』에 의하면 곡수당 후면에 화계를 만들어 꽃과 괴석을 심었으며, 동남쪽에 방대方臺를 축조하고 석가산을 쌓았는데 높이가 한 길이었다. 소박한 멋을 취했을 뿐 기교를 가하지 않았으며, 허리 부분에 구멍을 뚫어 석통을 넣고 보이지 않게 은통隱筒으로 물을 끌어들여 연못으로 쏟아지게 하여 비래폭飛來瀑이라 했다. 연못에 물이 차면 수통水筒을 가산 뒤로 옮겨 물을 뿌려 작은 언덕에 심은 단풍나무, 산다화, 소나무 등을 가꾸었다.

낙서재 남쪽 15m 떨어진 지점의 거북바위는 소은병小隱屛 - 낙서재 - 귀암을 잇는 일직축선 상에 자리한다. 고산이 읊은 시 '귀암'을 보면 살림집 자리잡기와 관련하여 4방위를 지키는 4령(봉황, 기린, 용, 거북)으로 대입시켰으며, 저녁이면 귀암에 앉아 완월玩月하며 월궁의 경지를 향유하는 풍류를 유추할 수 있다.

푸른 병풍바위 하늘의 조화인데 소은이라 함은 사람이 붙인 이름이라

속세와 떨어져 아득해졌으니 마음이 후련하여 청량하도다. _ 小隱屛

낙서재 아래 학문 수양처 곡수당의 하늘에서 본 경관(국립문화재연구소 제공)
① 곡수당, ② 평대, ③ 작은문, ④ 상지, ⑤ 하지, ⑥ 방대, ⑦ 유의교, ⑧ 일삼교, ⑨ 홍교, ⑩ 낭음계

단지 4령靈에 참여함 만 알뿐 뜻 지킴이 돌처럼 단단함을 뉘라서 알랴

너의 곁에 복거한 때로부터 저녁이면 나의 벗 달구경을 즐기리라. _龜巖

고산이 65세 때(1651년) 지은 명작 〈어부사시사〉(사계절 경치를 즐기며 자연 속에서 살아가는 어부의 여유와 흥취를 노래함)는 『고산유고』에 전해지는데, 봄, 여름, 가을, 겨울 각1수는 다음과 같다.

봄노래 春詞

앞강에 안개 걷고 뒷산에 해 비친다 배 띄워라 배 띄워라

썰물은 밀려가고 밀물은 밀려 온다 찌거덩 찌거덩 어야차

강촌에 온갖 꽃이 먼빛이 더욱 좋다

여름노래 夏詞

궂은 비 멈춰가고 시냇물이 맑아온다 배 띄워라 배 띄워라

낚싯대를 둘러메고 깊은 흥이 절로 난다 찌거덩 찌거덩 어야차

산수의 경개를 그 누가 그려낸고

가을노래 秋詞

물외物外의 맑은 일이 어부생애 아니던가 배 띄워라 배 띄워라

어옹漁翁을 웃지 마라 그림마다 그렸더라 찌거덩 찌거덩 어야차

사철 흥취 한가지나 가을 강이 으뜸이라

겨울노래 冬詞

구름 걷은 후에 햇볕이 두텁도다 배 띄워라 배 띄워라

천지가 막혔으니 바다만은 여전하다 찌거덩 찌거덩 어야차

끝없는 물결이 비단을 편 듯 고요하다

한편, 작자미상의 '부용동팔경'이 전해지는데, 팔경문화는 선조들에 의해 제영시로 읊어져 수려하고 특색있는 경관을 명료하게 대입시킨 향유방식이다. 즉, 제1경 연당곡수蓮塘曲水(곡수당의 연못), 제2경 은병청풍隱屛淸風(낙서재의 소은병에 부는 소슬바람), 제3경 연정고송然亭孤松(세연정의 오래된 소나무), 제4경 수당노백水塘老栢(곡수당의

오래된 동백나무), 제5경 석실모연石室暮烟(동천석실에 감도는 저녁연기), 제6경 자봉귀운紫峰歸雲(격자봉을 휘 감는 구름), 제7경 송현서아松峴捿鴉(솔재에 둥우리를 튼 갈가마귀 떼), 제8경 미산유록薇山遊鹿(미산에 뛰노는 사슴 정경)을 일컫는다.

전래팔경을 모티브로 현대에 보길도12경이 새롭게 명명되었는데, ①고산유적지孤山遺蹟址(부용동 일대 윤선도 유적지), ②우암탄시암尤巖嘆時巖(백도리 우암 송시열 글씬바위), ③예송흑명석禮松黑鳴石(파도에 울음소리를 내는 예송리 갯돌), ④중리백정사中里白靜沙(중리 해수욕장의 하얀 모래), ⑤월봉망원설月峰望遠雪(선창리 월봉에 올라 보는 멀리 내리는 눈), ⑥큰기미절벽節壁(큰기미마을의 해안 절벽), ⑦부용동백림芙蓉冬柏林(부용리 동백숲), ⑧복생풍란향卜生風蘭香(복생도 풍란의 향기), ⑨월송광기암月松壙奇巖(월송리의 잘 생긴 바위), ⑩보옥첨괴암甫玉尖怪巖(보옥리 해안 공룡알바위), ⑪정자동고암停子動鼓岩(정자리 북바위), ⑫송도일몰해松島日沒海(정동리 솔섬의 해넘이) 등이다.

낙서재가 보길도 최고의 연화부수형 명당이라면 동천석실은 최고의 승경 향유점이다. 낙서재로부터 약 1km 떨어진 앞산 중턱에 자리한 동천석실은 자연지형과 암석에 기댄 별천지 세계이다. 격자봉을 마주하며 부용동 일대가 눈 아래로 펼쳐지고 연꽃봉우리 주변 산세는 물론 멀리 서쪽 바다 까지 즐길 수 있는 조망의 거점이기도 하다. 고산은 부용동 제일의 절승 동천석실을 무대로 수많은 시가를 읊었는데, 설원의 〈모군내전〉에 의하면 동천은 "경치 좋은 천지가 둘러쳐진 신선이 사는 곳大天之內 有地之洞天三十六所乃眞仙所居"을 말한다. 즉, '동천'은 속세의 때가 미치지 않은 깨끗하고 아름다운 동천복지의 세계로 도교적 가치관이 반영된 선경세계를 상징하는데, 자신을 신선에 비유함을 유추케 한다. 즉, 동천석실은 해발 100~120m 지점에 해당되는데, 현실을 초월하여 우화등선의 경지를 체득코자 했던 은일의 거점이었다.

동천석실을 포함하여 곡수당과 세연정 일대 부용동에 펼쳐진 고산의 격조 높은 경관 향유방식은 문학적 상상력을 유감없이 드러내고 있는데, 독서하고 소요하

| ❶ | ❷ | ❸ |
| ❹ |

❶ 낙서재 아래 학문 수양처로 지어진 곡수당
❷ 환경 미학이 펼쳐지고 초세적 은일관이 작용된 세연정
❸ 부용동 원림의 대표경관 세연정과 연못 전경(ⓒ강충세)
❹ 산다화(동백) 꽃잎 떨어진 이른 봄 세연지 풍경(ⓒ강충세)

는 즐거움을 다음과 같이 노래했다.

> 수레엔 소동파의 시요 집에는 주문공의 글이로다
>
> 어찌 육중한 문이 있으리오 뜰에는 샘이요 대와 못이 갖춰있네 _ 石室

동천석실 하단에는 암반에 못을 만들어 연꽃을 가꾸었고, 희황교 돌다리를 두었으며 자그마한 네모꼴 못 석담을 가꾸었다. 여기에서 '희황'은 전설상의 황제 복희씨를 지칭하는 것으로 천자가 사는 궁전을 비유한 것인데, 동천세계와 잘 부합되는 명명이다. 이곳에서 좁은 돌계단을 따라 오르면 차를 마시며 부용동 일대를 조망하며 즐길 수 있는 차바위茶巖에 다다르게 되는데, 부용동의 형세를 암각으로 조탁한 풍수국면을 목격할 수 있다. 석실에서는 생활의 지혜에 따른 과학기술을 목격할 수 있는데, 산 아래로 도르래를 설치하여 음식과 서신을 전달받았다. 동쪽으로 놓인 돌계단을 가파르게 오르면 동문洞門을 지나 석실에 다다르게 되는데, 석문, 석담, 석천, 석폭, 석대 및 석교, 망월대 등 신선경의 세계를 구현한 것이기도 하다. 오늘날 석실로 향하는 오솔길은 상록활엽수림이 울창하여 숲 터널을 형성하고 천이과정을 거친 다정큼나무, 물푸레나무, 두릅나무, 붉가시나무 군락 등 난대성 식물상을 보여주고 있다.

고산이 1652년 4월에 읊은 〈복차계하운復次季夏韻〉 시에 부용동의 승경 향유 및 차를 즐기는 일상이 그려져 있다.

> 산중에 사람들이 모여 살면서 자연스레 땅을 빌려 쓰는 풍습
>
> 경휴군의 말에 처음에는 의아하게 여겼지만
>
> 사방 첩첩이 겹쳐진 산봉우리 빼어나게 아름다웠고
>
> 뒷면 십리 되는 모래밭은 구불구불 마을 따라 감싸있네

오두막집 낮은 울타리는 공들여 세워 놓은 것 같았고

거친 차와 현미밥은 기다리지 않았어도 내 오누나

끝내 기대함이 소원하여 아직도 마음에 들지 않음은

오랫동안 회상했던 부용동의 내 집 탓인 것을

이곳 일대에는 고산이 차나무를 재배했다는 차밭골茶田谷, 차를 달이는 물로 썼던 차샘茶泉, 차를 끓였던 돌부뚜막茶竈, 차를 마셨던 차바위 등 차 문화 관련 요소들이 곳곳에 실존한다. 관련하여 부용동팔경의 제5경 석실모연石室暮煙에서 해질녘 차를 끓이는 연기가 선경으로 비유되는 정경을 포착할 수 있다.

바다에서 부는 만풍향연을 끌어와서

높고 험한 산에 들어 석실 가에 흩어진다

묵은 부뚜막엔 선약이 남아 있고

움켜온 맑은 물은 차 사발에 끓고 있네

석실의 부엌에선 차 끓인 연기 이니

구름인 듯 안개인 듯 무늬 져 끼고 도네

바람에 날려가다 섬돌에 다시 남고

달빛에 실려 가서 냇물 위에 머무네

『보길도지』를 통해 동천석실의 서정적 원형경관을 엿 볼 수 있다.

낙서재터를 잡아 안산을 마주하고 앉아 있다 한참 뒤에 가마를 타고 곧바로 석실로 향해 황무지를 개척했다. 이곳 석함 속에 한 간 집을 짓고 동천석실이라 명명했다. 〈중략〉

석실 오른쪽에 석대가 있다. 높이는 한 길 남짓하고, 넓이는 두어 사람이 앉을 만 하다. 석대 밑에 또 석문과 석제가 있고 석문 밖으로 벼랑처럼 끊어진 위태로운 폭포가 있다. 등 넝쿨을 잡고 내려오면 맑게 흐르는 샘물은 아름다운 음악을 들려주고 단풍나무, 소나무 그늘이 덮여 있는 밑에는 검푸른 이끼가 돋아 있으며, 물이 떨어지면서 석담을 이루고 있다. 즉, 천연적으로 이루어진 하나의 함과 같다. 석담石潭가에는 석정石井이 있다.

세연정 일대는 낙서재로부터 5km 정도 떨어진 부용동 초입 계류 권역으로 기암괴석이 펼쳐진 수경관 무대이다. 구들모양의 돌로 제방(판석보)을 쌓아 연꽃이 어우러진 못(세연지)을 조성했는데, 낭음계 계류에서 유입되는 입수구는 다섯 구멍이고 출수구는 세 구멍으로 조영되었다. 즉, 오입삼출 및 고입저출 방식의 입출수체계가 특이하고, 수위조절과 옥소대 방향으로 이어지는 돌다리, 그리고 물이 넘칠 때 폭포수 경관을 연출하기도 하는 판석보 등은 일정한 수량이 유지되는 과학적인 독보적 수경시설로 평가된다. 계류를 막아 못을 조성한 판석보(길이 11m, 폭 2.5m, 높이 1m)는 활처럼 완만한 곡선을 이루는 형태인데, 내구성 강화를 위해 1~2m 정도의 크고 작은 판돌을 세워 돌촉으로 고정시켰으며 강회를 채워 물이 새지 않도록 방수처리를 했다. 세연지의 수 체계 특징은 계류를 판석으로 막아 계담을 만들었고, 일정한 수위를 이루게 하여 넘치는 물을 돌려 인공연못으로 입수시켰는데, 개울에 보를 막아 논에 물을 대는 실용적 방식과 합치된다.

원림의 백미는 역시 세연정 권역이다. 낭음계를 막아 조성한 세연지 계담과 인공 연못인 회수담을 휘감아 돌게 하고, 네모꼴 섬과 원형 섬을 별도로 두었으며 중간 지점에 십자 모양의 정자를 앉혔다. 정자 앞쪽으로 동대와 서대(길이 6.5~7.5m, 높이 2m)라고 명명한 네모꼴 석단을 만들어 무희들이 춤추는 유희공간을 조성하였고, 커다란 연못에는 배를 띄우며 낚시를 드리울 수 있게 했다. 자연석으로 축대를 쌓아 호안을 만들었고 연못 바닥은 너른 암반이 깔려있어 맑고 깨끗한 수경관을 창출

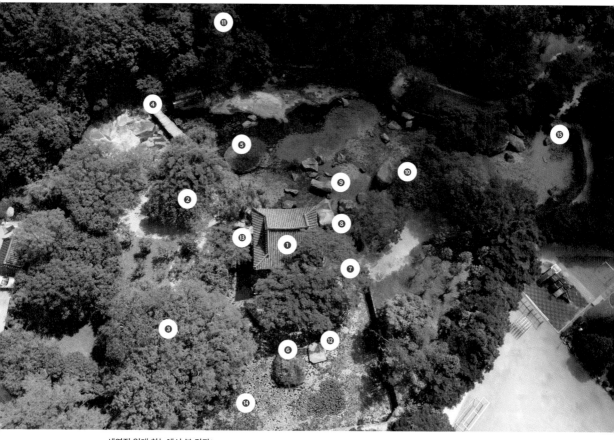

세연정 일대 하늘에서 본 경관(국립문화재연구소 제공)
① 세연정, ② 동대, ③ 서대, ④ 판석보, ⑤ 원도, ⑥ 방도, ⑦ 비홍교, ⑧ 사투암, ⑨ 칠암, ⑩ 혹약암, ⑪ 옥소대, ⑫ 옥소암, ⑬ 오입삼출수, ⑭ 방지(회수담), ⑮ 돌출보

한다. 연못의 북쪽은 계류를 따라 둑을 조성하여 대나무 숲 띠를 두었는데, 연못을 조성하면서 발생한 유용토를 활용하여 영역을 확보하고 풍수적 지기 비보를 겸한 경관보완 의도로 해석된다.

　　정자 명칭은 격물치지의 의미를 담아 중앙은 세연정, 서쪽은 동하각, 동쪽은 호광루라 했다. 거북 바위 위에 다리를 놓아 비홍교飛虹橋라 하여 정자에 오르도록 하였고 남쪽 못에 주역 혹약재연或躍在淵(장차 크게 뛰려 하나 아직 깊은 못 속에 잠겨있음)에서

❶	❸
❷	❹

❶ 부용동 초입에 기암괴석들이 펼쳐진 수경관 무대 세연정(ⓒ강충세)
❷ 수위조절과 돌다리, 폭포 기능을 겸하는 판석보 다리
❸ 기암괴석들이 펼쳐진 세연지 연못과 정자(ⓒ강충세)
❹ 세연지 연못과 정자, 그리고 남쪽 봉우리 옥소대 전경

연원하는 흑약암, 그리고 사투암, 유도암, 무도암, 용두암 등 일곱 개 칠성바위七岩가 펼쳐져있다.

연못 사이에 2개의 섬을 만들었고, 중심부에 세연정(물에 씻은 듯 깨끗한 마음이 상쾌함)을 축조했으며, 세연정 북쪽으로 3단 석축을 쌓아 동대와 서대를 두었는데, 무도암 등은 풍류와 연계된 독창적인 원림요소이다. 고산은 세연정 계담에 작은 소방小舫을 띄우고 동남동녀들의 채색 옷 용모가 수면에 비치는 것을 즐기면서 어부사시사를 유유히 노래했다고 한다. 결과적으로 세연정은 시와 노래와 춤으로 통칭되는 시가무詩歌舞 합일의 예락을 예술로 승화시킨 한국 정원의 백미라 하겠다.

이곳에는 동백, 소나무, 곰솔, 생달나무, 후박나무, 사스레피나무, 붉가시나무 등의 상록수와 멀구슬나무, 버드나무, 느릅나무, 밤나무, 예덕나무 등의 낙엽수가 주 경관을 형성하고, 배후에 대나무와 곰솔, 동백과 붉가시나무 등이 혼효림으로 펼쳐진다. 겨울에 피는 동백꽃과 관련하여 문일평의 『화화만필』에 다음과 같은 내용이 실려 있다.

조선에는 4계중에 오직 동기에만 피는 꽃이 없나니 매화가 남쪽 난지에 있기는 있되 춘매春梅 뿐이고 동매冬梅는 없으며 북쪽 한지에는 실중室中에 배양하는 분매盆梅가 있을 뿐으로 동계는 백설 송죽白雪松竹외에 꽃을 볼 수 없는 쓸쓸한 무화無花의 시절이다. 그러나 조선 남방에는 동백화가 있어 동계에도 붉은 꽃이 피어 무화의 시절에 홀로 봄빛을 자랑하고 있나니 이 꽃이 동절에 피는 고로 동백화란 이름이 생겼다. 그 중에 춘절에 피는 것은 춘백春栢이라 불려진다.

세연정 서북쪽으로는 연못을 조성할 때 파낸 흙으로 150m 정도 길이의 토산을 쌓아 원림 영역을 아늑하게 구축했다. 정자의 남쪽 봉우리를 향해 오솔길을 따라가면 좁은 석문이 나타나고 곳이어 옥소대玉簫臺를 마주한다. 이곳에서는 멀리 황원포 앞바다가 조망되고 가까이 세연정 일대의 경관을 내려 볼 수 있다. 옥소대에서 춤을 추는 정경은 못 속에 비쳐 거울 연못과 같은 색다른 풍광을 자아냈다고 하는데, 옛 이야기가 현실감 있게 다가오는 무대가 된다.

원림에서 관찰되는 식물은 동백을 비롯하여 구실잣밤나무, 생달나무, 녹나무, 후박나무, 멀구슬나무, 배롱나무, 수련 등이 우점종인데, 옛 문헌에 출현하는 동백, 가래나무, 밤나무, 유자나무, 석류나무, 소나무, 복숭아나무, 오얏나무, 단풍나무, 차나무 등의 고증, 복원이 필요한 대목이기도 하다.

무릉도원에 비유된 부용동의 절승은 최용환의 글(1928. 8. 4 동아일보)에서도 추적할 수 있다.

적자赤紫에 부용피고 옥산에 웃는 백연白蓮, 장사도를 사이에 두고 남으로 나루 하나를 건너면 노화도의 팔경을 배경삼아 남해를 향하고 있는 것이 보길도이니 그 생김생김이 오히려 팔경을 가진 노화도에 비길 바가 아니다. 남으로 적자봉에 올라 일망무제한 바다를 건너 제주 한라산을 바라보고 이에서 서西로 내려와 옥산의 백련암을 찾고 다시 동으로 떨어져 부용 골짜기의 이른바 무릉도원을 더듬어 돌아남이 어느 것 하나 버릴 것 없는 미인의 부침 부침이다.

부용동원림은 정교한 적지 분석에 의해 살림집, 학문 수양처, 선경세계, 은일 풍류 공간을 단계적으로 경영한 한국최고의 명원사례이다. 상징적인 명명과 가치를 부여함으로서 고산이 추구했던 풍수적 토지관과 성리학의 이상세계, 유교적 인생관과 출처관, 그리고 도가적 풍류관 등이 다양하게 투영되었다. 즉, 양택 낙서재와 곡수당이 주거와 학문을 위한 생활거점이라면 부용동 제일의 절승 동천석실은 속세를 떠난 도가적 은일공간이 되며, 물길을 절묘하게 활용한 세연정은 자연 속에 동화되어 풍류를 즐기던 유교적 위락의 거점이 되었다. 장풍득수와 배산임수라고 하는 풍수적 자리 잡기를 기반으로 문학과 예술적 안목이 정교하게 관입되었으며 초세적 은일과 도가적 풍류, 출처관 등을 절묘하게 결합시킨 실존적 무릉도원의 경지이다.

결과적으로 고산의 가치관과 사상관이 적나라하게 투영된 부용동원림은 풍류의 거점이자 선경세계를 소우주 속에 정교하게 대입시켜 경관미학과 원림예술의 진면목을 유감없이 보여준 한국 최고의 명원 사례라 하겠다.

상서로운 서석이 펼쳐진 영남 최고의 명원, 영양 서석지

瑞石池

국가지정 중요민속문화재 제108호 경북 영양군 입암면 연당리 서석지1길 10

서석지瑞石池를 중심으로 펼쳐진 임천정원은 1613년(광해군 5년) 석문 정영방鄭榮邦(1577~1650)이 강학처로 정자를 짓고 은일을 즐긴 별서원림이다. 석문은 예천 용궁에서 태어나 정경세 문하에서 다년간 수학한 인물인데, 퇴계 이황, 서애 류성룡, 우복 정경세로 이어지는 퇴계학파 삼전三傳의 수제자로 회자된다. 1605년(선조38년) 진사시에 합격하였으나 광해군의 실정, 당파싸움, 병자호란 등 세상이 어지러워지자 관직에 나아갈 뜻을 접고 학문연구에 전념하며 처사로의 삶을 영위했다. 병자호란이 끝난 후 예천의 가산을 맏아들 정혼에게 맡기고 영양의 연당으로 이주하여 서석지, 경정, 주일재, 운서헌, 유종정 등을 경영했으며, 1650년에는 안동 송천에 읍취정을 짓고 말년을 보냈다.

석문은 평생 경敬을 중심사상으로 승화시켜 받들었는데, 자신의 정자, '경정敬亭'은 평소 자중하고 경계하는 '敬'의 몸가짐을 통해 사물의 진리와 인간의 본성을 발견하고자 했던 학문 태도와 가치관을 드러내고 있다. 즉, 경정과 주일재 현판이름은 주자의『근사록』'거경궁리 주일무적居敬窮理 主一無適'에서 취했는데, '주자서'를 비치해 두고 단정히 앉아 죽는 날 까지 탐독했다는 일화가 전해진다. '경'과 관련하여 김시습은『매월당집』에서 "학문의 크고 작음은 본래 같지 않으나 '경'은 시종일관 하는 것이다. 선현이 이르기를 정신을 하나로 하여 다른 데로 감이 없게 하고 또 항상 깨어 마음을 한 곳에 붙들어 두고 다른 생각이 들어오지 못하게 하는 것이다."라고 풀이했다.

서석지가 위치한 연당마을은 일월산(1,219m)에서 동남쪽으로 뻗어 내린 대박산과 자양산(430m)을 배산하여, 동쪽의 자양산과 서남쪽의 영등산 지맥이 봉수산과 나월암으로 이어지는 분지에 자리한다. 진보에서 영양에 이르기 까지 첩첩산중이 이어지는 지형조건 사이로 물길이 서북쪽에서 동쪽으로 흘러 마을 입구 쪽에서 영양천과 합류하는 명당수(청기천)가 관류한다. 영양에서 청기로 가는 길을 따라 가다보면 반변천에 솟아있는 17m 크기의 선바위立岩를 만나게 되고 맞은편 강가에 10m

높이의 내자금병內紫錦屏 병풍바위가 서 있다. 이곳에서 조금 안쪽으로 들어가면 동래정씨 집성촌 연당마을이 나타난다. 절벽과 강을 사이에 두고 거대한 촛대를 세워 놓은 것 같은 선바위는 이곳의 경관 지표물이 되고, 석벽과 절벽을 끼고 흐르는 두 물줄기가 합류하여 큰 강을 이루는 남이포가 펼쳐진다. 선바위와 남이포는 세조때 남이 장군이 역모자들을 평정 시켰다는 전설이 내려온다. 석문의 손자 정요성이 기술한 〈임천산수기〉에서 이러한 정황을 자세히 추적할 수 있다.

일월산 남쪽으로 6, 70리 내려와 왼쪽은 영양대천, 오른쪽은 청기계를 형성하며 임천에 이른다. 이곳에 이른 산은 자양산으로 두 갈래로 펼쳐진 평평한 곳의 주변은 3리 이다. 청기계는 남쪽에서 동쪽으로 흐르고, 삼면을 돌아 산외부로 돌아 안쪽으로 향한다. 서석지 남쪽으로는 120무에 유종정이 있고, 동남쪽 80무 정도에 구담龜潭이 있다. 구담의 북쪽에 서 동쪽으로 2리 내려오면 석문이 있고, 남쪽에는 자금병과 선바위가 있다. 자금병 산정상이 부용봉이다.

자양산을 주산으로 좌청룡과 우백호 산줄기가 감싸고, 나월산이 남주작 역할을 하는 연당에 삶터를 구축한 입암은 촛대바위 석문石門을 자신의 아호로 삼았다. 토석담이 정겹게 어우러진 연당마을 한 쪽에 노거수로 자란 늙은 은행나무를 끼고 살림집 별당에 해당하는 경정과 주일재, 그리고 서석지 연못 등 담장으로 둘러쳐진 네모꼴의 정원을 마주하게 된다. 흰 돌이 서기를 품고 상서롭게 펼쳐진 땅을 파 연꽃이 어우러진 못을 가꾸면서 풍수적 화기비보 역할을 겸하도록 하였다. 서석지라 이름 하고 정자와 서재를 지었는데, 〈자서自序〉에서 '서석'의 의미를 다음과 같이 적었다.

돌의 속은 무늬가 있어도 밖은 검소하다. 인적이 드문 곳에 갈무리되었으니 선한 사람, 고요한 여인이 정조와 청결을 지켜 스스로 보존함과 같다. 또한 은둔한 군자가 덕의를 쌓아 가슴에 두고 밖

으로 표출하지 않는 것과 같다. 참으로 귀하게 여길 만한 실상이 있으니 상서로움이 아니겠는가
…

별서의 구성은 중심건물인 경정敬亭과 옥성대, 송죽매국을 심은 사우단四友壇, 주일무적의 가치를 받드는 서재인 주일재主一齋, 살림채로 마련된 자양재紫陽齋(주희의 자양서원에서 유래)와 아래채, 장판각, 은행나무 행단杏壇, 회원대와 의공대, 그리고 상서로운 서석과 연꽃으로 채워진 못 등으로 구성된다. 정자, 사우단, 행단, 연못 등이 어우러진 정원 면적은 1,530㎡ 규모이다.

서석지를 출입하는 사주문 안쪽 모서리에 조성된 행단에는 400년 이상 된 은행나무가 자리하는데, 공자의 인품과 사상을 흠모하는 징표이자 강학공간에 펼쳐진 정심수이다. 즉, 조선시대 서원, 향교 등을 건립하면서 은행나무를 심는 관행을 생각하면 이곳 초창기의 기념식재 수목으로 판단된다. 은행나무는 지구상에 존재하는 살아있는 화석 중 하나인데, 성리학자들이 자신의 강학공간에 즐겨 심은 뜻은 유일성과 영원성에 기반 한 상징수목으로서 인재들을 양성하면서 인본주의적 정명론에 천착했던 학문적 포부와 가치관의 표징이다.

우리나라 행단 관련 기록이나 그림에는 주로 은행나무가 등장하는데, 공자의 행단에 심은 나무가 살구나무라는 관점에서 논란이 있기도 하다. 즉, 은행나무와 살구나무가 같은 한자 표기 杏이기 때문인데, 공자의 위패를 모신 성균관 문묘, 아산 맹씨행단, 겸재 정선이 그린 행단고슬 등 사례에 비추어 행단에 심어진 나무는 은행나무에 더 무게가 간다. 살구나무는 10m 크기 까지 자라는 낙엽활엽교목으로 분류되지만 오래 살지 못하며 아름드리 녹음수로 크게 자라기도 어려운 나무이다. 『증보문헌비고』에서 "태학의 문묘 앞에 옛사람이 행단의 옛 제도를 본떠 은행나무文杏 두 그루를 마주 심었더니, 열매가 맺을 때 마다 땅에 떨어져 쌓여 썩은 냄새가 나서 견딜 수 없었다." 라는 기록을 볼 수 있다.

연못을 끼고 좌측으로 '경'사상 한 가지 뜻을 받든다는 의미를 갖는 단아한 서재(주일재)를 지어 운서헌이란 현판을 달았고, 북쪽으로 옥돌을 쌓아 만든 옥성대 위에 정자를 세워 경정이라 하였다. '경敬'은 성학의 처음이자 마지막이 된다하여 어버이와 임금의 섬김, 그리고 학문에서 수심양성의 지표로 삼았다. 수양함에는 '경'이 필요하고, 학문으로 나아감에는 '치지致知'가 중요한데, 석문은 일상생활에서 마음의 동요가 없게 함은 물론 '궁리'에 있어서도 마음의 상태는 '경'이어야 하며, 이理를 강구하여 사물의 본질적인 이치를 터득하게 되며 마침내 마음의 성리性理를 깨닫게 된다고 하였다.

경정에는 시문 편액이 다수 걸려있는데, 석문이 읊은 〈경정잡영〉을 비롯하여 정경세, 김홍미, 이준, 신즙 등 문사들이 쓴 글을 새겼다. 〈경정잡영〉을 통해 이곳의 주요 경물요소를 파악할 수 있는데, 敬亭(경정), 克己齋(극기재), 瑞石池(서석지), 臥龍巖(와룡암), 四友壇(사우단), 玉成臺(옥성대), 詠歸堤(영귀제), 紫陽山(자양산), 倚筇臺(의공대), 立巖(입암), 芙蓉峯(부용봉), 紫錦屛(자금병), 龜浦(구포), 懷遠臺(회원대) 등이다.

'경정'과 '극기재'는 사물의 진리와 인간의 본성을 발견하고자 했던 학문 태도와 가치관을 드러낸 건물인데, 〈경정잡영〉에서 읊은 상징적 의미는 다음과 같다.

마음을 하나로 모으는데 잊지도 조장치도 말고

마음 달아날까 깊은 물에 임하듯 두려워하고 조심하리라

환히 깨어 있어 반드시 비추도록 하되

서암스님이 인륜을 버리고 마음공부에 전념한 것처럼 하지 않으리. _ 경정

뭇 욕심 내 마음 빈틈 공격함이

강하기로 말하면 몇 백의 진나라 군사이던가

욕심 이기기를 마치 안연이 한 점의 눈이 붉은 화로에서 녹아버리듯 하여

오래도록 인에 어김이 없어야 하리라. _ 극기재

　　주일재와 경정, 극기재 등은 초연함으로 일관하는 삶과 연계되는데, 못에는 연을 심었고 사우단을 두어 매화, 대나무, 소나무, 국화를 가꾸었으며, 행단에 은행나무를 도입하였다. 군자의 삶을 희원하며 사우단에 심어진 정심수는 주일재를 적정하게 차폐하여 안팎으로 서재를 감싸주는 합목적적인 경관미학을 엿볼 수 있는 표징으로 작용된다. 즉, 자유평안을 향유코자 했던 은일처사의 삶이 상서롭게 대입된 서석瑞石, 군자적 삶을 비유한 세한4우梅松菊竹와 연꽃, 그리고 은행나무 심어진 행단 등은 경직의방과 거경궁리하는 성리학적 논리를 담아내고 있다.

　　'석문정선생사적비'에 이곳과 관련하여 다음과 같이 기록하고 있다.

　　선생은 대박산에서 문 앞까지 상거 사십 여리 가운데 산수가 뛰어난 임천에 정자를 짓고 연못을 파시니 정자는 경정이요, 재는 주일재요, 연못의 이름은 서석지로 내원 외원과 영향권까지 목석 초화 일점 일점을 각각 명명 작시하시니 동양정원의 최적요소를 구비한 임천정원이다. 서석지는 크지도 깊지도 않으나 거울에 비칠 듯 반반백석이 첩첩이 층을 이루어 벌여 늘어서고 짐승이 엎드린 것 같고 용이 서리고 봉황이 나는 듯하다.

정자에 걸린 〈경정잡영〉
제영시문

❶ 서석지 담장 밖에서 바라본 풍광(ⓒ강충세)
❷ 400년 이상된 은행나무 행단杏壇의 위용(ⓒ강충세)
❸ 서석지에 어우러진 서석과 연꽃, 그리고 경정 정자
❹ 서석지, 측면의 사우단, 정면의 경정 전경

서석지는 상징성 짙은 수목梅松菊竹을 도입한 석단을 돌출시켜 전체적으로 요凹자 형태를 취하는데, 다듬돌로 호안을 가지런히 축조했고, 정자 앞쪽은 서석을 쌓아 옥성대라 하였다. 연못 바닥에 펼쳐진 60여 개의 회백색 서석은 얕은 수심에 형상을 드러내거나 물에 잠겨 독특한 수경을 연출하는데, 푸른 물빛, 녹색의 연잎, 그리고 분홍빛 연꽃 등과 대비를 이루어 상서로운 자태를 드러낸다.

석문은 〈자서〉를 통해 '서석'의 의미를 다음과 같이 기록했다.

돌의 속은 무늬가 있어도 밖은 검소하다. 인적이 드문 곳에 갈무리되어 있으니 마치 선한 사람, 고요한 여인이 정조와 청결을 지켜 스스로 보존함과 같다. 또한 세상을 은둔한 군자가 마치 덕의를 쌓아 둔 채 가슴 속에 보존된 것을 밖으로 표출하지 않는 것과도 같다. 그러나 귀하게 여길 만한 실상이 있으니 상서로움이 아니겠는가. 어떤 이는 진옥 아닌 돌이라고 싫어하지만, 그것은 그렇지 않다. 만약 그 서석이 과연 옥이라면 내가 소유할 수 있었겠는가. 설령 내가 소유하였더라도 화근이 되지 않겠는가. 만일 옥과 비슷하면서 옥이 아니라면 이는 한갓 아름다운 이름만 훔친 것이고 용도에는 부적합하다. 이는 도리어 졸한 사람이 순진하고 어리석음을 지키면서, 세상을 속이고 이름을 도둑질하는 일이 없는 것만 못할 것이다. 그렇다면 이 돌은 어찌 상서로운 돌이라 하지 않겠는가.

많은 명인들이 이곳을 거쳤는데, 약봉 서성(영의정 추증)은 다음과 같이 시흥을 노래했다.

깊은 산 속 내면까지 알 수 없지만 이렇게 아름다운 계곡과 산이 있네
홍진 세상과 헤어짐은 스스로 원했지만 조물주는 한쪽만 위해 만들었네
산봉우리는 둥글어 상투 같고 흐르는 물은 굽이쳐 만을 이루었네
정공이 자리 잡아 손님을 맞이하는 곳 잇따라 오는 비로 오래 머물다 돌아가네

서석지의 사주문 쪽 동편 제방을 일컫는 '영귀제' 석비와 모란

사주문을 들어서면 연못의 동편 '영귀제咏歸堤' 석비가 모란과 어우러져 놓여 있는데, '영귀'는 『논어』 〈선진편〉에서 연원한다. 즉, 공자가 제자들에게 출처관을 물었을 때 모두 벼슬 할 뜻을 밝혔으나 증점은 "기수에서 목욕하고 무우에서 바람 쐰 후 시를 읊조리며 돌아오겠습니다."라고 했다는 일화인데, 벼슬에 얽매이지 않고 자연에서 즐기는 안빈낙도의 은일관을 엿 볼 수 있는 대목이다. 성호 이익은 『성호사설』에서 뜰에 많이 심어진 모란의 부귀영화 상징성에 대해 반어법적 경계의 글을 피력하였다.

> 염계濂溪가 이르기를, 모란은 꽃 중에 부귀한 꽃이다. 하였으니, 이는 사람의 눈을 가장 기쁘게 하기 때문이리라. 그러나 내가 보기에 모란이란 꽃은 가장 쉽게 떨어지는 것이다. 아침에 곱게 피었다가 저녁이면 그만 시들게 되니, 이는 부귀란 오래 유지하기 어렵다는 것을 비유할 만하고, 모양

은 비록 화려하나 냄새가 나빠서 가까이 할 수 없으니, 부귀란 또 참다운 것이 못 된다는 것을 비유할 만하다.

한편, 모란의 재배와 관련하여 『증보산림경제』에 다음과 같은 내용을 추적할 수 있다.

씨를 심든 접붙이든 입추 후 다섯 번째 무일戊日 전후가 적합하다. 중추절은 모란의 생일날로 이 날 옮겨 심으면 반드시 무성하게 자란다. 성질은 추운 것에 적합하고, 더운 것을 싫어한다. 건조한 것을 좋아하고, 습한 것을 싫어한다. 새흙을 북돋아주면 뿌리가 왕성하게 자란다. 해를 향하는 성질을 완화시키려면 흐리고 맑은 날이 반반씩 되어야 좋다. 더운 바람과 뜨거운 햇볕을 꺼린다. 참죽나무에 모란을 접붙이면 키가 수 십 길이나 된다. 모란은 접붙이지 않으면 아름답지 않다. 뿌리는 땅에서 5-7치 정도 남겨두고 자른다. 접붙여 진흙으로 싸주고 부드러운 흙으로 북돋아준다. 집을 만들어 바람이나 햇볕을 쏘이지 않게 한다.

연못 주위에는 수목이 식재되어 있는 4개의 단이 존재하는데, 주일재 앞의 사우단과 정문으로 진입하여 바로 들어서게 되는 남서 호안인 영귀제, 남동 호안으로서 담장 너머로 외부 자연경관을 관망할 수 있는 회원대, 그리고 남쪽 모서리에 높은 산석으로 쌓아 올린 은행나무(400년 이상 된 영양군 보호수) 행단이 그것이다.

연못의 수원은 용출 지하수와 뒷동산에서 발원하는 유입수가 겸용되었는데, 동북쪽 입수 도랑을 읍청거挹淸渠(맑은 물을 취하는 도랑), 서남쪽 출수 도랑을 토예거吐穢渠(더러움을 토해내는 도랑)라 하였다. 물의 순환을 고려하여 입출수구를 대각선상에 놓았는데, 수위조절과 풍수 논리를 대입하여 입수구는 드러나고 출수구는 드러나지 않도록 하였다. 즉, 생명과 재물의 잉태는 물론 생기의 본체를 형성하는 득수得水, 그리고 해는 동쪽에서 떠서 남쪽을 거쳐 서쪽으로 진다는 천계의 운행 질서논리에 부합하는 동입서출의 관점과 연계된다.

　정자에서 바라볼 때 서기를 띄고 펼쳐진 서석들은 연꽃의 어우러짐, 그리고 수위의 변위와 계절에 따라 오묘한 정취를 자아낸다. 이름과 시詩가 전해지는 서석은 모두 19개 인데, 정자와 인접한 옥성대玉成臺 북쪽의 상경석尙絅石, 동쪽 아래의 낙성석落星石, 사우단四友壇 앞 조천촉調天燭, 동편 수중에 집중되어 있는 수륜석垂綸石, 어상석魚牀石, 관란석觀瀾石, 화예석花蘂石, 상운석祥雲石, 봉운석封雲石, 난가암爛柯嵒, 통진교通眞橋, 분수석分水石, 와룡암臥龍巖, 탁영반濯纓盤, 기평석棊坪石, 선유석僊遊石, 쇄설강灑雪矼, 희접암戲蝶巖 등이다.

　중심 돌을 신선이 노니는 선유석이라 했고, 입수부의 분수석은 여러 갈래로 물이 흐르지만 근원은 하나라는 뜻을, 관란석은 "배우는 자는 끊임없이 노력해야 진리에 도달할 수 있다."는 뜻을, 상경석은 "내면을 충실히 하고 부귀와 명예를 탐하지 말아야 한다."는 교훈을 담고 있다.

　석문이 읊은 시문을 통해 서석의 의미적 속성을 추적할 수 있다.

돌은 속으로 아름다운 글을 머금으면서도 오히려 그 있음을 나타내기 꺼리는데

사람은 어찌 실속에 힘쓰지 않고 명예만 얻으려고 급급하는가. _ 상경석

점점이 고르게 퍼져 있는 모양이 모두 바르네 달빛마냥 하얗게 펼쳐진 서리 비단

둥글둥글 늘어선 패옥 갓끈 사방 어디에나 감미로운 빗방울 품었네. _ 상운석

　선경세계로 나아가는 통진교, 바둑 풍류를 즐길 수 있는 기평석, 도끼처럼 생긴 난가암, 눈 날리는 징검다리 쇄설강, 학의 머리처럼 구름을 머금은 봉운석, 나비처럼 날 수 있는 희접암, 꽃을 감상하는 화예석, 갓 끈을 씻는 탁영반 등 상징성 짙은 서석들이 펼쳐진다.

『맹자』의 탁영탁족濯纓濯足은 창랑의 물이 맑으면 갓끈을 씻고 더러우면 발을 씻어 세상에 나아갈 때와 물러설 때를 가린다는 출처관과 연계되는데, 안동 도산서원의 탁영담, 경주 옥산서원의 탁영대 등도 같은 맥락이다. 창랑의 물이 맑다는 것은 도의와 정의로운 세상을, 흐리다는 것은 도의가 무너진 어지러운 세상을 비유한 것이다. 즉, 맑은 물에 갓끈을 씻을 수 있는 세상이 도래하면 현실 정치에 나아가 벼슬을 할 수 있고, 더러운 물에 발을 씻는다는 것은 풍진에 찌든 세상을 등지고 고답을 추구하겠다는 출처관과 연계된다.

웅크린 용처럼 보이는 와룡암 주변에는 상서로운 구름 바위 상운석, 봉운석과 어상석, 광채를 뿜는 촛대바위 조천촉 등 축의적 소우주를 상징한다. 물은 여러 갈래로 흐르지만 근원은 하나라는 뜻을 지니는 분수석은 지혜와 어진덕성 '인仁'을 상징하는데, 물은 지혜로서 어진덕성을 나누어 준다는 의미를 함축한다. 상경석은 『중용』의 '의금상경衣錦尙絅'에서 취한 것인데, "속에는 비단옷을 입고, 그 위에 홑옷을 걸친다."는 뜻으로, 선비는 내면을 충실히 하되 화려함이나 명예를 탐하지 말아야 한다는 교훈을 담고 있다.

『장자』의 '호접지몽'과 연계되는 희접암은 하나의 고착된 관점을 갖는 나我는 존재하지 않고, 만물과 구분이 없는 물아일체의 경지를 상징한다. 즉, "장주가 꿈에 나비가 된 것인가, 나비가 꿈에 장주가 된 것인가"라는 글귀처럼 황홀 경지에서 피아와 주객의 구별이 없는 망아의 경지에 대한 동경심이다. 어상석은 『장자』〈추수편〉에서 혜자와 대화중에 말한 '어지락魚之樂'의 경지이고, 와룡암은 '삼고초려' 고사와 관련하여 제갈량 같은 걸출한 인물이 나타나지 않음을 비유한다.

경정(정면 4칸, 측면 2칸 규모)은 6칸 대청 좌우에 온돌방 2칸을 마련한 구성인데, 정자 앞 옥성대는 '경'의 가치를 함양하여 완인完人으로서의 인생여정을 품격 있게 살고자한 생활철학을 담고 있다. 주자는 도덕적 수양 방법으로 '거경궁리居敬窮理'를 강조했는데, 거경은 도덕적 본성을 지키고 북돋는 내적 수양存心養性을, 궁리는 인간과 사물의 이치를 찾아 욕구를 다스리는 외적 성찰格物致知을 의미한다. 『역경』〈문언전〉의 "경으로써 내면세계의 마음을 곧게 하고 의로써 밖으로 드러나는 행동을 방정하게 한다.敬以直內 義以方外"와도 맥을 같이 하는데, 자중하고 경계하는 몸가짐을 통해 사물의 진리와 인간의 본성을 체득하고자 했던 가치관을 드러낸다.

정자에서는 정면에 펼쳐진 연못 속의 바위돌과 분홍빛 연꽃 정경을 부감할 수 있고, 낮은 담장 너머로 유종정과 소나무 숲 띠를 시원하게 즐길 수 있는가 하면, 낮게 드리어진 향나무의 정취와 행단의 은행나무 위용은 경이로움으로 다가온다.

예로부터 강학 및 제향공간(성균관, 서원, 향교, 서당 등)에 은행나무를 심어 행단 이라 했는데, 학문을 강론하고 선현의 제향을 목적으로 하는 뜰에 은행나무를 심어 정심수로 가꾸었다. 널리 이로운 홍익인간의 정신, 강인한 생명력과 장수하는 성질, 그리고 단단하고 곧게 자라며 웅장한 자태를 통해 선비 기상의 학자수로 애칭되었다. '플라보노이드(살균, 살충 효과)' 성분을 함유하여 병충해에 강하고, 손자 대에 결실을 볼 수 있다는 공손수公孫樹로 불린다. 불을 먹는 화두목으로 내화력이 강하여 방화수로도 유용하다. 잎이 오리발을 닮아 압각수로 불리며, 암수가 다른 수종(주목, 생강나무, 뽕나무, 벚나무, 버드나무 등)으로 꽃이 피면 숫나무 화분은 바람을 타고 수km 떨어진 암꽃 자방에 까지 수정된다.

『농정전서』에 따르면 "숫 은행은 모서리가 셋이고 암 은행은 모서리가 둘이며 반드시 마주 심어야 한다. 못 가까이 심어서 그림자가 반사되어도 열매를 맺을 수 있다. 춘분 전후에 옮겨 심는다. 깊은 구덩이를 파고, 물을 부어 뒤섞어서 묽은 진흙처럼 만든 연후에 씨를 심는다. 구덩이를 파 옮겨 심을 때 흙까지 파내어 새끼로 묶거나 삼끈으로 묶으면 흙덩이가 부서지지 않는다. 〈중략〉 나무는 장수하고 심는 동리洞里에도 좋으나, 절대로 집 가까운 곳에 심지 말고 비어있는 넓은 터에 심어야 좋다. 껍질은 생겼지만 열매가 덜 여문 것을 구워서 살을 먹으면 맛있다."라고 기록했다.

연못에 면한 사우단 뒤편에 주일재가 자리하는데, 온돌 2칸에 마루가 1칸인 남향집으로 마음을 통일하여 잡념에 흔들림이 없는 수심양상의 의미를 취하였다. 호안은 자연석을 가지런히 쌓아 올린 구조인데, 돌출한 석단을 쌓아 매, 송, 국, 죽을 심고 사우단이라 명명했다. 이곳에 '운서헌' 편액을 걸었는데, 세속을 벗어 자유롭게 숨어산다는 의미이며 '주일主一'은 송나라 정이가 주창하고 주희가 계승한 '주일무적'에서 유래한다. 마음에 경敬을 두고 정신을 집중하여 외물에 마음을 두지 않는 경지를 일컫는다. 구름은 자유로운 존재를 의미하는데, 유유자적悠悠自適하고 행운유수行雲流水처럼 거리낌 없는 구름이 되고 싶은 가주의 염원이 담겨 있다. 이곳에서 뜰로 나아갈 때 처음 발을 딛는 곳이 영귀제인데, "기수에서 목욕하고 무우에서 바람 쐬며 시를 읊조리고 돌아오네"에서 연원하는 안빈낙도의 삶과 연계된다.

〈경정잡영〉에서 읊어진 '주일재'와 '사우단'의 의미경관은 다음과 같다.

배우는 데는 모름지기 경敬을 구하고 행함에 있어서는 명예를 가까이하지 않으리.

나는 노쇠하여 스스로 깨달음이 없으니 그대들 글 읽는 소리 들으려 하노라. _주일재

매화와 국화는 눈 가운데 뜻이 있고 소나무와 대나무는 서리 후의 빛이로다.

송죽매국 세한歲寒과 이 세상 다하도록 우국충절 선비정신 이루리라. _사우단

벗으로 애지중지하며 사우단에 가꾼 지조와 절제의 상징 송죽매국은 도산서당 절우사節友社 화계에 도입된 식물과 일치하는데, 석문이 퇴계학통 정경세 문하에서 다년간 수학한 사실에서 연관성을 찾을 수 있다. 일반적으로 매화, 난초, 국화, 대나무에 소나무와 연꽃을 더하여 6군자로 통칭하는데, 특별히 덕과 학식이 높은 군자에 비유한 이유는 4계절을 대표하는 상징식물로 성리학적 관점에서 고귀함을 지녔다고 생각했기 때문이다. 즉, 이른 봄 동쪽의 매화는 인仁을, 꽃향기 그윽한 여름날

남쪽의 난초는 예禮를, 홀로 피어난 가을날 서쪽 국화는 의義를, 사계절 변치 않는 북쪽의 대나무는 지知의 뜻을 담았다.

도산서당의 절우사는 퇴계가 60세 때(1561년) 정우당, 몽천 등과 함께 조성했다. 송죽매국을 심었는데, 〈도산잡영〉에 "소나무와 국화가 있는 도연명의 동산에는 대나무와 더불어 셋이 있는데, 매화梅兄는 어이하여 함께 하지 못했는가? 이제 바람 서리와 함께 풍상계를 만드니 굳은 절개의 맑은 향기 모두 알겠네."라고 노래했다.

소설가 정비석의 『명기열전』에는 퇴계와 두향(외모와 몸매가 아름답고 거문고와 시 문에 뛰어났으며, 설중매 같은 기품을 지녔다고 전해지는 단양군 관기)의 만남과 이별, 그리고 매 화에 관하여 상상력을 덧붙여 다음과 같이 묘사되어 있다.

슬픔과 비탄에 젖은 채 시를 쓰고 글을 읽는 퇴계를 두향은 마음속으로 깊이 사모했다. 두향은 사 랑의 정표로 푸른빛이 도는 최상의 백매화를 구해 퇴계에게 드리니, 동헌 뜰 앞에 심고 즐겼다. 두향의 재능을 어여삐 여긴 퇴계와 매화를 통해 맺어진 두 사람의 사랑은 각별하였다.

퇴계는 특히 매화를 사랑했는데, 평생 107수의 매화시를 지었으며 『매화시첩』 을 만들었다. 얼마나 매화를 애지중지 흠모했는지는 70세를 일기로 세상을 떠나던 날(1570년 12월8일) "매화 화분에 물을 주라"고 한 일화가 전해진다.

국화는 봄, 여름을 지나 늦가을에 서리를 맞으며 홀로 피어나는 특성으로 오상 고절傲霜孤節, 또는 절개를 지키며 속세를 떠나 고고하게 살아가는 은일사隱逸士에 비유되었다. 위나라 종회의 〈국화부〉에서 다섯가지 아름다움으로 ①높게 달려 있 는 둥근 꽃송이는 천극天極의 모양, ②섞임이 없는 순수한 황색은 땅의 빛깔, ③꽃이 늦게 핌은 군자의 덕, ④서리를 이겨 꽃을 피움은 경직한 기상, ⑤술잔에 떠 있는 신 선의 음식으로 찬미했다. 송나라 범석호는 〈국보〉에서 "산림에 묻혀 사는 사람들 이 국화를 군자에 비유하여 말하기를, 가을이 되면 모든 초목이 시드는데 국화만이

| ❶ | ❷ | ❸ |
| ❹ | ❺ |

❶ 상서로운 수경으로 펼쳐진 서석지(ⓒ강충세)
❷ 도덕적 수양 '거경居敬'을 강조한 경정(ⓒ강충세)
❸ 청빈과 은일의 상징 식물이 도입된 서석지
❹ 군자에 비유되어 수심양성의 지표로 도입된 연꽃
❺ 은행나무 위용을 자랑하는 가을철 경정 정경(영양군 제공)

홀로 꽃을 피워 풍상 앞에 오롯이 버티고 서 있다. 품격은 마치 산인山人과 일사逸士가 고결한 지조를 품고, 외로이 황량한 처지에 있다 하더라도 오직 도를 즐기며 고치지 않는 것이나 다름없다."라고 적었다.

국화를 은일사로 지칭한 인물은 진나라 도연명(365~427년)이다. 생리에 맞지 않는 벼슬을 버리고 '귀거래' 하며 많은 시문을 남겼는데, 삼경취황三徑就荒(세 갈래 오솔길은 황폐해 가나) 송국유존松菊猶存(소나무와 국화는 예와 다름없네), 채국동리하採菊東籬下(동쪽 울타리 아래 국화를 꺾어) 유연견남산悠然見南山(한가롭게 남산을 바라보네) 등의 은일을 즐겼다. 또 다른 인물 송나라 주돈이는 "국화는 은일자요, 모란은 부귀자요, 연꽃은 군자라"라고 읊었다. 이처럼 국화는 은둔하는 군자의 이미지에 잘 부합되는 식물로 이해되었다.

『시경』〈위풍〉편에 위나라 무공의 높은 덕과 학문, 고아한 인품을 대나무에 비유한 시가 전하는데, 식물을 군자로 지칭한 최초의 기록이다.

저 기수의 벼랑을 보니 푸른 대나무 청초하고 무성하네.

고아한 군자여 귀막이는 옥돌이며 관에 달린 구슬은 별과 같구나.

치밀하고 굳세며 빛나고 점잖으니 고아한 군자여 결코 잊을 수 없네.

은일문화가 풍미했던 육조시대에는 대나무를 군자에 비유하는 관계가 더욱 밀착되었는데, 죽림칠현이 대숲을 은거지로 삼았고, 동진시대 서성書聖 왕희지(303~361)가 차군이라 하며 "하루라도 대나무 없이 어찌 견딘단 말인가!"라고 했다는 일화가 『진서』에 전해진다. 대나무를 비유하는 '차군'은 왕희지로부터 연원하여 널리 회자되었는데, 더욱 유명하게 한 것은 소동파가 세속적 욕망을 멀리하고 지조를 지켜야 하는 군자의 도리를 읊은 〈어잠승녹균헌於潛僧綠筠軒〉이다.

식사에 고기가 없을 수 있어도 사는 곳에 대나무 없을 수 없네.

고기 없으면 사람을 야위게 하지만 대나무 없으면 사람을 속되게 한다네.

뜰에 심어진 소나무와 대나무, 그리고 매화와 파초 등을 통해 얻어지는 소리경관에 대해 『홍길동전』으로 익숙한 허균은 『한정록』에서 다음과 같이 소개하고 있다.

꽃을 완상할 때는 호걸스러운 벗과 어울려야 하고, 기녀를 볼 때는 담박한 벗과 어울려야 하고, 산에 오를 때는 초일한 벗과 어울려야 하고, 물에 배를 띄울 때는 마음이 광활한 벗과 어울려야 하고, 달을 볼 때는 삽상한 벗과 어울려야 하고, 눈을 볼 때는 염려艷麗한 벗과 어울려야 하고, 술을 마실 때는 운치 있는 벗과 어울려야 한다. 소리의 운치에 대해서 논하는 자들이 계성溪聲 · 간성澗聲 · 죽성竹聲 · 송성松聲 · 산새 소리山禽聲 · 그윽한 골짜기에서 나는 소리幽壑聲 · 파초에 듣는 빗소리芭蕉雨聲 · 낙화성 · 낙엽성을 말하는데, 모두 천지의 맑은 소리로 시인의 가슴을 울리는 것들이다. 그러나 참으로 심금을 울리는 소리는 매화성으로 으뜸을 삼아야 할 것이다.

이곳 뜰에는 소나무, 대나무, 매화, 국화를 비롯하여 은행나무, 모란, 연꽃 등이 현존하는데, 옛 문헌에는 회화나무, 벽오동, 버드나무, 박태기나무, 복숭아나무, 철쭉, 해당화, 황장미 등 목본식물과 들국화, 패랭이, 접시꽃 등 초본식물이 가꾸어진 정황을 추적할 수 있다.

사우단의 경우 소나무와 국화는 원래 있던 것을 활용했고, 대나무는 뒷동산 대숲에서 옮겨왔으며 매화는 크고 무거워 박태기와 연, 석죽石竹(패랭이)을 대신 심었다. 그 후 정영방의 7대손 정원장이 뜰을 새로 단장하면서 매화와 국화, 대나무를 다시 심었는데, 매화와 국화는 이시수에게서, 대나무는 도산서원에서 옮겨와 식재하였다. 못의 북쪽(주일재 방향) 그늘진 곳에는 철쭉을 심었고, 못의 동쪽 회원대懷遠臺에는 해당화를 심었으며, 습기가 있는 곳에 벽도화를, 햇볕이 잘 드는 곳에 접시꽃蜀葵을, 동쪽 울타리 아래 국화를 심었다.

경정과 사우단을 중심으로 ①못에 가꾸어진 연꽃, ②절묘하게 어우러진 상서로운 바위에 붙여진 이름들, ③벗으로 인격화된 사우단의 송죽매국, 그리고 ④행단의 오래된 은행나무 등은 성리학적 이상과 도가적 풍류 등 자유평안을 누리고자 했던 선비들의 염원이 적나라하게 투영된 실증사례이다.

특히, 시각적 아름다움을 뛰어넘어 선비의 기상과 절의, 청빈과 은일에 비유되는 형이상학적 상징 식물이 정심수로 도입 되었는데, 내적 성찰에 기반 한 아취 등 유교적 이상향을 오롯이 담아내고 있다.

금계포란 명국에 펼쳐진 동천복지,
봉화 청암정과 석천정사

青巖亭 石泉精舍

국가지정 명승 제60호, 경북 봉화군 봉화읍 유곡리 931

봉화 유곡酉谷 닭실마을은 안동 권씨 집성촌으로 충재 권벌(1478~1548)이 중종 14년 기묘사화(1519년) 때 파직 당하여 외가 쪽 파평 윤씨 터전에 입향한 세거지인데, 경주의 양동, 안동의 내앞 및 하회와 더불어 영남의 4대 길지로 손꼽힌다. 충재는 1507년(중종 2) 문과에 급제하여 도승지, 예조와 형조참판, 경상관찰사, 한성부판윤, 우찬성 등의 요직을 거쳤고. 왕에게 경전을 강론했으며, 중종 때 조광조, 김정국 등의 기호사림파가 중심이 되어 추진된 개혁 정치에 참여했던 인물이다.

이중환의 『택리지』에 유곡 "내성촌은 이상二相(좌찬성과 우찬성) 권벌이 살던 옛 터로 청암정이 있다. 정자는 못 복판 큰 돌 위에 있어 섬과 같으며, 냇물이 고리처럼 돌아들어 제법 아늑한 경치가 펼쳐진다."라고 기록했다. 청암정은 조선 중기 명신이며 대학자였던 권벌(영의정 추증, 삼계서원 배향)과 큰아들 청암 권동보(1517~1591)에 의해 조영된 정자를 일컫는다.

'닭실'은 주변 산세가 닭이 알을 품는 모양 같다하여 붙여진 이름인데, 남동쪽 옥적봉은 수탉이 활개 치는 모습이고 북서쪽 백설령은 남동향하며 암탉이 알을 품는 '금계포란' 형국에 비유된다. 살림집들은 뒷동산 백설령에 기대어 남향하는데, 남서쪽 수구에서 물줄기가 합수하여 석천계곡으로 이어지는 내성천 상류에 해당되고, 좁고 길게 문전답이 펼쳐지는 전형적인 배산임수 국면이다. 예쁘장한 뒷동산에는 우점종으로 소나무가 군락을 이루며 참나무류(신갈나무, 굴참나무, 떡갈나무, 졸참나무, 갈참나무)가 하층식생으로 출현하는 양상인데, 전형적인 식생천이과정을 보여준다.

마을의 풍수형국에 대해 충재의 5대손 권두경(1654~1725)이 읊은 〈유곡잡영〉에 다음과 같은 내용이 전해진다.

남산이 평지에서 일어나 정면으로 푸른 병풍 둘러 놓았고

마치 옷깃에 펼쳐 서쪽 벽을 덮어 놓은 듯 시냇물은 흘러 돌문을 뚫었네

남산이 마치 병풍을 펼쳐 놓은 듯 울창하게 소나무가 더욱 많고

금계포란 명국에 자리한 닭실마을과 청암정(ⓒ이승연)

그러므로 북쪽 산 밑 사람들은 아침과 저녁으로 마주 본다네 _ 案山

앞 시냇물을 논밭에 이용하는 공이 수 십리를 흘러 농사에 은택을 주고

마을을 두르고 산을 뚫어 흘러서 수사미 거리의 시냇물이 되어버렸네

길게 휘파람 불고 다시 읊으며 홀로 산창 속에 앉아 있네

무성히 자란 뽕나무와 닥나무 사이로 보이듯 말 듯 남쪽 시냇물 _ 앞 시내

　　마을 안길로 깊숙이 들어가면 끝자락에 안동 권씨 종가와 외별당 청암정青巖亭

이 자리한다. 넓은 마당을 갖춘 살림집은 60여 칸 규모를 자랑하는데, 몸채는 영남

지방 반가班家에서 나타나는 ㅁ자형이고, 서쪽 높은 기단 위에 불천위 사당이 별채

로 자리한다. 서쪽으로 낮은 담장을 두른 쪽문이 나 있고 서재(충재, 한서당) 건너편

연못이 둘러쳐진 커다란 거북바위 위로 청암정이 위치한다. 연못 속의 정자와 서재를 이어주는 긴 돌다리는 작은 교각을 세우고 2단으로 장대석을 얹었는데, 서재(툇마루를 두른 세칸 규모 맞배집)는 청암정과 서로 마주한다.

> 대저 종가란 무엇이냐. 그것이 단지 큰집이라는 말만은 아닐 것이다. 우리 조상 윗대 아득한 현조
> 이래로 그 어른의 장자에 장자로만 이어온, 한 가문의 맏이 집안이 곧 종가이니라. 그것이 어찌
> 한갓 태어난 순서나 혈통만을 이르는 것이겠느냐. 거기에 깃든 정신의 골격도 참으로 중요한 것
> 이니라. _ 최명희 소설 『혼불』

단아한 맞배지붕 구조의 충재가 방 2칸에 마루 1칸의 소박한 내부지향성인 반면, 당당하게 팔작지붕을 한 청암정은 방 2칸에 마루 6칸과 별도의 누마루를 갖춘 외부지향성으로 표출된다. 충재가 학문을 연구하고 심신을 수양하는 선비의 서재였다면, 청암정은 손님을 맞이하고 풍류를 즐기는 사대부의 누정처럼 대조적인 양상으로 감지된다.

종가의 진면목을 보여주는 사당에서는 충재에게 내린 불천위제사를 자손대대로 매년 거행한다. 불천위에는 왕이 내린 국불천위, 유림에서 발의한 유림불천위, 그리고 문중에서 정한 문중불천위 등이 있다. 이곳의 불천위는 나라에 큰 공헌을 하고 학문과 도덕성이 뛰어났던 충재를 대상으로 하는 국불천위 였으므로, 가문의 영광이며 권위의 상징이기도 하다. 경북권역에서는 충재 권벌 종가를 비롯하여 안동의 퇴계 이황, 하회의 겸암 류운룡과 서애 류성룡, 의성의 학봉 김성일 종가 등이 국불천위 사례이다.

외별당 청암정에 오르면 '근사재近思齋'라는 현판이 걸려있는데, 충재는 성리학자들의 필독서인 『근사록』을 평생 소매에 넣고 탐독하였다는 사실과 연계된다. 중종 초기에 경복궁 경회루에서 상화연을 벌였는데 행사를 마친 뒤 내시가 『근사

록』을 주워 왕에게 아뢰었는데, "권벌의 수중물일 것이다."라고 하여 돌려주었다는 일화가 전해진다.

5대손 권두인의 〈청암정기〉에 정자의 자리잡기, 반석과 연못, 그리고 자연풍광과 잘 어우러진 정경 등이 잘 묘사되어 있다.

집의 서쪽 10여 발걸음 거리에 큰 바위가 있는데, 그 위에 우뚝한 정자가 있으니 이것이 청암정이다. 못의 물이 그것을 둘러싸고 있어 담박하여 푸른 옥과 같다. 놓여 있는 징검다리가 물속에 잠겨 있어 섬이 되었는데, 사면이 모두 커다란 반석盤石이고 정자가 바위의 3분의 1을 차지한다. 정자의 북쪽 가에 어른 키 정도의 우뚝 솟은 바위가 있는데, 그 보색창연하여 이름을 청암靑巖이라 하였다. 지세가 높은 곳에 자리했기 때문에 자못 시원하게 탁 트여있어 동악을 굽어보고 남산과 마주하며 북쪽으로 문수산과 통하여 조망이 자못 넉넉하다. … 동쪽 개울물을 끌어들여 남쪽 담장을 뚫어 못으로 흐르도록 하니 졸졸거리며 흐르는 물이 섬돌을 따라 소리를 울려 밤에 홀로 정자에 누워 있노라면 잔잔하게 흐르는 물소리가 밤새도록 귓가에 맴돌아 어여삐 여길 만 하다. … 연못에 수많은 물고기가 노닐고, 푸른 연잎은 꼿꼿한데 천 송이 꽃이 물 위로 솟아있어 붉고 푸른 구름이 이는 듯 하며, 맑은 바람이 산들거릴 때마다 짙은 향기가 얼굴을 감싼다. … 가장 좋기로는 달이 훤한 밤에 온갖 소리가 고요한데 연못이 거울처럼 맑으며, 출렁이는 물결에 비친 기둥과 들보사이로 사방의 처마 끝이 금빛으로 넘실거리고 간혹 어린 물고기가 뛰어 오르며 물새가 지저귀고 솔 그림자가 누각에 가득하며, … 아! 사람과 땅이 만남에 땅은 사람으로 말미암아 승경으로 아름답도다.

한편, 〈유곡잡영〉에서 연못에 펼쳐진 연꽃 정경, 그리고 물을 끌어들인 척촉천, 정자 주변에 조성된 장미원, 모란언덕, 세그루 소나무 등 조경요소가 생생하게 묘사되어 있다.

푸른빛 바위에 고색창연한 정자 사면으로 초록 못綠池 빙 둘렀고

때로 달 밝은 밤이면 천자루 연꽃이 활짝 핀다네

바위 위에 집을 지었는데 맑은 못은 푸른 구슬을 빙 두른 듯

연꽃은 사면에서 벙긋벙긋 웃는데 향풍香風이 앉은 자리에서 이는구나 _ 청암정

묻노니 너 척촉천 물줄기는 어디서 시작 되었는가

동쪽 마을을 둘러 멀리 내려와 못 가운데로 흘러 들어왔네

담장 뚫고 흐르는 샘물을 끌어 들이니 돌을 깎아 물길을 만들었나

곱고 아리따운 척촉화가 물속에 어려 붉은 빛이 도치되었네 _ 척촉천躑躅泉

꾀꼬리 울고 녹음이 우거지니 봄빛은 어디로 돌아갔는가

청암정 뜨락이 넓고 넓은데 원院 가득 누런 장미 피어있네

동쪽 담장 안이 길고 깊은데 그 아래 장미나무 심어져 있고

새벽에 일어나 뜨락을 거닐 때 영롱하게 맑은 이슬 떨어지네 _ 장미원

늦게 핀 모란꽃이 뜨락에 닿아 붉은 꽃봉오리 자랑하고

진정한 모습은 산 샘가에 있으니 도리어 구경하는 사람 조롱하네

우연히 물도랑 석구에 와서 언덕에 핀 모란을 구경하고

바람이 온화하고 연록이 펼쳐진 못 물가에 청암정 한낮은 적적하네 _ 모란언덕

세그루 소나무 이제 나이도 많은데 남쪽 못 언덕에 높이 서 있고

삼복더위 정자위에 비켜섰노라면 맑은 바람이 궤와 책상에서 나는 듯 하네

정자 아래 바위위에 소나무를 키우니 솔방울이 바위 길에 떨어지고

앉아서 푸른 못 물을 희롱하니 앞산에 해가 지고 어두워짐을 잊네 _ 삼송안三松岸

6세손 권응도가 쓴 『석천지』에 청암정과 석천정사의 용도, 그리고 너럭바위와 주변 경관이 잘 살펴진다.

청암정의 근사재는 선조께서 거처하던 곳이며, 석천정은 거닐며 노닐던 곳이다. 정자 아래와 위쪽에 선생의 위패를 향사하는 서원과 관구지소冠屨之所(돌아가신 후 안장한 분묘)가 있어서 자손들이 우러러 공경하고 사모하는 곳이다. 그렇기 때문에 주위 일대 형승 및 바위며 돌 하나와 풀 한 포기 나무 한 그루가 선조의 지팡이와 신발 자취와 감상하던 향기가 어리지 않음이 없다.

나의 집에서 서쪽으로 십여 걸음쯤 큰 바위 위에 누정이 솟아 있으니 이것이 청암정이다. 연못을 둘러놓아 담담한 것이 벽옥처럼 맑은데, 돌다리를 가로질러 놓아 섬처럼 되었다. 사면이 모두 하나의 큰 너럭바위위에 누정이 자리 잡아 1/3 쯤 차지한다. 누정 북쪽 곁으로 우뚝 솟은 바위가 한 길쯤 되는데 돌 빛이 고색창연하여 청암이라 하였고 충정공께서 세우신 것이다. 마루가 여섯 칸에 방이 두 칸이지만 당초에는 방은 없이 마루만 있었다.

내성천 상류 석천계곡을 끼고 충재의 큰아들 권동보가 부친의 유덕을 기리며 학문과 수양을 목적으로 1535년에 지은 석천정사가 자리한다. 조선시대 지방의 강학시설은 공립인 향교와 사립인 서원으로 대별되는데, 규모가 작은 서당과 정사精舍 같은 서당형 강학시설이 운용되었다. 축대를 쌓아 토석담을 두른 석천정사는 좌측 사주문으로 출입하였는데, 사계절 활용이 가능하도록 온돌방 산수료山水寮와 정사(수명루+익사), 그리고 부속채 행랑과 협문 등이 배치되었다. 석천정사는 청암정, 안동 권씨 종택과 함께 가문의 위상과 연계된 유교적 문화경관으로 자리매김하고 있는데, 주변의 울창한 송림, 맑고 깨끗한 계류의 수석 풍광 등이 어우러진 승경지이다.

권두경의 『창설재문집』〈유곡잡영〉에 명소경관 45수가 전해진다. 즉, 유곡, 청암정, 백석량白石梁, 석천정사, 청하굴, 백설령, 유곡마을의 뒷동산으로 주산에 해당하는 간잠艮岑, 청암정 연못 입수구에 자리한 척촉천, 청암정 동문에 심어 가꾼 장미원, 그리고 장미원 왼편에 있는 모란언덕, 정자 남쪽의 세그루 소나무 삼송안, 청암정 동쪽과 서쪽에 심어진 단풍나무, 동쪽 뜰에 자라는 오래된 녹나무, 유곡의 안산인 남산, 남산의 미후도천, 문수산에서 발원하는 마을 앞 시내, 청암정 앞 시내의 사립암, 서쪽 산골 물, 앞 시내의 수사미水沙尾, 서쪽 산위의 송화동送花洞 계곡, 유곡산 오른편 높은 곳의 빙청氷廳, 중구대重九臺, 문수산, 임수함臨水檻, 돌샘, 청하굴, 폭포, 서쪽 산바위, 석천정 북쪽의 황양암黃楊巖, 벽도오碧桃塢, 황토강黃土岡, 회경檜逕, 석천 앞 시내의 수중석, 보서벽洑西壁, 광풍대, 유곡 서쪽 시냇물 상류의 석방고石坊皐, 남대枏臺, 죽원竹垣, 청하굴 아래의 권백애拳栢崖, 등고단登高壇, 사자석 등을 일컫는다.

옛 기문에 의하면 청암정과 석천정사 주변 조경식물들은 사시가경 요소로 작용되었다. 봄에는 철쭉이 화려하고, 여름에는 모란과 작약, 장미꽃이 번화하게 피었으며, 가을에는 노란 국화와 붉게 물드는 단풍나무가 풍치를 더해주고, 소나무와 잣나무, 전나무, 녹나무 등은 겨울에 늘 푸름을 드러냈다. 색감의 조화를 고려하여 붉은 색(철쭉, 복숭아꽃, 모란, 연꽃, 단풍나무 등)과 노란 색(장미, 국화)의 꽃을 가꾸었다. 못에 연꽃을 심어 붉은 구름이 넘실거리는 정경, 연잎을 적시는 빗소리, 그리고 연향을 즐겼으며, 식물을 감상하면서 생성, 소멸, 변화하는 자연의 순환이치를 이해하는 심성수양의 장을 염두에 두었다.

즉, 아름다운 자연 경색을 즐길 수 있는가 하면, 한여름 시원한 녹음을 주는 느티나무, 녹나무와 단풍나무 등을 통해 삶의 쾌적성을 높였고, 상징성 짙은 소나무와 연꽃, 국화, 모란과 작약 등을 가꾸어 선비정신과 유유자적하는 삶, 그리고 가문의 번영과 학문적 지속성 등을 염원하는 가치관 등을 연계시켰다.

『석천지』에 1700년대 청암정의 풍광과 조망, 그리고 조경식물요소 등이 생동감 있게 묘사되어 있다.

❶	❸
❷	❹

❶ 청암정의 거북바위 주위는 둥그런 못을 이루었다.

❷ 거북바위 등위에 자리한 청암정

❸ 청암정과 마주하며 돌다리로 연결된 서실 충재沖齋

❹ 청암정에서 바라본 충재, 바깥뜰, 그리고 남산(ⓒ강충세)

누정은 크거나 화려하지 않지만 높은 곳에 자리를 잡고 있어 상당히 시원하고 높직하여 동악을 바라보며 남산을 마주하며 북쪽으로 문수산과 통해 조망이 넉넉하다. 그 가운데로 작은 시내가 남쪽으로 흘러 정자 아래에 이르러서 바위로 내달리고 부딪쳐 나가 콸콸 거리며 소리가 울린다. 남헌 바깥에 심겨있는 세 그루 소나무는 높이가 집과 나란하여 북쪽 바위틈을 가득 가릴 지경이다. 또한 회양목은 이리저리 굽이돌아 키가 크지 않은데, 사이사이로 몇 떨기 국화를 심어 놓았다. 연못가에는 소나무, 회나무, 잣나무, 고목이 한 그루씩 심겨 있다. 돌다리를 건너 못 가까이 세 칸 집은 평소에 거처하는 곳으로 충재冲齋인데 청암정과 마주하고 있으면서 조금 낮다.

청암정이 놓인 거북바위 주위는 둥그런 못을 이루었는데, 물가에는 노거수로 자란 왕버들이 긴 가지를 드리우고, 오래된 단풍나무와 소나무, 느티나무, 매화나무, 향나무, 산철쭉, 원추리 등이 운치를 더해준다. 거북바위와 정자를 둘러 싼 척촉천(철쭉꽃 어우러진 샘) 풍치는 자유롭게 유영하는 해중 신선의 별천지를 연상케 하며, 둥그런 못에 연을 심어 수심양성의 지표로 삼았다.

정자로 진입하기 위해서는 서재 쪽에서 돌다리를 건너야 하는데, 장대석으로 걸쳐진 돌다리(길이 240cm, 폭 50cm, 두께 20cm)는 크고 작은 디딤돌 3매를 교각 위에 설치한 구조이다. 마치 현실세계(충재)에서 신선이 사는 이상향(청암정)으로 나아가는 가교로 감지된다. 정자 쪽 디딤돌 끝단은 자연 암반을 깎아 걸쳤고, 암반을 깎아 만든 돌계단을 통해 정자에 오르내리도록 하였다.

장축 35m, 단축 27m 크기의 연못은 거북 형태의 자연 암반을 따라 형태를 만들고 막돌 허튼층쌓기 마감처리를 하였으며 마을 앞 수로에서 물을 끌어 들였는데, 입수된 물은 서쪽 동막천으로 빠져나가도록 수량을 조절할 수 있는 구조이다. 못의 형태는 한국의 전형적인 방지원도형과 달리 둥근 못 안에 둥근 섬을 두고 높은 기단 위에 정자를 도입한 원지원도형 구조이다. 이러한 특성으로 정자에서는 담장 밖 외부경관에 대한 차경이 고려된 경관구조를 보이는데, 못 주변에 식재된 수목들(노거수로 자란 왕버들, 소나무, 회화나무, 단풍나무, 향나무, 전나무 등)은 프라이버시가 고려된 위요경관 요소가 되며, 근경·중경·원경의 경물들이 나뭇가지사이로 투과되는 매개체가 된다.

특히, 청암정 초창 때 심어진 아름드리 왕버들은 400여 년 이상의 연륜을 자랑하며 지표경관으로 자리매김하는데, 연못 안쪽으로 길게 몸을 낮춘 굴곡진 형상을 하고 있다. 풍상의 세월 속에서도 꺾이지 않고 정의를 꿈꿨던 선비의 가치관을 대변하며, 이른 봄 가장 먼저 유연하게 잎을 틔우는 희망의 전령사를 자처하고 있다.

가주의 모습을 그리며 운치 있는 청암정 풍광을 노래한 퇴계(1501~1570)의 시가 다음과 같이 전해진다.

> 선공이 닭실에 집터를 점지했는데
>
> 구름 걸린 산 둘러 있고 물굽이 고리처럼 둘러있네
>
> 외딴 섬에 정자 세워 다리 놓아 건너도록 하였고
>
> 맑은 못에 연꽃 비치니 살아있는 그림 보는듯하네 〈중략〉
>
> 바위틈에 웅크린 작은 소나무
>
> 풍상세월 격려하며 암반 위에 늙어가는 모습 더욱 사랑스럽네

충재는 동시대 최고의 문사들과 교류했는데, 퇴계 이황, 백담 구봉령, 번암 채제공, 관원 박계현 등의 글이 정자의 편액으로 즐비하게 걸려 있다. 특히, 매암 조식이 쓴 '청암정'과 미수 허목이 전서체로 쓴 '청암수석靑巖水石'은 안동권문의 위상을 한껏 높여주고 있다.

정자를 향해 놓인 돌다리를 건너면 나지막한 암벽에 권동보가 쓴 청암정 암각을 마주하게 되는데, 상류계층들의 영역 구축에 따른 문화경관 향유양상과 연계된다. 미수는 권동보에 대해 "시내위에 석천정사를 지었고 산속에 거연헌居然軒을 두

었는데, 모두가 천석泉石이 있는 곳이며 풍악을 좋아하여 사죽絲竹(악기 연주)이 그치지 않았고 스스로를 즐겼다."라고 평하였다.

1593년 미수의 생애 마지막 절필 〈청암수석〉 기문은 다음과 같다.

'청암정'은 권충정공의 산수에 있는 옛집이다. 골짜기 수석이 가장 아름다워 절경으로 칭송되고 있다. 내 나이 늙고 길이 멀어 한 번 그 수석간에 노닐지는 못하였지만, 항상 그곳의 높은 벼랑 맑은 시내를 그리워하였다. 특별히 청암수석 네 자를 큰 글자로 써 보내니 이 또한 선현을 사모하는 마음 때문이다.

한편, 조선후기 유학자 안덕문은 1803년 가을 여행을 떠나 정취가 느껴지는 청암정, 충재, 석천정, 삼계서원을 방문한 소회를 『동유록』에서 다음과 같이 기록했다.

청암정은 큰 바위 위에 있다. 물이 빙 둘러 있고 연꽃이 못에 가득하다. 대숲은 산비탈을 둘렀는데 10길의 돌다리가 놓여 있다. 다리 건너편에 충재선생이 글을 읽던 오래된 집이 있는데 청암과의 거리는 3리이다. 석천정에는 소나무와 회나무가 하늘을 찌를 듯 하고 이내와 노을은 땅에 자욱하니, 청암보다 경치가 좋다. 반식경을 거닐어 삼계서원을 찾았는데, 충재선생을 단독으로 배향한 곳이다. 청암과 석천, 삼계서원은 한 집안이 조상의 학업을 잘 계승한 곳이니 해동의 절경지이다.

닭실마을을 휘감아 흘러가는 석천계류 물길을 따라 구불구불 내려가면 솔숲을 배경으로 승경이 펼쳐지는 석천정사가 자리한다. 내성천의 삼계다리를 지나 오르는 길은 원래 석천정사를 거쳐 마을로 가는 주 관문이었다. 마을의 수구가 되는 동막천과 가계천의 합수지점에서 시작되어, 석천정사를 지나 삼계서원 앞을 가로지르는 낙동강 지류 내성천에 이르는 약 1km 구간이다. 산을 끼고 물이 휘감아 흐르는 감입곡류의 전형인데, 여러 차례의 굴절을 거쳐 너럭바위와 곡류수, 노송과 대숲 등 수목석이 어우러진 자연 풍광이 일품이다.

계류변 산길풍광은 노거수로 자란 소나무 군락이 우점하는 수려한 식생 경관을 연출한다. 물길을 따라 나란히 놓인 산길을 올라가면 중간쯤의 왼쪽 산기슭에 '하늘 위 푸른 노을 신선이 노니는 선경세계' 뜻풀이의 '청하동천青霞洞天' 암각이 붉은 주칠로 새겨져 있다. 동천은 "경치 좋은 천지가 둘러쳐진 신선이 사는 곳"을 말하는데, 속세의 때가 미치지 않은 동천복지 세계로 도교적 가치관이 투영되었다. 초서체의 청하동천 암각은 닭실에서 배출한 글쓰기의 제1인자로 충재의 5대손 권두응이 1770년에 쓴 것인데, 『석천지』에 '청하동천벽' 기문이 전해진다.

> 석천을 찾아오는 사람들이 삼계로부터 동쪽으로 들어오면서 물을 따라 거슬러 올라오면 점점 흰 돌이 기이하게 깔려져 있고 맑은 시냇물이 흘러 마치 몸에 차고 있는 구슬이 울리는 소리처럼 들린다. 다시 돌아서 벽 안으로 들어오면 산세가 더욱 높이 솟아 있고 골짜기가 더욱 깊어지며 푸른 벽이 좌우로 벌려지며 수석이 맑고 깨끗하여 사람으로 하여금 정신이 쇄락하게 하며 신선의 경계에 닿은 듯하다.

청하동천 암벽에서 조금 더 들어가면 충재가 인생 후반기에 조성한 별서 터가 자리하고, 글쓰기 좋은 사자석 너럭바위, 돌다리처럼 생긴 백석량 등 문화경관을 접하게 된다. 더 깊이 들어가면 격류 속에서 고고한 자태를 보이는 지주암, 그리고 계곡 건너편에 암각 글씨가 새겨진 석천정사가 당당하게 모습을 드러낸다. 정사精舍는 권동보가 초계군수 퇴임 후 부친의 뜻을 계승하며 학문과 수양을 목적으로 1535년에 창건한 34칸 규모의 건물인데, 온돌방(산수료)을 두었고 수명루(물처럼 맑은 행실과 덕행을 닦음)와 계산함휘(시내와 산이 빛을 머금음), 행랑채 등 4계절 이용이 가능하도록 하였다. 누마루 정면에는 야간조명을 위한 정료대 석물이 놓여있고, 뜰 동편

❶ 거북등에서 자유롭게 유영하는 해중 세계를 연상하는 청암정(ⓒ강충세)
❷ 청암정과 충재를 이어주는 연못 위 돌다리
❸ 울창한 송림과 계류의 수석 풍광이 아름답게 어우러진 석천계곡

❶	❷	❸
	❹	

❶ 석천계류를 끼고 그림처럼 자리 잡은 석천정사 풍광
❷ 석천정사에서 바라본 계류 풍광
❸ 석천정사 뒤뜰의 생명수 석천石泉
❹ 아름다운 절승으로 회자되는 석천정사(ⓒ강충세)

에 석정石井 우물이 있는데 맑고 차가우며 사시를 통해 마르지 않는다 한다. 20m 가량 떨어진 암벽에 청하굴 각자와 암굴이 있는데, 신선이 사는 청하동천의 표징물이다.

　오늘날 석천정사 안뜰에는 돌샘 주변의 오죽과 감나무, 그리고 굴참나무가 서 있고, 북쪽 경사진 언덕에는 솔숲군락이 병풍처럼 펼쳐진다. 수명루 앞 계류 변 우뚝 솟은 바위에 '지주암砥柱嚴' 글자를 새겼는데, 중국 하남의 황하강 격류 가운데서도 변함없이 꿋꿋한 바위 이름을 차용하였으며, 위쪽이 벼루처럼 평평하고 모양이 기둥처럼 생겼다 해서 붙여졌다.

　『석천지』 정사형승에서 명명된 10경으로 ①석천정사 뒷동산 유곡의 안산이 끝나는 황토강, ②정사 북쪽 지근거리에서 정사를 굽어보며 황토강을 배후로 하는 등고단(평탄하고 안온하여 수십명이 앉을 수 있고 정면에 푸른 벽이 둘려져 있으며 맑은 시내와 흰 돌

이 소나무 사이로 투조되고 서쪽과 남쪽 사이로 원경을 차경), ③안뜰 동편에 있는데, 돌을 깎아 항아리 모양으로 사면을 쌓은 돌샘石井(깊이는 두어 자, 둘레는 한 아름, 곁에 오죽이 떨기를 이루고 작약이 두어 줄기가 있으며 북쪽 바위틈에 황양목이 자라 황양암이란 이름을 얻음), ④동남쪽 수십보 거리의 느티나무 언덕 돌 축대를 일컫는 남대(느티나무와 복사꽃 나무가 서 있고 앞으로 맑은 시내가 흐르며 좌우로 푸른 벽이 솟아 둘러싸였으며 서남쪽 골짜기가 시원하게 열려 별천지를 이루는 듯 멀리 바라보기에 통창함이 정사 보다 우월), ⑤정사 아래 흰 반석으로 시냇물을 가로 질러 돌다리 같은 백석량白石梁, ⑥정사의 안산으로 푸른 암벽이 험준하며 한쪽 벽이 층층이 겹으로 드리워져 사람의 폐와 같아 붙여진 선폐암仙肺巖(바위 아래 그림 같은 오솔길을 회경檜逕이라 함), ⑦정사 앞 남쪽 백보거리 떨어진 남대의 왼편 아래에 층봉이 솟으면서 대臺가 되고 집 모양으로 덮어진 청하굴(바위가 뚫어져 작은 굴이 되었는데 높이가 두어 길이 되고 깊이가 두어 자이며 청하굴 바위 글자를 새김), ⑧정사의 동문으로 두 길 이상 되는 푸른 암벽은 병풍을 두른듯하여 청하굴의 아래 벽과 같이 비켜 있는 권백애拳栢崖와 계류를 끼고 마주하는 청하동천, ⑨청하굴 건너편에 자리하여 평탄하고 넓으며 석질이 매우 곱고 윤택하여 글씨 연습할만하다고 붙여진 사자석寫字石, ⑩정사의 오른편 백보 거리에 있으며 산 밑 뿌리에 조금 막혀서 정사에서 보이지 않고 양쪽 언덕에 큰 돌이 대치하여 문같이 보이고, 북쪽에는 반석이 가로 질러 다리 같으며, 그 아래로 바위가 험준하게 끊어지면서 돌함정을 이루는데 물이 떨어져 흘러 급히 바닥에 흩어지니 소리가 숨은 우레와 흡사하여 붙여진 비룡폭포를 일컫는다.

충재의 4대손 권두인이 쓴 『하당집』에서 이곳 일대의 풍광을 실감나게 음미할 수 있다.

청암정으로부터 서쪽으로 골짜기 입구를 따라 아래로 내려가면 산은 기이하고 물은 더욱 밝게 흘러가며, 골짜기는 더욱 그윽하여 깊숙이 별천지가 펼쳐진 듯하다. 이곳이 석천이다. 충정공(권벌)

께서 시냇가에 돌을 쌓아 대를 만들고 날마다 그곳에 나가 소요하셨고, 청암공(권동보)께서 정사精

舍 8, 9칸을 짓고 석천정사라고 하셨다.

맑고 시원한 모습이 우뚝하니 옥으로 장식하여 신선이 거처하는 누대같이 세상에 빛을 발하는 듯

했다. 대는 두 산이 서로 만나는 곳에 있는데, 앞에는 깎은 듯 백여 길 절벽이 서 있고, 아래는 푸

른 물이 굽이쳐 흐르며 그 위로 사람이 지나가면 마치 그림 같았다. 대 뒤 편 넓은 바위가 있는 곳

에 집을 지었는데 참대나무가 많이 돋아 있고 돌 틈으로 샘물이 흘러내리며, 그 아래로 오래된 샘

이 있으니 물맛이 매우 시원했다. 〈중략〉 정사 앞에 이르러서 별도로 넓은 바위가 비스듬히 놓여

있는데, 희고도 윤기가 돌아 마치 다듬어 놓은 것 같다.

시냇물은 이곳에서 더욱 세차게 흘러내려 옥 같은 물보라를 뿜어내는데, 대나무 베개를 베고 있

노라면 금석金石소리가 들려오는 듯 했다. 남쪽으로 수 십 걸음을 가면 온돌방 몇 칸이 있으니, 좌

우는 복벽으로 되어있는데 금강산의 작은 절집을 본떠 만든 것이다.

너른 암반 위에 석축을 쌓아 토석담을 두르고 팔작지붕의 명료한 자태를 보이

는 정사 건물은 금강산의 절집을 모방하였다고 한다. 커다란 마루의 분합문을 열

면 석천 승경을 담을 수 있고, 거울 같이 맑은 물줄기에 비추이는 풍광은 선경으로

빨려 들어가는 한 폭의 정물화가 된다. 솔숲이 어우러진 사시가경을 조망할 수 있

는 정자, 그리고 비룡폭포, 청하동천, 너른 바위다리(백석량), 석천정, 샘물, 벽도오碧

桃塢, 청하굴, 사자석, 충재의 말년휴양처 산수구장山水舊庄 등 많은 암각글씨와 문화

경관들은 현실 속에 펼쳐진 동천복지 세계로 다가온다.

〈유곡잡영〉에 실린 석천정사 '벽도오'의 시상은 다음과 같다.

석천정에 봄이 이르니 벽도화가 여기저기 만발하고

더디고 긴 고요한 봄날에 아늑하게 향기바람 지나간다네

한가롭게 서쪽 단에 오르니 산새들 많이도 지저귀고

햇빛 기우는 줄 모르지만 벽도수 꽃그늘은 자리가 바뀌었네

석천정사의 실감나는 품평은 〈석천정사중건기〉를 통해 추적할 수 있다.

위쪽에 있는 유곡과 아래쪽에 있는 삼계와의 거리가 채 1리도 안 되지만 이곳에 도착하면 정신과 기운이 맑아지고 상쾌해져서 티끌세상과는 아득하게 멀어져 있음을 깨닫게 되어 사람들로 하여 금 도끼자루가 썩는다는 생각이 들게 하니 참으로 절경이다.

살기 좋은 땅, 낙토에 대하여 조선후기의 저술 『택리지』 〈복거총론〉에서는 다음과 같이 기술했다.

첫째, 지리地理가 좋아야 하고, 둘째 생리生利가 좋아야 하며, 셋째 인심人心이 좋아야 하며, 넷째 아름다운 산수山水가 있어야 하는데, 이 네 가지에서 하나라도 모자라면 살기 좋은 땅樂土이 아니다.

즉, ①풍수적 명택 조건을 갖춘 자연, ②기름진 농경지가 펼쳐진 교통, ③풍속이 화창한 인심, ④집 근처 유람하며 정서를 함양할 수 있는 산수풍광 등을 낙토의 필요충분조건으로 제시하였다.

이러한 조건에 비추어 볼 때 유곡의 청암정과 석천정사 권역은 동족마을 지근거리에 비경이 펼쳐지는 학문 수양처(석천정사)와 동천복지를 구축하여 생성→풍요→초월→회귀와 같은 인경 여정을 한 폭의 아름다운 경관미학으로 승화시킨 낙토 문화경관 사례가 된다.

5

온고이지신의 정원미학

온고이지신의 정원미학

庭園 美學

전통문화는 역사성을 갖고 전승되어온 특정 국가와 사회 집단의 정체성이며, 시대의 문화 양식을 지배하는 규범적 의의를 지니는데, 이러한 규범 내지는 가치관이 조경 영역에서도 커다란 영향을 끼쳐 한국의 정원문화로 실체화되었음을 알 수 있다. 한국의 정원은 자연을 관조하는데 불편함이 없고 풍토환경과 잘 어울리는 조경요소를 결합하여 지속가능하면서도 건전한 경관 짜임이 조화롭게 펼쳐진다. 주변 산수형국에 의미를 부여하고 자연경관의 아름다움을 완상하기 위한 매개공간으로 담장 안 열린 공간을 마련하여 뜰을 가꾸고 외부경관을 빌려 취하는 환경 설계원칙이 존재한다.

어머니의 품에 안긴 듯 아늑함을 느낄 수 있는 곳에 터를 잡아 뜰을 가꾸는 조경행위는 환경철학과 가치관 등을 접합시켜 자연환경조건을 거스르지 않는 선천적 대의를 갖는다. 자연풍토조건의 순리를 거역하지 않는 인지제의因地制宜 원칙과 잘 부합되는데, '자연과 인공의 유기적 조화' 그리고 '도법자연'이라는 자연 순응적 명제를 수용한 결과이다.

첫째, 한국 정원의 관념적 속성은 산자수명한 자연환경조건을 거스르지 않는 가운데 자연과 조화되도록 터를 잡아 가꾸는 것으로, 종교와 사상(자연숭배사상, 음양오행사상, 신선사상, 도가적 은일사상, 유가적 은둔사상, 풍수지리사상, 불교적 자연관 등)을 접합시켜 환경설계 원리로 승화시킨 자연관과 작정관이다. 포근하고 아늑함을 느낄 수 있는 곳에 삶터를 구축하고 생토生土에 의미를 부여하여 지형을 함부로 변형하지 않았으며, 물의 이용이나 꽃과 나무들의 형상도 자연의 법도와 원칙에 따라 과도한 조작을 취하지 않았다.

즉, 전통정원에 드러난 작정기법의 관념세계는 ①현실적 차안此岸의 세계(은일, 은둔처), ②초현실적 이상향의 세계(선경, 풍류처), ③종교적 피안의 세계(극락정토), ④현세 발복과 미래낙원의 세계(낙토 자리 잡기와 가꾸기) 등으로 요약된다.

❶	❷
❸	❹

❶ 한국 살림집 최고의 명원 강릉 선교장의 활래정 연못(ⓒ강충세)
❷ 대구 남평문씨 세거지 광거당의 수석노태지관과 대나무 총림(ⓒ강충세)
❸ 경남 함안의 무기연당 겨울 연못 정경(ⓒ강충세)
❹ 한국의 살림집 뜰에 가장 많이 가꾸어진 매화(ⓒ강충세)

한국정원의 사상적 배경과 환경설계 논리

음양, 풍수지리 사상	도교, 신선사상	유교, 성리학	불교, 토착신앙
자연순응	불확정성	상보적 생성	생명순환
비보생태	무위자연無爲自然	격물치지	관조성
환경질서	이상세계	의미경관	만물일체론
인간+장소번영	인간+장소번영	장소+인간번영	장소+인간번영

한국정원의 관념세계와 경관개념

현실적 차안의 세계 은일, 은둔처	초현실적 이상향의 세계 선경, 풍류처	종교적 피안의 세계 극락정토처	현세발복과 미래낙원의 세계 낙토 복지처

둘째, 경관 즐기기는 천지인의 조화에 관점을 둔 대지예술의 미학적 속성이 발견된다. 터를 가꾸는 일에는 낙토를 경영하고 중용지처를 구축하는 과정의 연속인데, 열려있는 풍경 정원을 조성하여 진경과 같은 직유적 아름다움은 물론 은유적 상징 미학을 연계시키고 있다. 특히, 인간적 척도의 틀 속에서 무기교의 아름다움을 반영하고 상징경관을 형이상학적으로 향유할 수 있는 수심양성의 내재율을 개입시키고 있다.

한국 정원의 경관 즐기기 기법

천지인天地人 조화	자연과 인간의 평형성	대지예술
	터잡기 예술	격물치지의 거점
천연天然정원	자연과 인간의 연속성	자연풍경식정원
	낙토樂土가꾸기	부등변삼각의 미
중용지처中庸之處	자연과 인간의 관입성	비워둠의 미학
	정·중·동 / 유동의 미학	음양의 조화
경관의 내재율	자연과 인간의 율동성	수심양성의 장
	의미경관의 향유	무기교의 미
	인간적 척도	인지제의因地制宜

경관 즐기기에는 사실적 경관인 실경과 의미적으로 통용되는 가치 공유의 의경, 자연을 즐기며 감상하는 가운데 학문, 뱃놀이와 상화연, 유상곡수연, 거문고, 낚시, 말 타기, 그네타기, 활쏘기, 바둑 등의 행태가 어우러진 유락과 풍류 등의 유경, 멀리 조산과 안산 등 풍수경관은 물론 뜰에 펼쳐진 꽃과 나무, 연못 등 원근 경물을 즐기는 차경 등을 들 수 있다.

식물소재는 심성수양의 지표식물을 비롯하여, 계절변화를 느낄 수 있는 낙엽활엽수와 화목, 그리고 실용적 가치를 반영한 과실수가 많이 이용되었다. 즉, 소나무와 잣나무, 측백나무, 동백나무, 대나무를 비롯하여 백련, 모란, 복숭아나무, 살구나무, 버드나무, 뽕나무, 배나무, 매화나무, 자두나무, 석류, 대추나무, 은행나무, 무궁화, 앵두나무, 포도나무, 파초, 진달래, 모란, 작약, 장미, 국화, 맨드라미 등이 주종을 이룬다.

특히, 풍수사상이나 신선사상, 음양사상, 유교적 규범(소나무, 매화, 국화, 대나무, 난초, 연꽃 등), 안빈낙도의 생활철학(국화, 버드나무, 복숭아나무 등), 은둔사상과 태평성대 희구(오동나무, 대나무 등) 등에 의해 조경식물을 가려 심었다. 고아, 부귀, 지조와 의리, 운치, 품격 등을 부여하고 손님과 벗으로 의인화하는 등 정신세계와 윤리관을 강조하는 지표식물의 대입이다. 즉, 성리학적 가치관을 반영한 배롱나무忠, 대추나무孝, 매화나무格物, 측백나무致知, 회양목誠意, 자귀나무正心, 차나무修身, 회화나무齊家, 뽕나무治國平天下, 주목心, 은행나무敬, 살구나무仁, 대나무義, 밤나무禮, 잣나무智, 향나무信 등의 사례를 들 수 있다.

동물소재로는 조어釣魚와 관어觀魚를 위한 물고기를 비롯하여, 백학, 원앙, 오리, 앵무새, 비둘기, 공작, 원숭이 등이 길러졌으며, 조경시설소재로 정자, 연못과 섬, 다리, 수문, 가산, 샘, 계류, 우물, 석단, 평상, 폭포, 곡수거, 화계, 담장, 굴뚝, 괴석, 석연지, 돌확 등이 도입되었다.

셋째, 작정미학과 관련한 접근방식은 ①자연과 화합하는 터잡기(비산비야의 산수융결한 낙토), ②형이상학적 관념세계의 반영(임원林園, 비원秘園, 지원池園, 화원花園, 의원意園, 선경풍류처), ③율동적인 경관 인식체계(경관과 관경觀景, 차경借景, 실경實景과 상징경象徵, 유경遊景), ④환경윤리관이 반영된 소재(자연녹지축에 가꾸어진 생태정원), ⑤은유적 탐미관(방지원도方池圓島, 화계와 화오, 누정, 차경, 조산造山과 괴석이 어우러진 축경원, 부등변 삼각의 식재 및 배석), ⑥자연속으로의 관입(살창, 헛담, 취병, 곡수로, 비구, 물레방아, 샘 등), 그리고 ⑦ 채포와 과포, 약포, 과학기기(앙부일구, 풍기대, 일영대, 측우기 등) 등이 도입된 실용 정원 등으로 요약할 수 있다.

한국정원의 작정 미학과 환경설계원칙

자연과 화합하는 터잡기 예술	형이상학적 관념세계의 반영	율동적인 경관인식 체계	환경윤리가 반영된 조경 재료	은유적 탐미관의 반영	자연의 관입	실사구시의 실용정원
비산비야非山非野의 산수융결山水融結한 낙토樂土	임원林園, 비원秘園, 지원池園, 화원花園, 의원意園, 선경풍류처 仙境風流處	경관과 관경觀景, 차경借景, 실경實景과 상징경象徵景, 유경遊景	자연녹지축에 가꾼 수목석토水木石土의 생태정원	방지원도方池圓島, 화계와 화오, 누정樓亭, 차경借景, 조산造山과 괴석 등 축경원縮景園, 부등변 삼각의 식재 및 배석	누정, 살창, 헛담, 취병, 곡수로, 비구, 물레방아, 샘 등	채포菜圃와 과포果圃, 약포藥圃를 가꾸며 연못, 과학기기(앙부일구, 풍기대, 일영대, 측우기 등) 도입

넷째, 전통정원 설계원칙과 작정기법은 ①유기체적 특성(자연형태 모방, 자연과 인공의 유기적 통일성), ②사이의 미(차경기법과 시지각적 연속성, 내외부 공간의 침투성), ③자연과 인간의 형이상학적 조화(자연주의 이미지 즉, 지모사상地母思想, 지형순응, 형이상학적 의미경관 창출) 등이다. 시각 코드로는 ①담장(살창과 헛담 포함), ②후원(뒷뜰), ③ 마당과 뜰(庭과 園), ④식물, ⑤화계와 화오(화단 포함), ⑥정자(樓, 亭, 臺 등), ⑦연못과 수로, ⑧경관석(괴석, 석가산 포함), ⑨석지와 돌확, ⑩취병(생울타리) 등을 들 수 있다.

결과적으로, 한국의 정원은 시각적 아름다움을 뛰어넘어 긍정의 힘을 발휘하는 상징성 짙은 형이상학적 경지를 현실 속에 대입하였다. 자연과 인간을 유기적

일원체로 이해하였으며, 모든 생물상을 신뢰하는 성선설의 입장에서 삼재미三才美：
天地人가 조화롭게 펼쳐지는 실존적 낙토 자리잡기와 낙원의 경영을 환경설계 원칙
과 환경미학으로 승화시키고 있다.

참고문헌

단행본

강판권, 『선비가 사랑한 나무』, 한겨레출판, 2014

강희안 지음 · 이병훈 번역, 『양화소록』, 을유문화사, 2000

국립문화재연구소, 「명승 경관자원 조사연구 DB구축」, 2010

_____, 「원림복원을 위한 전통 공간 조성 기법 연구」, 2011

_____, 「한중일 명승보전과 활용방안」, 2011

_____, 「담양 소쇄원」, 2015

김동욱 외, 『창덕궁 깊이 읽기』, 글항아리, 2012

김봉렬, 『한국건축의 재발견 1, 2』, (주)이상건축, 1999

김수진 외, 「강진 백운동 별서정원에 관한 기초 연구」, 『한국전통조경학회지』 24(4), 2006

김신중 외, 『누정』, 담양문화원, 2008

『명재유고』, 한국문집총간, 1732

문화재청, 『궁궐의 현판과 주련』, 수류산방, 2007

_____, 『동궐도 읽기』, 창경궁관리소, 2005

민경현, 『한국정원문화』, 예경산업사, 1991

박경자, 『조선시대 석가산 연구』, 학연문화사, 2008

박준규, 『시와 그림으로 수놓은 소쇄원사십팔경』, 태학사, 2000

서유구, 『임원경제지』, 1842-1845

소쇄원시선편찬위원회, 『소쇄원시선』, 광명문화사, 1995

신상섭, 『한국의 전통마을과 문화경관 찾기』, 도서출판 대가, 2007

_____, 『한국디자인 DNA 심화연구 전통조경』, 한국디자인진흥원, 2010

_____, 「한국의 명원 10선」, 『전북중앙신문』, 2016

신영훈, 『서울의 궁궐』, 조선일보사, 1997

안대회, 『산수간에 집을 짓고』, 돌베개, 2005

양재영, 『긴 담장에 걸리운 맑은 노래(소쇄원 48영)』, 현실문화연구, 2002

역사경관연구회, 『한국정원 답사수첩』, 동녘, 2008

유영봉, 『안평대군에게 바친 시』, 도서출판 다운샘, 2004

유중림 저, 농촌진흥청 번역, 『증보 산림경제』, 2003

이기서, 『강릉 선교장』, 열화당, 1980

이상균, 「조선시대 사대부의 유람양상」, 『정신문화 연구』 제34권 제4호, 2011

이상희, 『꽃으로 보는 한국문화』, 넥서스BOOKS, 1998

이선, 『우리와 함께 살아온 나무와 꽃』, 수류산방중심, 2003

____, 「명승 봉화 청암정과 석천계곡의 식재원형과 식생관리 방안」, 『한국조경학회지』 32(4),
        2014

이익성 역 · 이중환 저, 『택리지』, 을유문화사, 2002

이종묵, 『조선의 문화공간』, 휴머니스트, 2006

이하곤 저 · 이상주 편역, 『18세기 초 호남기행』, 이화문화출판사, 2003

장일영 · 신상섭, 「복잡성 이론에 의한 한국 전통정원의 해석」, 『한국전통조경학회지』 28(2),
        2010

정동오, 『한국의 정원』, 민음사, 1986

정민, 『18세기 조선 지식인의 발견』, 휴머니스트, 2007

____, 『강진 백운동 별서정원』, 글항아리, 2015

정재훈, 『보길도 부용동 원림』, 열화당, 1990

조용헌, 『5백년 내력의 명문가 이야기』, 푸른역사, 2002

주남철, 『한국의 정원』, 고려대학교 출판부, 2009

천득염, 『한국의 명원 소쇄원』, 도서출판 발언, 1999

최기수 외, 『오늘, 옛 경관을 다시 읽다』, 도서출판 조경, 2007

한국전통조경학회, 『동양조경문화사』, 도서출판 대가, 2011

한영우, 『조선의 집 동궐에 들다』, 열화당, 2006

허균, 『한국의 정원 선비가 거닐던 세계』, 다른세상, 2002

홍만선, 『산림경제』, 1643-1715

웹사이트

고려대학교박물관 : http://museum.korea.ac.kr/

국립중앙박물관 : http://www.museum.go.kr/

문화유산채널 : http://www.k-heritage.tv/brd/board/278/L/menu/247?brdType=R&thisPage

문화재청 조선고궁 : http://royalpalaces.cha.go.kr/makeup/tree.vm?mc=rp_03_05

소쇄원 : http://www.soswaewon.co.kr

위키백과 : https://ko.wikipedia.org/wiki/%EC%9C%A4%EC%84%A0%EB%8F%84

한국고전번역원 : http://www.itkc.or.kr/itkc/Index.jsp

한국데이터산업진흥원 : https://www.kdata.or.kr/

한국민족문화백과사전 : http://encykorea.aks.ac.kr/Contents/Index?

한국전통지식포탈 : http://www.koreantk.com/ktkp2014/agriculture

한국콘텐츠진흥원 : https://www.culturecontent.com/content/contentView.do?search_div

http://blog.daum.net/gusan0579/8015744

http://dreamnet21.tistory.com/408

http://geozoonee.tistory.com/1163

http://leemosan.pe.kr

http://thenmk.tistory.com/50

http://winsys.tistory.com/344

http://winsys.tistory.com/623

http://www.lafent.com/mbweb/news/view.html?news_id

신상섭 申相燮

고려대학교에서 전통조경연구로 박사학위를 취득하고 1989년부터 우석대학교 과학기술대학 조경학과 교수로 재직 중이다.
미국 Colorado 주립대학교 조경학과 연구교수, 한국전통조경학회 회장, 전북 문화재기술심의위원장, 국방부와 산자부, 농촌진
흥청 등의 자문 및 심의위원을 역임했고, 현재 문화재청 전문위원, 조달청 기술심의위원, 전라북도 문화재위원, 전주시 경관심
의위원장 등으로 활동하고 있다.
한국의 자랑스러운 조경인상을 수상(2013)했고, 전통마을 문화경관 찾기, 동양조경문화사, 한국의 조경(영문판) 등 20여 권의
저술서, 100여 편의 논문, 그리고 국제정원박람회(중국 우한, 2016) 당선작 등 국내외 30여 편의 조경설계작품이 있다.

문화와 역사를
담다   014

선조들이 향유한
한국의 아름다운 옛 정원 10선

초판 1쇄 발행 2019년 10월   7일
초판 2쇄 발행 2023년 11월 24일

지은이 신상섭
펴낸이 홍종화

주간 조승연
편집·디자인 오경희 · 조정화 · 오성현 · 신나래
           박선주 · 이효진 · 정성희
관리 박정대

펴낸곳 민속원
창업 홍기원
출판등록 제1990-000045호
주소 서울시 마포구 토정로 25길 41(대흥동 337-25)
전화 02) 804 - 3320, 805 - 3320, 806 - 3320(代)
팩스 02) 802 - 3346
이메일 minsok1@chollian.net, minsokwon@naver.com
홈페이지 www.minsokwon.com

ISBN 978-89-285-1356-7
S E T 978-89-285-1054-2 04380